Christian Wiegand
in Zusammenarbeit mit dem Arbeitskreis Kulturlandschaft des Niedersächsischen Heimatbundes

Spurensuche
in Niedersachsen

Historische Kulturlandschaftsteile entdecken

Bausteine zur Heimat- und Regionalgeschichte

Veröffentlichungen des Niedersächsischen Heimatbundes e. V.

Band 12

NHB
Niedersächsischer Heimatbund

Gefördert durch
Erträge der
Umweltlotterie

BINGO!
Die Umwelt Lotterie

Christian Wiegand
in Zusammenarbeit mit dem Arbeitskreis Kulturlandschaft
des Niedersächsischen Heimatbundes

Spurensuche in Niedersachsen

Historische Kulturlandschaftsteile entdecken

Anleitung und Glossar

Herausgeber:
Niedersächsischer Heimatbund

schlütersche

Die Deutsche Bibliothek – CIP-Einheitsaufnahme

Wiegand, Christian:
Spurensuche in Niedersachsen : historische Kulturlandschaftsteile entdecken / Christian Wiegand. In Zusammenarbeit mit dem Arbeitskreis Kulturlandschaft des Niedersächsischen Heimatbundes.
Hrsg.: Niedersächsischer Heimatbund. – Hannover : Schlütersche, 2002
(Schriften zur Heimatpflege ; Bd. 12)
  ISBN 3-87706-669-0

Anschrift des Herausgebers
Niedersächsischer Heimatbund e. V.
Landschaftstr. 6 a
30159 Hannover

© 2002 Schlütersche Druckerei und Verlag GmbH & Co.KG
Hans-Böckler-Allee 7, 30173 Hannover

Alle Rechte vorbehalten. Das Werk ist urheberrechtlich geschützt. Jede Verwertung außerhalb der gesetzlich geregelten Fälle muss vom Verlag schriftlich genehmigt werden.

Eine Markenbezeichnung kann warenzeichenrechtlich geschützt sein, ohne dass dies besonders gekennzeichnet wurde.

Gestaltung: Schlütersche GmbH & Co. KG, Verlag und Druckerei, Hannover
Satz: PER Digitaler Workflow GmbH, Braunschweig
Druck: Schlütersche DRUCK GmbH & Co. KG, Langenhagen
Bindung: Rödiger Buchbinderei GmbH, Langenhagen

Inhalt

Zum Geleit 11

Zur Notwendigkeit der Bestandsaufnahme landschaftlichen Kulturgutes 13

1 Grundlagen der Erfassung historischer Kulturlandschaftsteile 17

1.1 Einleitung 17
1.2 Begriffsdefinitionen 18
1.3 Historische Entwicklung niedersächsischer Kulturlandschaften
 in Beispielen 19
    1.3.1 Drubbel- und Streusiedlung 22
    1.3.2 Historische Waldnutzung 23
    1.3.3 Deichbau und Landgewinnung 25
    1.3.4 Harzer Bergbau 27
    1.3.5 Moorkultivierung 29
1.4 Was wird erfasst? 32
    1.4.1 Erfassung historischer Kulturlandschaftsteile durch Behörden 32
    1.4.2 Was will der NHB erfassen? 37
1.5 Wie wird erfasst? 40
    1.5.1 Historische Kulturlandschaftsteile entdecken 40
    1.5.2 Meldebogen ausfüllen 44
1.6 Wie lassen sich historische Kulturlandschaften und ihre Teile erhalten? ...44
    1.6.1 Persönliches Engagement und Vertragsnaturschutz 47
    1.6.2 Berücksichtigung in Planungen 48
    1.6.3 Gesetzlicher Schutz 51

2 Glossar historischer Kulturlandschaftsteile 55
    Übersicht der Kapitel und Begriffsbeschreibungen
2.1 Siedlungsformen 58
2.2 Landwirtschaft 72
2.3 Gartenkunst und Grünanlagen 106
2.4 Jagd und Fischerei 110
2.5 Waldwirtschaft und Bäume 119
2.6 Bergbau, Industrie, Handel, Gewerbe 128

2.7 Gewässerbau und -nutzung 146
2.8 Verkehr 172
2.9 Bestattung, Religion, Kult, Gedenkstätten 187
2.10 Verteidigung, Militär 197
2.11 Herrschaft, Verwaltung, Recht, Versorgung 203

Anhang
4 Beispiele ausgefüllter Meldebögen 208
Literatur 220
Adressen 229
Abkürzungsverzeichnis..236
Bildnachweis..236

Register 237

Arbeitskreis Kulturlandschaft des Niedersächsischen Heimatbundes:

Prof. Dr. Ulf Amelung, Universität Lüneburg, Fachbereich Umweltphysik

Prof. Dr. Jens Dieter Becker-Platen,
Niedersächsisches Landesamt für Bodenforschung, Hannover

Erich Bierhals, Niedersächsisches Landesamt für Ökologie, Hildesheim

Dr. Volker Gläntzer, Niedersächsisches Landesamt für Denkmalpflege, Hannover, zeitweise vertreten durch Dr. Thomas Kellmann, NLD

Prof. Dr. Carl-Hans Hauptmeyer, Universität Hannover, Historisches Seminar

Prof. Dr. Heinar Henckel, Universität Hannover,
Institut für Regionale Architektur und Siedlungsplanung

Axel Heinze, Esens

Prof. Dr. Joachim Knoll, Universität Hannover,
Institut für Didaktik der Naturwissenschaften

Prof. Dr. Hansjörg Küster, Universität Hannover, Institut für Geobotanik

Dr. Jutta Möller, Niedersächsisches Landesamt für Denkmalpflege,
Hannover (ab Juni 2000)

Dr. Ronald Olomski, Niedersächsischer Heimatbund e. V., Hannover

Dr. Waldemar R. Röhrbein, Niedersächsischer Heimatbund e. V., Hannover

Prof. Dr. Hans Heinrich Seedorf, Springe

Dr. Roswitha Sommer, Niedersächsischer Heimatbund e. V., Hannover

Dr. Stephan Veil, Niedersächsisches Landesmuseum, Hannover (bis Juni 2000)

Christian Wiegand, KuG, Büro für Kulturlandschaft und Geschichte, Hannover

Prof. Dr. Hans Hermann Wöbse, Universität Hannover, Institut für Landschaftspflege und Naturschutz

Folgende Personen und Institutionen trugen durch ihre freundliche und kompetente Unterstützung zum Gelingen dieses Buches bei:

Dr. Susanne Abel, Deutsches Erdölmuseum, Wietze

Werner Beermann, Georgsmarienhütte

Christian Böhlke, Großenheidorn

Adressen

Harry Brinkmann, Museum für Energiegeschichte, Hannover

Klaus Chwalczyk, Forstdirektor i. R., Hann. Münden

Marlies Dittberner, Niedersächsischer Heimatbund e. V., Hannover

Florian Friedrich, Kreisarchiv Celle

Almuth Gaitzsch, Hannover

Walter Henckel, Heimat- und Geschichtsverein Sydekum e. V., Hann. Münden

Hans Hentschel, Hannover

Ansgar Hoppe, Institut für Geobotanik, Universität Hannover

Ulrich Knocke, Landesjägerschaft Niedersachsen e. V., Hannover

Marion Koch, Charlottenlund, DK

Gerhard Krause, Niedersächsisches Umweltministerium, Abt. Wasserwirtschaft, Hannover

Dr. Christian Lamschuß, Deutsches Salzmuseum, Lüneburg

Klaus Liersch, Ministerialrat a. D., Hannover

Dr. Wilfried Ließmann, Göttingen

Prof. Dr. Cord Meckseper, Universität Hannover, Institut für Baugeschichte

Forstdirektor Joachim Menzel, Niedersächsisches Forstamt Springe

Niedersächsisches Landesamt für Bodenforschung, Hannover:
  Dr. Karl Heinz Büchner, Dr. Ernst Gehrt, Dr. Volker Josopait, Dr. Jochen Lepper, Joseph Mederer (+), Klaus-Peter Röttgen, Dr. Peter Steffens

Niedersächsisches Landesamt für Denkmalpflege, Hannover:
  Dr. Hans-Wilhelm Heine, Wolfgang Neß, Dietmar Vonend, Otto-Mathias Wilbertz, MA Friedrich-Wilhelm Wulf, Dr. Rainer Zittlau

Niedersächsisches Landesamt für Ökologie, Hildesheim:
  Dr. Hans-Hermann Arzbach, Marie-Luise Ebeling

Dr. Dirk Peters, Deutsches Schiffahrtsmuseum, Bremerhaven

Dr. Karl-Heinz Oelkers, Hannover

Otto Puffahrt, Lüneburg

Dr. Michael Rohde, Universität Hannover, Institut für Grünplanung und Gartenarchitektur

Manfred Röver, Apelern

Susanne Rückert, Niedersächsisches Forstplanungsamt, Wolfenbüttel

Uwe Schneider, Verein Jordsand, Arensburg-Wulfsdorf

Friedrich Schreiber, Kirchbrak

Georg Seibert, Büro v. Luckwaldt, Hameln

Prof. Dr. Gottfried Vauk, Verein Waldforum e. V., c/o Ldkr. Soltau-Fallingbostel

Gerhard Veh, Ministerialdirigent a. D., Hannover

Rainer Voß, Kreisarchiv Celle

Petra Widmer, Universität Hannover,
    Institut für Grünplanung und Gartenarchitektur

Zum Geleit

Spuren zu suchen, um die Heimat kennenzulernen und auf diesem Wege Erkenntnisse darüber zu gewinnen, welche in der Landschaft vom Menschen gestalteten Bestandteile als unverwechselbar zur Heimat gehörend empfunden werden, die als historische Kulturlandschaftselemente zu erfassen, zu schützen und zu pflegen sind, gehört zu den Aufgaben, die sich die Heimatbewegung bereits in ihrer Entstehungszeit vor gut einem Jahrhundert gestellt hat. Während sich die Baudenkmalpflege primär auf die besiedelten Gebiete konzentriert, bauliche Anlagen in der Landschaft lediglich in Ausnahmefällen erfasst, Naturschutz und Landschaftspflege die Landschaft nur in ihrer Bedeutung für Mensch und Tier und für das Landschaftsbild berücksichtigt, schien es dringend geboten, den zwischen beiden liegenden Elementen historischer Kulturlandschaften endlich verstärkte Aufmerksamkeit zu widmen.

Da sich die Niedersächsische Landesregierung nicht in der Lage sah, den vom Niedersächsischen Heimatbund e. V. (NHB) in seiner ROTEN MAPPE seit 1989 wiederholt erhobenen Forderungen nach Erfassung von Kulturlandschaftselementen zu entsprechen, obwohl hierzu seit 1980 die gesetzliche Grundlage vorhanden ist, entschloss sich der NHB, selbst auf »Spurensuche« zu gehen.

Mit Hilfe der Umweltlotterie »Bingo Lotto« konnte der NHB 1999 das Projekt »Konzeption zur Erfassung historischer Kulturlandschaften« starten. Aus der Zusammenarbeit des für die Durchführung des Projektes eingestellten Landschaftsplaners Christian Wiegand mit dem aus Mitgliedern der Fachgruppen des NHB gebildeten Arbeitskreises, mit den Vertretern der zuständigen Landesämter und -dienststellen, mit Informantinnen und Informanten und mit einer Anzahl ehrenamtlich bereits jetzt vor Ort Tätiger ist das vorliegende Handbuch entstanden.

Dieses, ein erstes Teilergebnis des Projektes, ist dessen Zielsetzung entsprechend als Anleitung für die systematische und einheitliche landesweite Erfassung von historischen Kulturlandschaften und Kulturlandschaftselementen durch ehrenamtliche Mitarbeiter konzipiert. Darüber hinaus hat es aber auch den Charakter eines in dieser Form in Niedersachsen bisher noch nicht vorliegenden kulturlandschaftsgeschichtlichen Nachschlagewerkes, das die Bezeichnungen der in unserem Bundesland vorkommenden historischen Kulturlandschaftselemente erklärt und auf diese Weise zweifellos auch für einen weiteren Benutzerkreis von Interesse sein dürfte, weil

11

es ihn in die Lage versetzt, mit den Augen des Wissenden durch die Landschaft zu gehen und Dinge zu erkennen, die sonst unbeachtet bleiben würden.

Der NHB dankt der Umweltlotterie Bingo Lotto, die die Durchführung dieses Projektes und die Herausgabe dieser Anleitung überhaupt erst ermöglicht hat. Er dankt allen, die ihr Wissen und ihre Erfahrung in den Dienst des Projektes und in die Erarbeitung dieses Handbuches gestellt haben.

Hannover, im Januar 2002   Dr. Waldemar R. Röhrbein
                                     Präsident des
                                     Niedersächsischen Heimatbundes

Zur Notwendigkeit der Bestandsaufnahme landschaftlichen Kulturgutes

Voraussetzung für den Schutz historischer Kulturlandschaften und Kulturlandschaftsteile ist eine intime Kenntnis des Schutzgegenstandes. Es gilt, überkommene Reste aufzuspüren und zu kartieren, um ihnen in raumrelevanten Planwerken (Flächennutzungsplänen, Landschaftsrahmenplänen etc.) gerecht werden zu können. 1980 hat der Gesetzgeber den Kulturlandschaftsschutz als gesetzlichen Auftrag in § 2 Grundsatz 13 des Bundesnaturschutzgesetzes von 1976 eingefügt. Das ist jetzt 22 Jahre her. Eine detaillierte flächendeckende Bestandsaufnahme gibt es bisher allerdings weder in Niedersachsen noch in einem anderen Bundesland. Laufend gehen historische Kulturlandschaftselemente aus Unkenntnis verloren. Diese Kenntnislücken müssen so rasch wie möglich geschlossen werden.

Im Rahmen einer Forschungsarbeit am Institut für Landschaftspflege und Naturschutz der Universität Hannover mussten wir 1989, neun Jahre nach Inkrafttreten der geänderten Gesetzesfassung, mit einiger Überraschung feststellen, dass der Auftrag zum Schutz historischer Kulturlandschaft im Bewusstsein von Naturschutzbehördenvertretern nicht präsent war. Bei Behördenbesuchen hatten wir den Eindruck, dass viele unserer Kollegen bei den unteren Naturschutzbehörden durch unsere Fragen zum erstenmal mit diesem Begriff konfrontiert wurden. Also noch einmal: Was sind historische Kulturlandschaften und warum ist ihre Erhaltung überhaupt von Bedeutung? Hat Landschaft einen Beitrag zu unserer Kultur geleistet? Kann Landschaft Kulturgut sein?

Historische Kulturlandschaftselemente geben wichtige Hinweise für die Freilegung von Landschaftsgeschichte. Mit Hilfe von Kenntnissen über ihre Entwicklung lassen sich Identitätsfragen von Dörfern und Gemeinden leichter beantworten. So sind kulturlandschaftliche Daten hilfreich, wenn es um den Auftrag des UVP-Gesetzes zum Schutz von Kulturgut geht. Die Möglichkeiten zur Bestandsaufnahme sind infolge der allgemeinen Mittelknappheit (etwa im Rahmen der Erstellung von Landschaftsrahmenplänen) in der Regel beschränkt. Eine entsprechende Bewusstseinsänderung der Auftraggeber (Landkreise) ist dringend notwendig.

Historische Kulturlandschaften geben Zeugnis vom Umgang früherer Generationen mit Natur und Landschaft. Sie vermitteln ein Bild des seinerzeitigen Standes von Wissenschaft und Technik, lassen Rückschlüsse auf das Mensch-Natur-Verhältnis unserer Vorfahren zu, geben Ausdruck von ihrem Lebensstil, ihren Bedürfnissen und

Möglichkeiten. Sie liefern anschauliche Beispiele von Kultur und Geschichte, Bilder früheren Lebens, früherer Umwelt des Menschen und sind bei entsprechend erfahrbarer Kontinuität ein wichtiger Bestandteil heutiger Heimat. Kontinuität, das heißt Fortsetzung und Weiterentwicklung, Entwicklung, die aufbaut auf Bewährtes, Überliefertes: Tradition im guten Sinne des Wortes. Die **Zerstörung von Kulturlandschaft**, die oft aus mangelnder Kenntnis oder mangelndem Bewusstsein geschieht, **ist Zerstörung von Kultur**. Einen Ausgleich für solche Zerstörung gibt es in der Regel nicht. Historische Kulturlandschaften oder deren Elemente stellen jedoch nicht allein einen kulturellen Wert dar. Sie prägen zugleich landschaftliche Eigenart und damit die landschaftliche Schönheit. Und weil das alles einen Anreiz für Erholungssuchende und Reisende darstellt und so zur Wirtschaftskraft einer Region beiträgt, werden hier sehr unterschiedliche und vielfältige gesellschaftliche Interessen an der Erhaltung historischer Kulturlandschaften und -landschaftsteile deutlich.

Historische Kulturlandschaften sind in Europa, in Deutschland, in Niedersachsen meist nur noch in Resten vorhanden. Die Überprägung durch unterschiedlichste Ansprüche und Eingriffe zeichnet sich durch wachsendes Tempo und eine immer größer werdende Flächeninanspruchnahme aus. Was wir aber immer wieder antreffen, sind historische Kulturlandschaftsteile und historische Kulturlandschaftselemente. Bei ihrer Bestandsaufnahme springt die große Vielfalt ins Auge, die bei prinzipiell vorhandenen Ähnlichkeiten ihren Niederschlag auch in sprachlichen und mundartlichen Differenzen findet. Diese zu erhalten ist ebenso ein Stück Kultur wie die Erhaltung der dinglichen Gegebenheiten, weil sie aus gemeinsamen Wurzeln hervorgegangene Unterschiede erkennbar werden lässt. Während die Objekt- und Begriffsanzahl bei den ersten Recherchen bei ca. 200 lag, kamen wir in unserem Forschungsprojekt, dessen Ergebnisse hiermit vorgelegt werden, bereits auf über 700, so dass eine Ordnung und Systematisierung notwendig wurde.

Die von Christian Wiegand, dem interdisziplinär besetzten »Arbeitskreis Kulturlandschaft« des Niedersächsischen Heimatbundes und vielen ungenannten Ehrenamtlichen aus ganz Niedersachsen mit großem Engagement zusammengetragenen Daten und deren Systematisierung stellen die Grundlage für eine ins Auge gefasste flächendeckende Bestandsaufnahme für Niedersachsen dar. Die Fachgruppe »Natur- und Umweltschutz« des NHB hat auf die Bedeutung eines solchen Vorhabens in ihrer »Roten Mappe« seit 1989 immer wieder hingewiesen und die Niedersächsische Landesregierung um ein entsprechendes Engagement gebeten. Leider stieß diese Bitte bis heute auf taube Ohren. Gleichwohl kamen wir, wenn auch nicht so rasch wie es im Interesse der Sache wünschenswert gewesen wäre, zu diesem, wie ich meine, guten Ergebnis, auf das wir, wenn wir es mit den ersten schüchternen Gehversuchen vor über 10 Jahren vergleichen, sicher stolz sein dürfen.

Vor dem Hintergrund eines immer dringender werdenden Kulturlandschaftsschutzes zeichnen sich derzeit in Europa zwei Ansätze ab. Zum einen gibt es die für einzelne Mitgliedsstaaten flächendeckende Ausweisung von Kulturlandschaftstypen (Niederlande, Österreich, Slowenien). Zum anderen schreitet die Erstellung von Katastern voran. Manches befindet sich in statu nascendi, anderes ist den Kinderschuhen vielleicht schon entwachsen. Wichtig scheint mir die Zusammenführung beider Ansätze.

Neben der Bestandsaufnahme ist das Nachdenken über die **Entwicklung künftiger Kulturlandschaften** von nicht zu unterschätzender Bedeutung, handelt es sich doch um einen kontinuierlichen Prozess, der aus der Vergangenheit über die Gegenwart in die Zukunft weist. So leben beispielsweise Tourismus und Fremdenverkehr in weiten Bereichen von der Substanz, vom ästhetischen und qualitativen Erbe der Vergangenheit. Ihre Zerstörung wäre aber nicht allein eine ökonomische Vernichtung von Volksvermögen sondern auch die Preisgabe von Vorbildern und Ideen für künftige Qualitäten.

Auch in neu entstehenden Kulturlandschaften sind die Begriffe Heimat und Kulturlandschaft untrennbar miteinander verbunden. **Kulturlandschaften sind vom Menschen gestaltete Landschaften, deren ökonomische, ökologische, ästhetische und kulturelle Leistungen und Gegebenheiten in einem ausgewogenen Verhältnis zueinander stehen, die eine kontinuierliche Entwicklungsdynamik gewährleisten und langfristig geeignet sind, Menschen als Heimat zu dienen.** So geht es unter anderem um die Befriedigung neuer Nutzungsansprüche der Freizeitgesellschaft, die es in dieser Form bisher nicht gab. Das erfordert die Erhaltung und Erschließung landschaftlichen Kulturgutes sowie die Entwicklung neuer kultureller Inhalte. Wichtig ist die Multifunktionalität von Landschaft, die den unterschiedlichsten gesellschaftlichen Anforderungen gerecht wird.

Mit der Einbeziehung kulturellen Erbes werden die Regionen bei der Zukunftsgestaltung Europas eine besondere Rolle spielen. Das Ja zu Europa darf nicht zu einer Vereinheitlichung in Generationen gewachsener Strukturen führen. Es gilt, die Eigenart der verschiedenen Landschaften zu bewahren. An dieser Eigenart sind neben den natürlichen Gegebenheiten immer anthropogene Einflüsse maßgeblich beteiligt. Das macht politische Prioritäten erforderlich, über die intensiver als bisher nachgedacht werden muss, eine Aufgabe, die im europäischen Rahmen möglicherweise einfacher zu lösen ist als im nationalen.

Prof. Dr. Hans Hermann Wöbse
Vorsitzender des Arbeitskreises Kulturlandschaft

Abb. 1: Eine der bekanntesten historischen Kulturlandschaften Deutschlands ist die Lüneburger Heide. *(Foto: Küster)*

1 Grundlagen der Erfassung historischer Kulturlandschaftsteile

1.1 Einleitung

Dieses Buch richtet sich an alle, die sich für Spuren früheren menschlichen Wirkens in der Landschaft interessieren. Es möchte helfen, diese Relikte zu entdecken und in ihrer früheren Funktion und Bedeutung zu erkennen. Es ist in erster Linie für den interessierten Laien gedacht. Doch auch Fachleute wie Landschaftsplaner, Geographen, Biologen, Architekten, Geschichtswissenschaftler u. a. werden es als Nachschlagewerk zu schätzen wissen, weil es sämtliche historischen Spuren, die man in der Landschaft finden kann, erklärt, ohne an den Grenzen einzelner Fachdisziplinen Halt zu machen.

Das Buch ist ein Ergebnis des zweijährigen Projektes »Konzeption zur Erfassung historischer Kulturlandschaften«, das der Niedersächsische Heimatbund e. V. (NHB) mit Hilfe der Umweltlotterie Bingo-Lotto von Juli 1999 bis Juni 2001 durchführte. Mit der Erfassung möchte der NHB in ganz Niedersachsen Informationen über historische Teile der Kulturlandschaft zusammentragen, um bestehende behördliche Erfassungssysteme (Naturschutz, Archäologie und Denkmalpflege) zu ergänzen und eine Lücke zwischen ihnen zu schließen. So soll sichergestellt werden, dass auch solche historischen Kulturlandschaftsteile, die von den Behörden nicht erfasst werden, künftig Berücksichtigung finden und bei Veränderungen der Landschaft (z. B. durch Bauvorhaben oder den landwirtschaftlichen Strukturwandel) nicht mehr aus purer Unkenntnis verloren gehen.

Die von ehrenamtlichen Mitarbeiterinnen und Mitarbeitern gemeldeten historischen Kulturlandschaftsteile werden vom NHB systematisch in einer Datenbank gesammelt. Sie soll bei Forschungen und räumlichen Planungen herangezogen werden können und Heimatforschern, Planungsbüros, Behörden, Hochschulen und anderen Interessierten grundsätzlich zur Verfügung stehen. Fernziel ist eine landesweit flächendeckende und an einheitlichen Kriterien orientierte Datensammlung.

Kapitel 1 des Buches enthält zunächst alle Grundlagen zur Erfassung historischer Kulturlandschaftsteile in Kürze: Nach der Definition der wichtigsten Begriffe zeigen fünf Beispiele, wie menschliches Wirken niedersächsische Kulturlandschaften geprägt hat. Es folgen Ausführungen, was bzw. wie erfasst wird und welche Möglichkeiten es gibt, historische Kulturlandschaften und Kulturlandschaftsteile zu erhalten.

Kapitel 2 ist ein Glossar. Es gliedert sich in elf Teile, in denen 135 Typen historischer Kulturlandschaftsteile, die in Niedersachsen vorkommen können, beschrieben werden. Die Beschreibungen umfassen die augenscheinlichen Erkennungsmerkmale, nennen ggf. Untertypen und Synonyme und erläutern die kulturgeschichtlichen Hintergründe. Nach Angaben zum Verbreitungsgebiet, Hinweisen auf weiterführende Literatur und Abbildungen folgt jeweils die Aussage, ob derartige Objekte bereits Gegenstand behördlicher Erfassungssysteme sind, oder ob sie dem NHB gemeldet werden können.

Der Anhang enthält einen Blanko-Meldebogen als Kopiervorlage, vier Beispiele ausgefüllter Meldebögen, hilfreiche Adressen und ein Verzeichnis verwendeter bzw. empfohlener Literatur. Am Ende steht ein Register mit über 700 Begriffen, mit dessen Hilfe sich die gesuchten Begriffsbeschreibungen im Glossar finden lassen.

1.2 Begriffsdefinitionen

Kulturlandschaft
ist die vom Wirken des Menschen geprägte Landschaft. Ihr Charakter und ihr Aussehen hängen ab von natürlichen Gegebenheiten wie Klima, Relief, Geologie, Boden oder Wasserhaushalt und von der Art und Weise der Landnutzung, die neben den natürlichen z. B. durch politische, technische oder wirtschaftliche Einflüsse bestimmt wird.

Naturlandschaft
ist die vom Menschen unbeeinflusste Natur. Im intensiv genutzten Mitteleuropa ist Naturlandschaft heute zumeist nur noch in Schutzgebieten erhalten, z. B. in einzelnen Hochmooren, in den Hochlagen der Alpen oder in Teilen des Wattenmeeres.

Historisch
in Bezug auf die Landnutzung sind überkommene Verfahren und Techniken, die unter früheren Rahmenbedingungen aktuell und gebräuchlich waren, heute jedoch überholt sind und allenfalls in Ausnahmefällen Anwendung finden, z. B. Tonabbau per Hand oder Wiesenbewässerung durch Aufstauen eines Baches.

Historische Kulturlandschaft
ist »... als Ganzheit geprägt von menschlichen Aktivitäten aus der Vergangenheit, wobei Flächengröße, Anordnung raumbildender natürlicher Landschaftselemente, Bodennutzung, Siedlungsstruktur und Verkehrswege im wesentlichen erhalten geblieben sind« (WÖBSE 1994: 10). Da sich in Mitteleuropa vor allem in den vergange-

nen Jahrzehnten die Art und Weise der Landnutzung rasch wandelte, sind historische Kulturlandschaften nur dort erhalten, wo ihre historischen landschaftsprägenden Nutzungen künstlich beibehalten oder imitiert werden. Ein gutes Beispiel ist die Lüneburger Heide. Dort sind regelmäßige Maßnahmen nötig wie Schafbeweidung, Mahd, Entkusseln (Entfernen von Gehölzaufwuchs), gezieltes Abbrennen und maschinelles Plaggen (Abtragen der Oberbodenschicht), um natürliche Vergrasung und Kiefernaufwuchs zu unterbinden und so die typische durch historische Nutzung entstandene Heidevegetation zu erhalten.

Kulturlandschaftsteile

sind sichtbare ortsfeste Teile oder kleinere Flächen einer Kulturlandschaft wie Hecken, Wege und Straßen, Acker-, Wiesen- und Waldparzellen, aber auch Strommasten, Mauern, Bildstöcke oder Windmühlen.

Historische Kulturlandschaftsteile

sind sichtbare ortsfeste historische Teile oder kleine Flächen der Kulturlandschaft, die von früheren Gesellschaften aufgrund damals geltender Verhältnisse geschaffen wurden, z. B. Lesesteinwälle, Wölbäcker, Furten, Grenzsteine, Streuobstwiesen, Rottekuhlen, Rieselwiesen oder Ackerterrassen. Sie können das Ergebnis einer gezielten Anlage (z. B. Stauwehr) oder »nebenbei« entstanden sein (z. B. Hohlweg).

Viele historische Kulturlandschaftsteile sind auf bestimmte Regionen beschränkt, weil sich frühere Generationen den naturräumlichen Gegebenheiten stärker als heute anpassen mussten, z. B. Wiesenbewässerung zur Düngung nährstoffarmer Geestgebiete, Wurten und Deiche entlang der See- und Flussmarschen, Wallhecken und Heiden in der Geest, Plaggenesche in Westniedersachsen oder Torfstiche in Moorgebieten.

1.3 Historische Entwicklung niedersächsischer Kulturlandschaften in Beispielen

In diesem Kapitel sollen fünf niedersächsische Beispiele zeigen, wie das Wirken früherer Generationen historische Kulturlandschaftsteile geschaffen und dadurch das Aussehen der Kulturlandschaft bis heute geprägt hat. Dabei kann die nachfolgende Tabelle als Orientierung dienen. In ihr sind geschichtliche Entwicklungs- und Zeitstufen den für die jeweilige Zeit typischen Kulturlandschaftsteilen gegenübergestellt.

Grundlagen der Erfassung historischer Kulturlandschaftsteile

Tab. 1: *Historische Entwicklungsstufen und zeittypische Kulturlandschaftsteile in Niedersachsen (nach H. H. Seedorf geändert) (* bis 1821 Grobschätzungen)*

Entwicklungsstufe mit Bevölkerungsdichte* im Landesdurchschnitt	Zeitstufe	Zeittypische Kulturlandschaftsteile
1. **Wildbeuterstufe** Jäger und Sammler etwa 0,2–0,4 Einw./km^2	ab 500.000 v. Chr. Altsteinzeit bis 8.000 v. Chr. Mittlere Steinzeit bis 5.400/3.000 v. Chr.	Höhlenwohnungen, Felsdächer (Abris)
2. **Frühe Agrarwirtschaft** Waldbauerntum, Selbstversorgung, Hauswirtschaft etwa 2–5 Einw./km^2	ab 4.500/3.000 v. Chr. Jungsteinzeit: bis 1.800 v.Chr. Bronzezeit: 1.800–700 v. Chr. Vorröm. Eisenzeit: bis Chr. Geb. Röm. Kaiserzeit: bis ca. 375 n. Chr. Völkerwanderung: bis ca. 550 n. Chr.	Großsteingräber, älteste Befestigungsanlagen (Höhen- und Niederungsburgen, Abschnittswälle, kleine Blockfluren (Celtic fields), Grabhügel(-felder)
3. **Landnahmeperiode** Waldrodungen des frühen Mittelalters durchschnittl. 16 Einw./km^2	ab ca. 700 Frühes Mittelalter	Drubbel (kleine Haufendörfer), unregelmäßige Haufendörfer, Wurtensiedlungen, Kirchen, Klöster mit Fischteichen, Höhenburgen, »Heerstraßen«, Wiksiedlungen
4. **Vielseitige Dorf- und Stadtwirtschaft** Hochmittelalterliche Ausbauperiode, ländliche Plansiedlungen und Stadtgründungen durchschnittl. 25 Einw./km^2	ab 1050 Hohes Mittelalter	Haufendörfer, Sackgassendörfer, Eschdörfer mit Plaggenesch, alte Langstreifenfluren, Wölbäcker, Terrassenäcker mit Lesesteinstreifen, Ring- und Seedeiche, Hagen-, Marsch- und Waldhufendörfer, Rundlinge und Straßendörfer, Städte, Stadtmauern, Steinbrüche, Weinberge, Galgen-, berge, Wassermühlen, Salinen
5. **Wüstungsperiode** Bevölkerungsschwund durch Seuchen und Fehden durchschnittl. 20 Einw./km^2	1320–1450 Spätmittelalter	Wüstgefallene Dörfer mit hinterlassenen Wölbackerbeeten, Hauspodesten und Kirchenruinen (z. T.), Dorfteiche, Wälle
6. **Frühneuzeitliche Wiederbesiedlungs- und Ausbauphase,** Blüte der Bürgerstädte und Dorfwirtschaften, Bergbaustädte, Reformation durchschnittl. 30 Einw./km^2	ab 1450 Frühe Neuzeit	Große Haufendörfer und Städte, Rittergüter mit Burgen, Wirtschaftsgebäuden und Wassergräben, Zehntscheunen, Windmühlen, Fährhäuser, Treidelwege, Verladeplätze, Bergbauorte mit Pingen und Bergehalden

Historische Entwicklung niedersächsischer Kulturlandschaften in Beispielen

Entwicklungsstufe mit Bevölkerungsdichte* im Landesdurchschnitt	Zeitstufe	Zeittypische Kulturlandschaftsteile
7. Dreißigjähriger Krieg Niedergang der Städte und Dörfer, durchschnittl. 21 Einw./km²	1618–1648	Sternbastionen und zerstörte Festungsanlagen, Kriegsgräber und Denkmäler
8. Merkantilismus und Absolutismus Erneute Expansion und Neugründungen durch zunehmende Staatstätigkeit etwa 32 Einw./km²	ab 1650 Mittlere Neuzeit	Heidebauernzeit, Hudewälder, Krattgebüsche, Fehnsiedlungen mit Fehnkanälen, Moor- und Heidekolonien, Markkötter- und Heuerlingshäuser, Moohufendörfer, Deichhufensiedlungen mit Grachtenhöfen, neue Seedeiche und Siele, Flachsrösten und Rottekuhlen, Eisenhämmer, Hüttenteiche mit Staudämmen, Erzstollen, Kalkbrennöfen, Köhlerplätze (Meiler), Flößteiche, Glashütten, Brauhäuser, barocke Formenelemente (Parks, Alleen, Chausseen), Gehege (Tiergärten), Pflanzkämpe, Jagdhäuser, Fasanerien
9. Agrarreformen (Bauernbefreiung) Gemeinheits-/Markenteilungen und Verkoppelungen 39 Einw./km² (1821)	ab 1820	Bis heute gültige Flureinteilung, Wallhecken (Knicks), Wege- und Grabennetz, Einzelhöfe (Kamphöfe und Anbauerstellen), Armenhäuser, Scheunen, Schafställe, Schulen, Sandgruben
10. Gründerzeit Gewerbefreiheit und Industrialisierung, Ausbau des Eisenbahnnetzes, Marktwirtschaft auch auf dem Land 58 Einw./km² (1885)	ab 1850–1914	Bahndämme und Bahnhöfe, Ziegeleien, Sägewerke, erste Erdölfelder (Bohrtürme), Kaliwerke, Abraumhalden, Arbeitersiedlungen, Glashütten, Zuckerfabriken, Salinen, Gradierwerke, Häfen, Fluss- und Seebuhnen, Steinbrüche, Sand-, Ton-, Mergel- und Kieselgurgruben, Stauwehre und Rieselwiesen, Heideaufforstungen
11. Zwischen den Weltkriegen Weitere Arbeitsteilung, zunehmende Dienstleistungsberufe, Ausbau des Straßennetzes 83 Einw./km² (1925)	1915–1938 Jüngste Neuzeit (Zeitgeschichte)	Dreschscheunen, Schweineställe, Schuppen, Silos, Talsperren, Seilbahnen, erste Tankstellen, Transformatorenhäuschen, Fischteiche, Funktürme, Autobahnen
12. Zweiter Weltkrieg und frühe Nachkriegszeit Kriegswirtschaft, Flüchtlingszustrom und Wiederaufbau 144 Einw./km² (1950)	1939–1950	Kriegsrelikte: Flugplätze, Bunker, Baracken, Gebäuderuinen, Bombentrichter, Deckungsgräben, Flakstellungen, Panzerstraßen
13. Zweite Gründerzeit Mobile Dienstleistungsgesellschaft, Kraftfahrzeug-Individualverkehr, Rückzug aus der Landwirtschaft 166 Einw./km² (2000)	ab 1950	Autobahn-, Flughafen- und Schnellbahnausbau, rapides Wachstum der Städte und Dörfer, Umgehungsstraßen, flurbereinigte Gemeinden, Aussiedlerhöfe, Getreidesilos, Wasser- und Klärwerke, ausgebautes Wirtschaftswegenetz (»Grüner Plan«)

1.3.1 Drubbel- und Streusiedlung

Einen wesentlichen Einfluss auf die Eigenart einer Landschaft hat die Art ihrer Besiedlung. Es ist ein großer Unterschied, ob in einer Region z. B. Haufendörfer, Rundlinge, Marschhufendörfer oder Einzelhöfe vorherrschen. Die Siedlungsformen unterscheiden sich u. a. in der Anzahl und Anordnung der Hofstellen, im charakteristischen Straßenverlauf oder in Architektur und Baumaterial ihrer Gebäude. An der in Westniedersachsen typischen Mischung aus Drubbel- und Streusiedlung sei der Zusammenhang zwischen der Besiedlungsstruktur einerseits und landschaftlichen, politischen und wirtschaftlichen Faktoren andererseits beispielhaft dargestellt:

Der Drubbel, eine locker angeordnete Gruppe aus meist fünf bis zehn Bauernhöfen, die sich um eine Quelle oder einen Wasserlauf anordnen, war der Ausgangspunkt vieler Siedlungen in Westniedersachsen. Viele Drubbel gehen bis in die sächsische Zeit (ca. 500–800) oder darüber hinaus bis in die vorgeschichtliche Zeit zurück. Damit zählen sie zu den ältesten bis heute bestehenden Siedlungen der Geestgebiete. Die Zahl ihrer Höfe nahm bis in unsere Zeit kaum zu, denn der Hofbesitz wurde im Erbfall nicht zerteilt, sondern als Ganzes an nur einen Erben weitergegeben. Hofteilungen und -neugründungen gab es nur in Ausnahmefällen, denn das ackerfähige Land war vor allem in Westniedersachsen und der Lüneburger Heide mit ihren kargen eiszeitlich geprägten Böden und den wenigen fruchtbaren Geschiebelehminseln begrenzt und konnte nicht unendlich viele Höfe ernähren. Kam in Ausnahmefälle doch einmal ein Hof hinzu, fand er seinen Platz i. d. R. innerhalb oder direkt am Rand des Drubbels.

Am Übergang vom Mittelalter zur Neuzeit wurden Hofteilungen sogar per Gesetz verboten, so z. B. durch das Osnabrücker Dismembrationsgebot von 1617. Nun konnten neue Höfe nur noch fernab vom Drubbel entstehen, wo ihnen ein kleiner Anteil der Mark bzw. der Gemeinheit, dem bäuerlichen Gemeinschaftsland, zugewiesen wurde. Solche Markkötterhöfe lagen (und liegen) i. d. R. separat in der Landschaft, umgeben von Markland und ihren Ackerkämpen. Dieses Muster der verstreut und in deutlichem Abstand zueinanderliegenden Höfe nennt man Streusiedlung.

Streusiedlung ist z. B. in weiten Teilen Westniedersachsens und im Münsterland typisch. Dazu haben auch zahlreiche später hinzugekommene Heuerlingshäuser beigetragen. Sie wurden vor allem im 18. und 19. Jahrhundert von alteingesessenen Bauern erbaut und an Heuerlingsfamilien verpachtet, die dafür dem Bauern Dienstleistungen zu erbringen hatten. Die kleinen Heuerlingshäuser (auch Kotten) entstanden meist abseits des Stammhofes auf weniger wertvollem Land am Übergang zur Mark. Weil die Mark nach ihrer Teilung (Privatisierung bzw. Verstaatlichung) im 19. Jahrhundert oft aufgeforstet wurde, liegen viele heute am Waldrand.

Historische Entwicklung niedersächsischer Kulturlandschaften in Beispielen

Abb. 2: *In Hintergrund liegt der Drubbel mit seinen Althöfen, umringt von einzelnen Markkötterhöfen und Heuerlingshäusern (Bauerschaft Aschen, Ldkr. Osnabrück).*
(Foto: Wiegand)

Nach den Markenteilungen des 19. Jahrhunderts verlegten außerdem viele Althöfe ihren Sitz aus den eng gewordenen Dörfern in ihre neu zugeteilten Ländereien, die nun dank modernisierter Landwirtschaft (Ablösungen, Meliorationen, Wegebau, mineralische Düngung etc.) effektiv zu bewirtschaften waren. Auch sie trugen wesentlich zum heute typischen Bild der Streusiedlung bei.

1.3.2 Historische Waldnutzung

Niedersachsen wäre zum allergrößten Teil von mehr oder weniger dichten Wäldern bedeckt, wenn das Land nicht durch den Menschen erheblich umgestaltet worden wäre. Nur Hochmoore, von Salzwasser beeinflusste Küstengebiete und einige Lichtungen wären von Natur aus waldfrei. Heute sind Buche und Fichte die wichtigsten Baumarten, außerdem Eiche und Hainbuche in feuchten Lagen und Kiefer auf trockenem Sand.

Das heutige Bild der Wälder entstand durch das Zusammenwirken von natürlichen Faktoren und menschlicher Einflussnahme. Diente der Wald bis vor 7000 Jahren den Menschen nur zum Jagen und Sammeln von Holz, Beeren und Pilzen, legten sie nun

Abb. 3: *Ehemaligen Hudeeichen stehen in weitem Abstand zueinander und sind großkronig. Wird die Fläche weiterhin beweidet, weisen die Bäume eine durch Viehverbiss hervorgerufene Fraßkante auf (bei Eschede, Ldkr. Celle).* (Foto: Wiegand)

in ihm Siedlungen und Ackerland an. Der Jäger und Sammler wurde zum Bauern und mit ihm die Naturlandschaft zur Kulturlandschaft. Damals setzte sich der Wald vor allem aus Eichen, Ulmen, Ahornen, Eschen und Linden zusammen, erst in der Folgezeit konnte die Buche Fuß fassen. Jahrtausende lang ließen die Bauern im Wald ihr Vieh weiden, gewannen Laubheu für die winterliche Stallfütterung, sammelten Zweige als Stalleinstreu und schlugen Bäume als Brenn- und Bauholz. Lagen zu Beginn der Siedlungstätigkeit die Kulturflächen wie Inseln inmitten des Waldes, war dieser in der Neuzeit auf Restflächen zurückgedrängt, die mit dem einstigen dichten Urwald wenig gemein hatten.

Vor allem die in Allgemeinbesitz befindlichen Allmende- und Markenwälder waren stark beansprucht. Viele wurden als Niederwald bewirtschaftet, indem die Bäume immer wieder geschlagen wurden, sobald sie Armdicke erreicht hatten. Anschließend schlugen sie aus dem Wurzelstock wieder aus. In den beweideten Wäldern blieben nur wenige Hudebäume stehen, vor allem breitkronige Eichen, die wegen ihres reichen Fruchtansatzes für die Eichelmast der Schweine geschätzt waren.

Die natürliche Verjüngung des Waldes war beeinträchtigt, weil das Vieh, in den Geestgebieten vor allem die großen Schaf- und Ziegenherden, sämtlichen Jungwuchs abfraß. Weil außerdem Salzsiedereien, Glashütten, Eisengießereien und andere Gewerbebetriebe einen enormen Holzbedarf hatten, verkamen viele Wälder zu kargen Heiden oder zu Magerrasen, die mit ihren wenigen verbliebenen Hudebäumen eher wie heutige Landschaftsparks gewirkt haben mögen. Die ungeschützt dem Wetter ausgesetzten Böden wurden vom Regen weggespült und in Tälern abgesetzt oder vom Wind fortgetragen und an anderer Stelle zu Wanderdünen aufgetürmt. In der zweiten Hälfte des 18. Jahrhunderts gab es schließlich in ganz Niedersachsen außer den herrschaftlichen Forsten kaum noch geschlossene Waldbestände.

Die nachhaltige Forstwirtschaft, bei der nur so viel Holz beschlagen wird, wie nachwachsen kann, war in Niedersachsen zwar schon Mitte des 18. Jahrhunderts durch den Forstmann Johann Georg von Langen eingeführt worden. Durchzusetzen vermochte sich das Prinzip aber erst allmählich. Noch 1837 klagte z. B. der hannoversche Revierförster Friedrich Müller in der »Forst- und Jagdzeitung«: »Sand, treibender Sand ringsumher und mitten darin der Forstmann mit der Aufgabe, einen Wald daraus zu schaffen!« Bei den ersten Aufforstungen bevorzugte man raschwüchsige Kiefern und Fichten, die in der Geest bis heute riesige Bestände bilden. Heute gewinnen Buche und Eiche zunehmend an Bedeutung. Unser jetziges vertrautes Landschaftsbild der ausgedehnten dichten Wälder ist also sehr jung und geht auf Jahrhunderte alte Heiden und Ödländer sowie auf immer lichter werdende Nieder- und Hudewälder zurück.

1.3.3 Deichbau und Landgewinnung

Als Landschaft von Menschenhand könnte man die Marsch entlang der Nordseeküste bezeichnen. Um hier leben und wirtschaften zu können, mussten die Küstenbewohner auf ihre Umgebung in besonderem Maße Einfluss nehmen. Die ältesten Zeugnisse ihres Wirkens sind Wurten oder Warften, künstlich aufgeschichtete Erdhügel, die ihre Umgebung um wenige Meter überragen. Die auf ihnen erbauten Siedlungen liegen gegen die winterlichen Hochwasser geschützt und prägen mit ihren als Windschutz angepflanzten Eschen und Linden weithin sichtbar das Landschaftsbild.

Um nicht nur die Siedlungen, sondern auch das Kulturland dem Einfluss des Salzwassers zu entziehen und damit Ackerbau zu ermöglichen, legte man ab etwa 1000 n. Chr. Ringdeiche um mehrere Wurten herum an. Als im 13. Jahrhundert die mit Ringdeichen umgebenen Gebiete durch linienförmige Deiche verbunden wurden, war eine durchgehende Deichlinie geschaffen. Die Unterhaltung des »Goldenen

Bandes« forderte von den Küstenbewohnern einen hohen Einsatz. Für jedermann galt: »Well neet will dieken, de mutt wieken!«

Die aus heutiger Sicht primitiven Deiche hielten größeren Sturmfluten jedoch nicht stand. So forderten die Julianenflut (1164), die 2. Marcellusflut (1362), die Cosmas- und Damianflut (1509) und viele andere Sturmfluten tausende Todesopfer. Im Zuge dieser Katastrophen entstanden die tiefen Einbrüche von Harle- und Leybucht, von Dollart und Jadebusen. Für die Überlebenden bedeutete dies den Verlust fruchtbaren Landes.

Stets versuchten die Menschen daher, neues Land hinzuzugewinnen. Hierzu errichteten sie im hochliegenden Watt Lahnungen, das sind quer zur Abflussrichtung des Wassers angeordnete Weidengeflechte, um dadurch die im Meerwasser mitgeführten Schwebstoffe zurückzuhalten und allmählich eine Ausdehnung der Vorlandflächen (auch Außengroden oder Heller) zu bewirken. Sobald das Land hoch genug angewachsen und »deichreif« war, wurde es mit einem neuen Deich geschützt. Aus den ehemaligen Vordeichflächen wurden auf diese Weise Polder oder Binnengroden. Weil Polder sehr tief liegen, müssen sie durch Gräben und Sielbauwerke entwässert werden, geben dann aber einen hervorragenden Ackerboden ab.

Im Laufe der Jahrhunderte entstanden so mehrere gestaffelte Deichlinien, die in vielen Fällen zugleich als Entwicklungsachsen neuer Besiedlung dienten. Die alten »Schlafdeiche« wurden bis auf die zweite Deichline in aller Regel abgetragen und als Baumaterial der neuen verwendet. Erhaltene Altdeiche sind daher selten und als Kulturdenkmal geschützt.

Typische Merkmale der Marschlandschaft sind auch die zahlreichen Entwässerungsgräben, die vom kleinen Grüpp über Gööt, Sloot, Togsloot und Kanaal zum großen Deep reichen. Zwischen ihnen erstreckt sich in der jungen Marsch Ackerland, in der alten dagegen Grünland. Im Dauergrünland liegt noch manche alte Tränkekuhle, die in aller Regel keine Verbindung mehr zum Grabensystem hat. Vielerorts lässt sich bei genauem Hinsehen auch das unterschiedliche Muster flacher langgestreckter Aufwölbungen und mehr oder weniger tiefer Gräben erkennen, die zur Drainage und Melioration des wasserundurchlässigen Bodens notwendig waren. Im Ganzen ist das Land jedoch eben und weit wie das Meer, aus dem es hervorging. Deiche mit Sielen, Wurtensiedlungen mit Hofbäumen und neuerdings Windrädern sind die einzigen Landmarken weit und breit.

Abb. 4: Schlafdeich bei Echem, Ldkr. Lüneburg.
(Foto: NLD-Archäologisches Archiv, Phototek)

1.3.4 Harzer Bergbau

Der Harz zählt zu den metallreichsten Gebirgen Europas und blickt auf eine lange Bergbaugeschichte. Vermutlich bereits in der Bronzezeit, vor allem aber im Mittelalter und in der Neuzeit ließ ein ausgedehnter Erzbergbau eine frühindustrielle Kulturlandschaft entstehen. Relikte wie Stollen, Schächte, Hammerwerke, Pingen, Halden oder das Graben- und Teichsystem des berühmten Oberharzer Wasserregals legen Zeugnis ab von der Suche der Menschen nach Erz und dessen Verarbeitung zu Metall.

Der frühe Bergbau beschränkte sich zunächst auf die oberflächennahen weicheren Vorkommen und förderte v. a. silberreiche Bleierze, aber auch Kupfer- und Eisenerze. Je tiefer man jedoch der Erzader hinunter folgte, desto härter wurde das Gestein und desto schwieriger war es, die Grube trocken zu halten. Diese technischen Probleme brachten um 1350 im Zusammenwirken mit der Pest den Bergbau im Harz fast völlig zum Erliegen.

Einen neuerlichen Aufschwung erfuhr das Montanwesen Anfang des 16. Jahrhunderts, vor allem im Oberharz, als der auf Silber ausgerichtete Gangbergbau auf

Initiative der Landesherren wieder auflebte und bald reiche Ausbeute erbrachte. Angezogen durch den Erlass von Bergfreiheiten (weitreichende Privilegien) wanderten fachkundige Bergleute aus dem Erzgebirge ein, die jahrhundertelang nahezu unter sich blieben, wie die Erhaltung des obersächsischen Dialekts zeigt (›Sprachinsel Oberharz‹). Es kam zur Gründung der bekannten sieben Oberharzer Bergstädte St. Andreasberg, Grund, Wildemann, Zellerfeld, Clausthal, Lautenthal und Altenau.

Zur Entwässerung der Gruben vermochte man nun kilometerlange abschüssige Stollen durch den Berg ins Freie zu treiben, um darin das Grubenwasser abzuleiten. In der Landschaft treten diese Kulturdenkmale mit ihren gemauerten Mundlöchern in Erscheinung. Hervorgehoben sei der 1851–1864 aufgefahrene *Ernst-August-Stollen*, mit 33 km Länge damals einer der größten Tunnelbauten der Welt, der alle Oberharzer Gruben gemeinsam entwässerte.

Nach der Methode »Wasser durch Wasser heben« betrieb man Wasserräder, um mit verschiedenen Maschinen (bergmännisch »Künste«) das Grubenwasser zu Tage zu fördern. Zur Energieversorgung entstand zwischen 1536 und 1866 das Oberharzer Wasserregal, ein gewaltiges System von mehr als 120 Stauteichen und etwa 500 km Sammel- und Zuleitungsgräben. Es ist ein Kulturdenkmal von internationalem Rang, das dem Spaziergänger auf vielen Wegen begegnet.

Allgegenwärtig sind auch die unzähligen Halden tauben Gesteins, die entlang der Gangzüge oft perlschnurartig aufgereiht zu finden sind. Manche weisen wegen der enthaltenen Spuren von Schwermetallen eine spezielle, extrem seltene Vegetation auf. Pingen ehemaliger Schächte und Stollen prägen ebenso das Landschaftsbild wie die zahlreichen Hohlwege, die sich kreuz und quer über das Gebirge erstrecken und Jahrhunderte lang dem Transport von Erzen und Holzkohlen in die Täler gedient haben. Hier stand genügend Wasserkraft zur Verfügung, um die Erze in Pochwerken und Erzwäschen zu zer-

Abb. 5: *Der »Morgenbrotgraben« des Oberharzer Wasserregals.* (Foto: Knoll)

kleinern bzw. aufzubereiten. Nur dem Fachmann erschließen sich dagegen die zahlreichen vor allem im Westharz gelegenen Schmelzplätze, wo anfangs in Rennfeuern, später in gemauerten Schachtöfen die Metalle mit Hilfe von Holzkohle erschmolzen wurden.

Seine größte Blüte erlebte der Harzer Erzbergbau in der ersten Hälfte des 18. Jahrhunderts. Trotz großer technischer Innovationen war danach ein Rückgang der Erträge nicht mehr zu verhindern. Mitte des 19. Jahrhunderts erlangte der Abbau von Zinkerzen, die reichlich vorhanden, aber bis dahin technisch nicht nutzbar waren, noch einmal eine große wirtschaftliche Bedeutung. 1930 endete jedoch der Oberharzer Bergbau mit Stilllegung des rund 100 Meter tiefen Clausthaler Schachtes *Kaiser Wilhelm II*. Lediglich in Bad Grund und am Rammelsberg bei Goslar lief der Betrieb weiter. Dort entstanden moderne Erzbergwerke mit mehreren 100 Arbeitskräften. Das Erzbergwerk Rammelsberg musste 1988 nach mehr als 1000-jährigem, nahezu ununterbrochenem Betrieb wegen Erschöpfung der Lagerstätte eingestellt werden. Zusammen mit der Altstadt Goslars steht es auf der UNESCO-Liste des Weltkulturerbes. Mit Schließung der Grube *Hilfe Gottes* (Erzbergwerk Grund) vier Jahre später, endete nicht nur der Harzer, sondern auch der deutsche Erzbergbau.

Neben dem Harz gibt es in Niedersachsen weitere historische Bergbaugebiete, deren kulturgeschichtliche Bedeutung wenn nicht von internationalem, so doch von landesweitem Rang ist. Hervorzuheben sind das Weserbergland mit dem Bückeberg und dem Deister (Steinkohle) und das Osnabrücker Bergland (Steinkohle und Eisenerz). Die dortigen landschaftlichen Relikte gehen z. T. bis ins Mittelalter zurück, sind jedoch weniger systematisch erforscht.

1.3.5 Moorkultivierung

Wie kein anderes Bundesland ist Niedersachsen geprägt von ausgedehnten Moorgebieten. Im Nordwesten bedeckten sie früher sogar rund ein Viertel der Fläche. Die größten Moore waren das Vehnemoor bei Oldenburg (180 km^2), das Teufelsmoor bei Bremen (360 km^2, davon 157 km^2 Hochmoor) und das Bourtanger Moor, das sich vom Emsland bis weit in die Niederlande hinein auf einer Fläche von insgesamt 1.200 km^2 erstreckte. Hauptursachen für die starke Moorbildung war die Nährstoffarmut der Geestböden und das durch die Nordsee beeinflusste niederschlagsreiche Klima.

Allen Mooren ist gemein, dass ihre Vegetation aufgrund der hohen Bodenfeuchtigkeit und Sauerstoffarmut nicht vollständig abgebaut wird, sondern sich anreichert

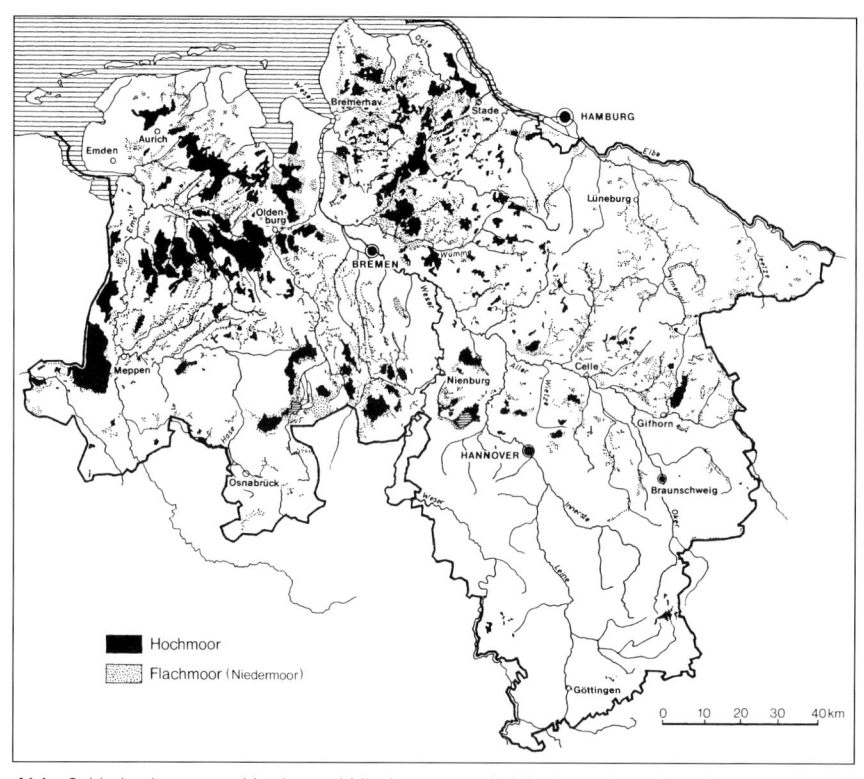

Grundlagen der Erfassung historischer Kulturlandschaftsteile

Abb. 6: Verbreitung von Hoch- und Niedermooren in Niedersachsen (aus SEEDORF 1992)

und zu Torf wird. Dabei unterscheidet man Niedermoore, die von Grundwasser beeinflusst sind, von Hochmooren, die allein von Regenwasser beeinflusst werden.

Abgesehen von einigen ostfriesischen Aufstrecksiedlungen, die bereits im Mittelalter ins Moor vordrangen, wurden Moore erst seit dem 17. Jahrhundert infolge zunehmenden Bevölkerungsdruckes besiedelt. Dabei war die Siedlungsleitlinie, entlang der sich die Häuser aufreihten, ein Kanal, ein Deich oder der höher gelegene Geestrand. Im rechten Winkel dazu erstreckten sich die schmalen Parzellen (Hufen) der Bauernhöfe ins Moor hinein.

Ihr meist karges Auskommen fanden die Menschen weniger in der Landwirtschaft als im Torfhandel. Bei der sogenannten Fehnkultur (Fehn = Moor) bauten sie den unter dem Weißtorf in mächtigen Schichten ruhenden Schwarztorf ab und verkauften ihn in Städten und waldarmen Marschgebieten als Brennmaterial. Dort

Abb. 7: *Diese eckigen, mit Wasser voll gelaufenen Gruben sind ehemalige Torfstiche.*
(Foto: Knoll)

diente er nicht nur zur Hausfeuerung, sondern seit Ende des 18. Jahrhunderts wegen steigender Holzarmut zunehmend auch als Brennstoff für lokale Industrien wie Salinen, Seifensiedereien, Malzdarren, Branntweinbrennereien, Teer- und Glashütten, Gips-, Kalk- und Keramikbrennereien, Ziegeleien oder Raseneisensteinschmelzen. Auf dem Rückweg brachte man Stallmist, Straßenkehricht oder Weserschlick als Dünger mit, der mit dem nicht abgetorften Moorboden vermischt wurde. Hierauf gediehen anspruchslose Getreidearten wie Buchweizen, Roggen oder Moorhafer. Unverzichtbare Grundlage der Fehnkultur waren zahllose Kanäle und Gräben, die nicht nur als Transportweg dienten, sondern auch das Moor entwässern sollten. Noch heute sind sie für die ehemaligen Moorlandschaften kennzeichnend.

In Moorgebieten hatte die Landwirtschaft ständig mit der Nährstoffarmut der Böden zu kämpfen. So war der Ackerbau auf Viehhaltung angewiesen, um mit den Exkrementen die Felder zu düngen. Eine andere Düngemethode war die Moorbrandkultur, bei der Torf mit der Hacke aufgelockert, einige Monate an der Luft getrocknet und danach in Brand gesetzt wurde. Die dadurch freigesetzten Nährstoffe waren allerdings nach wenigen Jahren verbraucht, woraufhin der Acker rund 30 Jahre lang brach liegen bleiben musste, bis er wieder bestellt werden konnte. Daher war die Moorbrandkultur umstritten und wurde 1923 schließlich verboten.

Bewährt für die Kultivierung von Moorgebieten hat sich dagegen die Deutsche Hochmoorkultur, die von der 1877 gegründeten Preußischen Moorversuchsstation in Bremen entwickelt wurde. Ihre Grundlage war das um 1840 von Justus von Liebig entdeckte Prinzip der mineralischen Düngung. Bei der Deutschen Hochmoorkultur wird die obere Moorschicht nach Beseitigung der Vegetation gekalkt und gedüngt. Die wirtschaftliche Basis der Moorbewohner verlagerte sich dabei gänzlich vom Torfhandel auf die Landwirtschaft, denn seit dem Eisenbahnzeitalter konnte Torf mit Steinkohle als Brennstoff nicht mehr konkurrieren.

Nach dem Zweiten Weltkrieg schließlich entwickelte sich vor allem im Emsland durch Tiefumbruch mit bis zu 2,20 m tiefgehenden Pflügen eine neue Form der Moorkultivierung. Heute sind die meisten niedersächsischen Moore entwässert und kultiviert, sofern sie nicht noch abgetorft werden. So ist aus der einstigen »Ödnis«, die früheren Generationen Anlass für manche Schauergeschichte bot, Kulturland geworden, das vielerorts durch Grünlandbewirtschaftung geprägt ist. Weiterhin hat die Viehhaltung großes Gewicht, was sich im großflächigen Maisanbau der Veredelungsbetriebe dokumentiert, der nach Tiefumbruch und Drainage selbst in diesen einst so nassen Gebieten möglich ist.

1.4 Was wird erfasst?

Nachdem bereits im vorangegangen Kapitel am Beispiel von fünf niedersächsischen Landschaften eine Reihe historischer Kulturlandschaftsteile genannt wurden, soll hier dargelegt werden, welche historischen Kulturlandschaftsteile durch den Niedersächsischen Heimatbund (NHB) mit Hilfe ehrenamtlicher Mitarbeiter erfasst werden sollen. Das Vorhaben des NHB soll keine Konkurrenz zu den bestehenden Erfassungssystemen der Archäologie, der Baudenkmalpflege und des Naturschutzes darstellen, sondern Lücken zwischen ihnen schließen. Daher folgt zunächst ein Überblick über bestehende behördliche Erfassungssysteme (Kap. 1.4.1). Aus dem Wissen um deren Leistungen und Defizite wird abgeleitet, welche historische Kulturlandschaftsteile der NHB erfassen will (Kap. 1.4.2).

1.4.1 Erfassung historischer Kulturlandschaftsteile durch Behörden

Denkmalpflege

Viele historische Teile der Kulturlandschaft erfüllen die Voraussetzungen eines Kulturdenkmals im Sinne des Niedersächsischen Denkmalschutzgesetzes (NDSchG), z. B. Bauernhäuser, Wassermühlen, Grabhügel oder Landwehren. Gemäß § 3 ND-

SchG gliedern sich Kulturdenkmale in »Baudenkmale, Bodendenkmale und bewegliche Denkmale, ... an deren Erhaltung wegen ihrer geschichtlichen, künstlerischen, wissenschaftlichen oder städtebaulichen Bedeutung ein öffentliches Interesse besteht«. Sie sind von der Denkmalfachbehörde, dem Niedersächsischen Landesamt für Denkmalpflege (NLD), in ein Verzeichnis der Kulturdenkmale aufzunehmen (§ 4).

Wer wissen möchte, welche Kulturdenkmale es in seinem Gebiet gibt, hat nach § 4 (2) NDSchG das Recht, bei den unteren Denkmalschutzbehörden oder beim NLD Einblick in das Verzeichnis der Kulturdenkmale zu nehmen (Adressen im Anhang).

Baudenkmale
»Baudenkmale sind bauliche Anlagen, Teile baulicher Anlagen und Grünanlagen« (§ 3, Abs. 2), z. B. Kirchen, Windmühlen, Bauernhäuser oder Schlossgärten. Außerdem gibt es Gruppen baulicher Anlagen (§ 3, Abs. 3), z. B. eine Gutsanlage, die aus Gutshof, Garten, Wassergraben, Allee und Erbbegräbnis mit Mausoleum besteht.

Zuständig für die Erfassung von Baudenkmalen in Niedersachsen sind 96 untere Denkmalschutzbehörden auf Ebene der Landkreise, der kreisfreien Städte und der Städte mit eigener Bauaufsicht, vier obere Denkmalschutzbehörden auf Ebene der Regierungsbezirke sowie das Niedersächsische Landesamt für Denkmalpflege (NLD) als Denkmalfachbehörde (Adressen der Behörden im Anhang).

Grundsätzlich werden alle Objekte, die die Voraussetzungen eines Baudenkmals erfüllen, von den Denkmalbehörden erfasst, z. B. Sakralbauten (Kirchen, Klosteranlagen, Kapellen, Synagogen), feudale Anlagen (Residenzen, Güter, Schlossparks), Bauernhäuser und ihre Nebengebäude, technische Gebäude (Wind- und Wassermühlen, Industrieanlagen) oder Wehrbauten (z. B. Burgen).

Im unbesiedelten Raum können allerdings viele kleinere, abseitige oder unscheinbare bauliche Anlagen unentdeckt oder unberücksichtigt bleiben, z. B. historische Schöpfwerke, Eiskeller, Brücken, Stauanlagen, Feldscheunen, Mauern oder Zäune.

Archäologische Baudenkmale bzw. archäologische Kulturdenkmale
Von Baudenkmalen im o. g. Sinne unterscheidet die behördliche Praxis archäologische Baudenkmale, das sind »... Denkmale mit oberirdisch erhaltenen Bauteilen, wie z. B. Großsteingräber, Grabhügel, Ringwälle, Landwehren, Stadtwälle, Burgen, Wurten und Deiche« (NLD 2000: 6). Für archäologische Baudenkmale ist auch der Begriff archäologische Kulturdenkmale gebräuchlich, um sie von Baudenkmalen im engeren Sinne besser unterscheiden zu können.

Die o. g. archäologischen Kulturdenkmale werden von verschiedenen Behörden in Niedersachsen erfasst, Vorkommen anderer Objekte wie historische Wege oder Sandfänge werden nur in Einzelfällen erfasst. Zuständig sind das Niedersächsische Landesamt für Denkmalpflege (NLD) auf Landesebene und die oberen Denkmalschutzbehörden auf Ebene der Bezirksregierungen. Außerdem unterhalten viele Landkreise und Städte eine Stelle für Kommunalarchäologie. Unterstützt werden die Behörden von zahlreichen ehrenamtlichen Helfern vor Ort. Auf allen behördlichen Ebenen können Inventare existieren, in denen Vorkommen potenzieller archäologischer Kulturdenkmale (und Bodendenkmale, s. u.) gesammelt werden. Das Alter der durch die Archäologie erfassten Objekte reicht von der Urgeschichte bis zum Mittelalter. Eine gesetzlich vorgeschriebene Begrenzung gibt es in Niedersachsen jedoch nicht, in Einzelfällen werden auch neuzeitliche Objekte aufgenommen.

Das NLD prüft die erfassten Objekte und nimmt sie bei entsprechender Eignung mit ihren wichtigsten Daten in das Verzeichnis der Kulturdenkmale (KDV) auf. Hintergrundinformationen werden in der Niedersächsischen Denkmalkartei (NDK) gesammelt. Derzeit sind auf diese Weise die meisten niedersächsischen Landkreise bearbeitet (s. Abb. 8) und dabei ca. 28.000 Objekte aufgenommen worden. Sukzessive werden die Meldungen außerdem in einer EDV-gestützten »Archäologischen Datenbank Niedersachsen (ADAB-NI)« zusammengeführt.

Die in Goslar ansässige Abteilung Montanarchäologie des NLD erfasst außerdem alle Relikte des Harzer Bergbaus, z. B. Pingen, Stollenmundlöcher, Schlacken- und Meilerplätze, Schmelzöfen und -plätze, Zechenhäuser, Silber- oder Glashütten. Die Harzwasserwerke erfassen wasserbauliche Relikte des Harzer Bergbaus wie das Oberharzer Wasserregal.

Bodendenkmale
Bodendenkmale sind »... mit dem Boden verbundene oder im Boden verborgene Sachen ...« (§ 3, Abs. 4 NDSchG), also unterirdische Objekte wie »... Siedlungen, Urnenfriedhöfe und Flachgräberfelder, deren Standorte bisweilen noch durch Bodenverfärbungen und typische Fundkonzentration an der Erdoberfläche zu erkennen sind« (NLD 2000). Da sie oberirdisch nicht sichtbar sind, zählen sie nicht zu historischen Kulturlandschaftsteilen im Sinne dieses Buches.

Bewegliche Denkmale
»Bewegliche Denkmale sind bewegliche Sachen ..., die von Menschen geschaffen oder bearbeitet wurden« (§ 3, Abs. 5 NDSchG), z. B. Gemälde. Da sie nicht ortsfest sind, zählen sie nicht zu historischen Kulturlandschaftsteilen im Sinne dieses Buches.

Was wird erfasst?

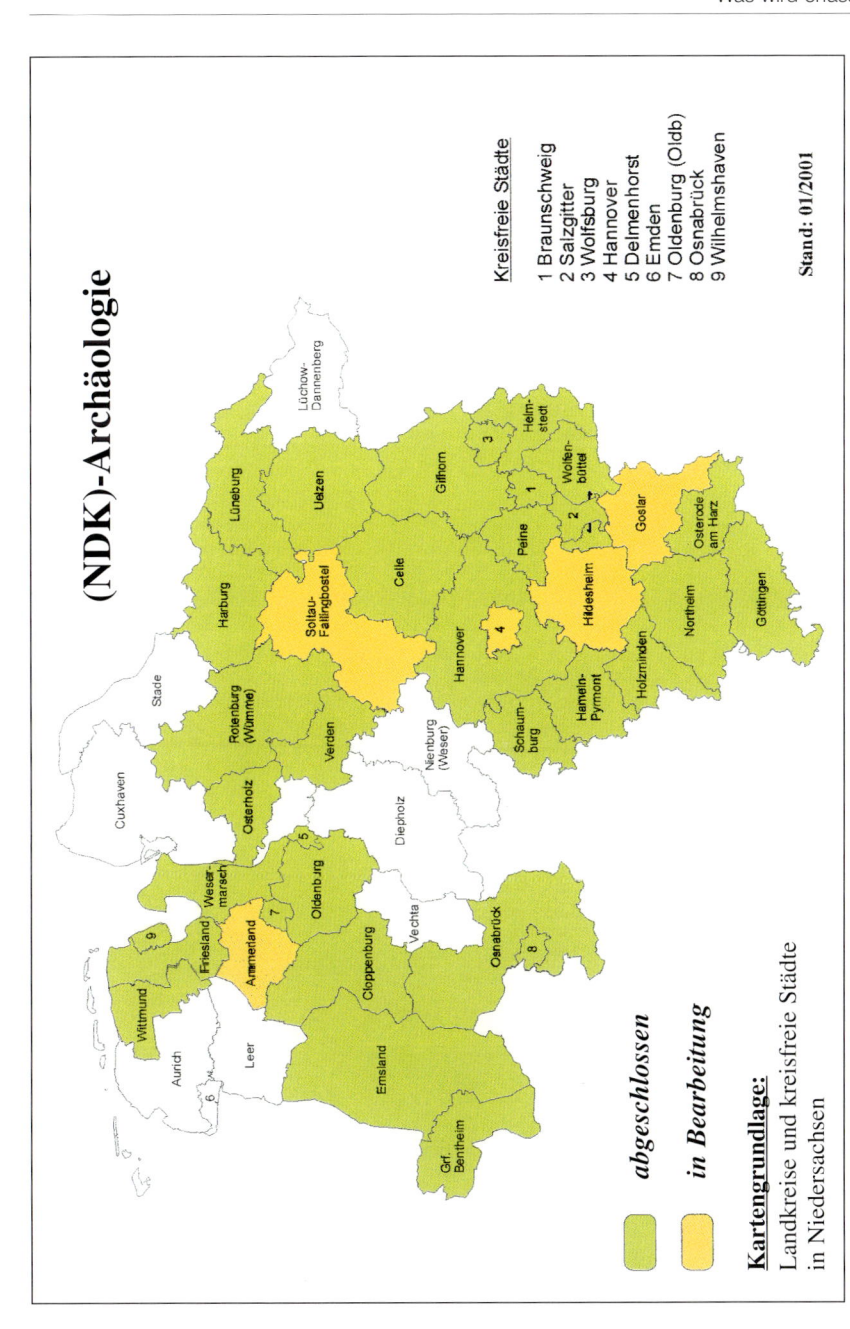

Abb. 8: Bearbeitungsstand der Inventarisation archäologischer Kulturdenkmale in die NDK. Abb. NLD, Stand: Jan. 2001

Naturschutz und Landschaftspflege

Das Niedersächsische Naturschutzgesetz (NNatG) erteilt den Auftrag zu Schutz, Pflege und Entwicklung von Natur und Landschaft. Die hierfür zuständigen Behörden sind die unteren Naturschutzbehörden auf Ebene der Landkreise und kreisfreien Städte, die oberen Naturschutzbehörden auf Ebene der Bezirksregierungen und das Niedersächsische Umweltministerium auf Landesebene. Das Niedersächsische Landesamt für Ökologie (NLÖ) ist als Fachbehörde beratend tätig (Adressen der Behörden siehe Anhang).

Grundlage der behördlichen Arbeit sind Bestandserfassungen, z. B. die »Erfassung der für den Naturschutz wertvollen Bereiche« durch das NLÖ oder Bestandserfassungen im Rahmen der Landschaftsplanung. Dabei steht die Bedeutung der Kulturlandschaftsteile als Lebensraum für Pflanzen und Tiere oder für das Landschaftsbild im Vordergrund. Ihre kulturhistorischen Werte können im Einzelfall einfließen, insbesondere bei der Erfassung des Landschaftsbildes, werden jedoch nicht gezielt erhoben.

Abb. 9: *Ehemaliger Mühlgraben einer 1402 erstmals erwähnten Wassermühle, Ldkr. Osnabrück.* *(Foto: Wiegand)*

Beherbergt beispielsweise ein Graben seltene Tier- und Pflanzenarten, wird er zuverlässig von der zuständigen Naturschutzbehörde als wertvolles Biotop erfasst und ggf. unter Schutz gestellt. Hat er dagegen keine besondere Lebensraum-, sondern kulturgeschichtliche Bedeutung (z. B. als das Relikt einer ehemaligen mittelalterlichen Wassermühle), bleibt er i. d. R. unberücksichtigt, weil die Naturschutzbehörde hinsichtlich dieser Werte nicht gezielt ermittelt.

Zusammenfassung
Folgende historische Kulturlandschaftsteile werden von den für Denkmalpflege und Naturschutz zuständigen Behörden i. d. R. erfasst:
- Bauwerke innerhalb und herausragende Bauwerke außerhalb von Siedlungen
- Archäologische Kulturdenkmale
- Bergbaureliktе im Harz
- Historische Kulturlandschaftsteile in ihrer Bedeutung als Lebensraum für Tier und Pflanzen oder für das Landschaftsbild

1.4.2 Was will der NHB erfassen?

Der NHB will alle historischen Kulturlandschaftsteile (also einzelne Objekte oder kleine Flächen, Beispiele siehe unten) in Niedersachsen erfassen, die
- erhaltenswert sind (s. u.) und
- bislang in der Regel nicht erfasst werden.

Hinweis:
Im GLOSSAR (Kap. 2) ist unter »Erfassung« beschrieben, ob und durch wen die jeweiligen Objekte in der Regel bereits erfasst werden oder ob sie künftig dem NHB gemeldet werden sollten.

Wann sind historische Kulturlandschaftsteile erhaltenswert?
Letztlich muss vor Ort entschieden werden, ob ein historisches Kulturlandschaftsteil besonders erhaltenswert ist und daher erfasst werden sollte. Im Zweifel sollte gelten: Lieber ein Objekt zuviel, als eines zu wenig erfassen!

Weshalb ein Objekt erhaltenswürdig ist, kann verschiedene Gründe (Kriterien) haben, die im folgenden anhand von Beispielen erläutert werden. In der Praxis erfüllen viele Objekte zugleich mehrere Kriterien.

Tab. 2: *Was wird bereits erfasst – was will der NHB erfassen?*

Was wird i. d. R. bereits erfasst?	Was will der NHB erfassen?
Innerhalb von Siedlungen des ländlichen Raums:	
Archäologische Kulturdenkmale (z. B. Wallanlagen)	
Bauliche Anlagen (z. B. Bauernhäuser, Kirchen)	
	»Natürliche« historische Kulturlandschaftsteile (z. B. Dorfteiche, Parkanlagen, Hofbäume, Bauerngärten)
In der freien Landschaft:	
Archäologische Kulturdenkmale (z. B. Großsteingräber, Grabhügel, Schanzen)	
Herausragende Gebäude (z. B. Klöster, Mühlen)	Abseitige oder unscheinbarere Bauwerke außerhalb von Siedlungen, die erhaltenswert sind (z. B. Erdkeller, kleine Brücken)
Historische Kulturlandschaftsteile hinsichtlich ihrer Bedeutung für den Naturschutz (z. B. Heiden, Magerrasen)	Historische Kulturlandschaftsteile, die unabhängig von ihrer Bedeutung für den Naturschutz aufgrund anderer Werte (s. u.) erhaltenswert sind, z. B. Ackerterrassen, Grenzbäume, Mühlteiche
Bergbaurelikte im Harz (z. B. Pingen, Halden, Stollenmundlöcher)	Bergbaurelikte außerhalb des Harzes (z. B. Pingen, Halden, Stollenmundlöcher)

Kriterien

Kulturhistorische Bedeutung

Viele historische Kulturlandschaftsteile sind Zeugnisse früheren Wirtschaftens oder spiegeln geschichtliche Zustände wider und sind deshalb von kulturhistorischer Bedeutung, z. B.

- eine Rieselwiese, die mit Hilfe von Gräben, Stauanlagen und »Rücken« kunstvoll bewässert und gedüngt wurde,
- eine Teerkuhle als Zeugnis Jahrhunderte langer Teergewinnung,
- ein Erdkeller zum Lagern von Vorräten oder von Eisplatten für die sommerliche Kühlung,
- historische Grenzbäume, -wälle und -steine,
- Stollenmundlöcher, Schächte, Pingen oder Halden eines ehemaligen Kohlebergbaus,
- eine Rottekuhle zum Einweichen von Flachsstengeln, um daraus Fasern für die Leinenherstellung zu gewinnen,
- ein früherer Steinhauerplatz, an dem Natursteine von Hand bearbeitet wurden,
- ein historischer in seinem früheren Aussehen und seinem früheren Verlauf weitgehend erhaltener Postweg oder
- die wasserbaulichen Anlagen (z. B. Mühlteich, Mühlgräben, Stauwehr, Umflut) einer alten Wassermühle.

Zeugnis des früheren Landschaftsbildes
Viele historische Kulturlandschaftsteile übermitteln uns und nachfolgenden Generationen innerhalb einer sich ständig wandelnden Kulturlandschaft ein lebendiges Bild ihres früheren Aussehens. Für die Eigenart unserer heutigen Kulturlandschaft können sie besonders wertvoll sein, z. B.
- Furten, die ehemals an Gewässerübergängen weit verbreitet waren, heute meist durch Brücken oder Rohrdurchlässe ersetzt und daher selten sind,
- Straßen, die noch einen Sommerweg, d. h. eine unbefestigte Fahrbahnhälfte haben, oder
- Hudewälder mit großkronigen, in weitem Abstand voneinander stehenden Eichen.

Besondere Aufmerksamkeit verdienen Ensembles, in denen funktionale Zusammenhänge zwischen unterschiedlichen historischen Kulturlandschaftsteilen deutlich werden, z. B.
- Grenzsteine, -wälle und -bäume, Landwehren und Gräben einer historischen Grenze oder
- ein Steinbruch mit dazu gehörenden Halden und Hohlwegen.

Bedeutung für das Heimatgefühl
Viele historischen Kulturlandschaftsteile haben für die Identifikation der Bevölkerung mit »ihrer« Landschaft als Heimat eine große Bedeutung. Sie sind Symbole, an die sich Erinnerung oder Überlieferung knüpft, z. B.
- eine Waldwiese, die als Festplatz genutzt wurde,
- ein Hohlweg, der Jahrhunderte lang Kirchweg war,
- eine Eiche, um die sich eine alte Sage rankt oder
- eine alte Quellfassung, die seit alters her als Treffpunkt oder als Ziel für Spaziergänge besonders beliebt ist.

Regionaltypische Kulturlandschaftsteile
Besondere Beachtung verdienen historische Kulturlandschaftsteile, die nur in bestimmten Landstrichen vorkommen und gerade deshalb einen wichtigen Beitrag zu deren Eigenart leisten, z. B.
- historische Schöpfwerke in den See- und Flussmarschen,
- Bienenzäune und -häuser in der Lüneburger Heide,
- Ackerterrassen im südniedersächsischen Bergland,
- Torfstiche in Moorgebieten,
- Steinplattenzäune in den Landkreisen Holzminden und Hameln-Pyrmont oder
- Hecken, Gräben und Zäune als Relikte einer alten Hufenflur (z. B. zwischen den Hagenhufendörfern des Schaumburger Landes).

Abb. 10: *Typisch für Regionen mit großen Lehmvorkommen können Klinkerpflasterstraßen sein (bei Collstede, Ldkr. Friesland).* *(Foto: Becker-Platen)*

Oft erfahren sie nicht die Beachtung, die sie verdienen, weil sie vor Ort sehr häufig sind und ihre landesweite Bedeutung unterschätzt wird.

1.5 Wie wird erfasst?

Nachdem das vorige Kapitel eine Vorstellung davon gegeben hat, welche Kulturlandschaftsteile erfasst und dem NHB gemeldet werden sollen, geht es im folgenden darum, wie diese zu entdecken (Kap. 1.5.1) und in einen Meldebogen zu übertragen sind (Kap. 1.5.2).

1.5.1 Historische Kulturlandschaftsteile entdecken

Ein »Blick« für die Spuren historischer Landnutzung

»Man sieht nur, was man kennt«, lautet ein alter Spruch, der besonders für das Entdecken historischer Kulturlandschaftsteile gilt. Wer beispielsweise das besondere Relief einer Bewässerungswiese einmal bewusst wahrgenommen hat, wird auch andere Bewässerungswiesen an ihren typischen Merkmalen erkennen.

Wie wird erfasst?

Abb. 11: *Im Vordergrund zeichnen sich schwach die Senken und »Rücken« dieser ehemaligen Bewässerungswiese bei Jesteburg (Ldkr. Harburg) als parallele Streifen am Bodenbewuchs ab.* *(Foto: Hoppe)*

Einen »Blick« für historische Spuren bekommt, wer sich vor Augen führt, wie die Landschaft früher genutzt wurde und wie sich dies sichtbar ausgewirkt hat.

Hierzu gibt es mehrere Möglichkeiten:
1. **Lokale Experten fragen**
   Ältere Mitbürger, Landwirte, Förster oder Heimatpfleger und -forscher wissen oft von Berufs wegen, aus eigener Erinnerung oder aus Überlieferungen wie die Landschaft früher genutzt wurde und welche Spuren dies hinterlassen hat. In Gesprächen bekommt man eine Vorstellung über das typische Aussehen bestimmter Spuren oder sogar Hinweise auf konkrete Objekte.
2. **Schriftliche Quellen auswerten**
   Zahlreiche Hinweise auf frühere Landnutzung und ihre Spuren finden sich in heimat-, natur- oder landschaftskundlicher Literatur (Dorf- und Hofchroniken, Flurnamenbüchern, Naturführer etc.) oder auch in alten Urkunden. Sie sind in Bibliotheken und in Archiven einzusehen, zu kopieren oder auszuleihen. Außer den Staatsarchiven gibt es in etwa der Hälfte der niedersächsischen Landkreise ein Kreisarchiv, daneben rund 120 Stadt- oder Gemeindearchive (Adressen der Staats- und Kreisarchive im Anhang).

3. **Vorhandene Erfassungen auswerten**
Einzelne historische Kulturlandschaftsteile können bereits im Rahmen von Planungen oder Gutachten erfasst und kartiert worden sein, z. B. in Landschaftsplänen bzw. Landschaftsrahmenplänen, die bei der Kommune bzw. bei der unteren Naturschutzbehörde einzusehen sind (Adressen im Anhang). Hinweise auf Spuren historischer Waldnutzung finden sich in den Karten der Niedersächsischen Waldfunktionenkartierung, einzusehen beim Niedersächsischen Forstplanungsamt (Adresse im Anhang). Auch im Rahmen der Flurneuordnung oder der Dorferneuerung können historische Kulturlandschaftsteile durch die niedersächsischen Ämter für Agrarstruktur erfasst worden sein (Adressen im Anhang).
4. **Historische Landkarten auswerten**
In alten Landkarten sind Flächenbewuchs und Flächennutzungen wie Acker, Grünland, Heide, Ödland, Moor, Wald oder Siedlung dargestellt. Darüber hinaus enthalten sie viele punktuelle oder linienförmige Einzelobjekte wie Stauwehre, Grenzbäume, Rottekuhlen oder Hohlwege. Es erfordert nur ein wenig Übung, die historische Kartendarstellung zu lesen und sich die Gestalt der damaligen Landschaft vor Augen zu führen.

> **Tipp:**
> Wenn man eine aktuelle Karte auf transparente Folie kopiert und über die historische Karte legt, kann man sich am besten orientieren. Falls die aktuelle und die historische Karte nicht denselben Maßstab haben, sollte man die aktuelle Karte beim Kopieren verkleinern bzw. vergrößern, damit sie passgenau mit der historischen übereinstimmt.

Historische Karten sind im Niedersächsischen Hauptstaatsarchiv Hannover und seinen sechs Nebenstellen (Adressen im Anhang), in Kreis-, Stadt- bzw. Gemeindearchiven und in vielen Bibliotheken einzusehen und in einzelnen Fällen als Nachdruck zu erwerben.

Bei der LGN (Adresse im Anhang), oder in örtlichen Katasterämtern sind neben diversen Einzelblättern folgende großflächige Kartenwerke erhältlich:
- Preußische Landesaufnahme, aufgenommen 1880–1913 in ganz Niedersachsen im Maßstab 1:25.000
- Kurhannoversche Landesaufnahme, aufgenommen 1764–1786 im Maßstab 1:21.333 und mehrfarbig reproduziert in 1:25.000
- Karte des Landes Braunschweig, aufgenommen 1746–1784 und mehrfarbig reproduziert im Maßstab 1:25.000
- Gaußsche Landesaufnahme der 1815 durch Hannover erworbenen Gebiete, aufgenommen 1827–1860 im Maßstab 1:21.333 und reproduziert in 1:25.000

Wie wird erfasst?

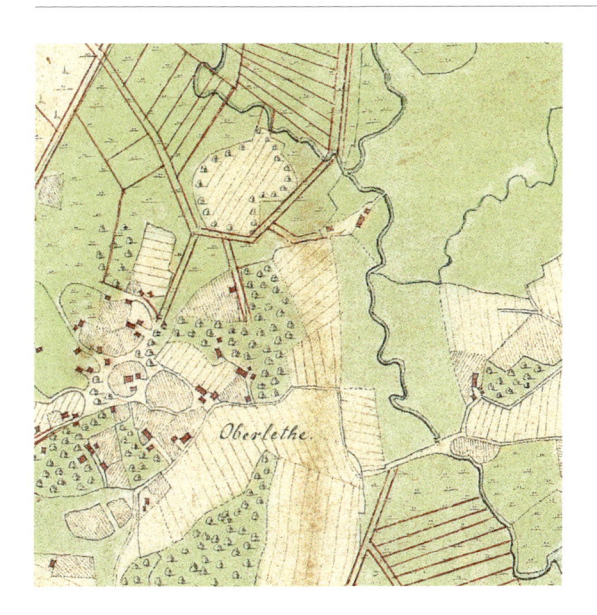

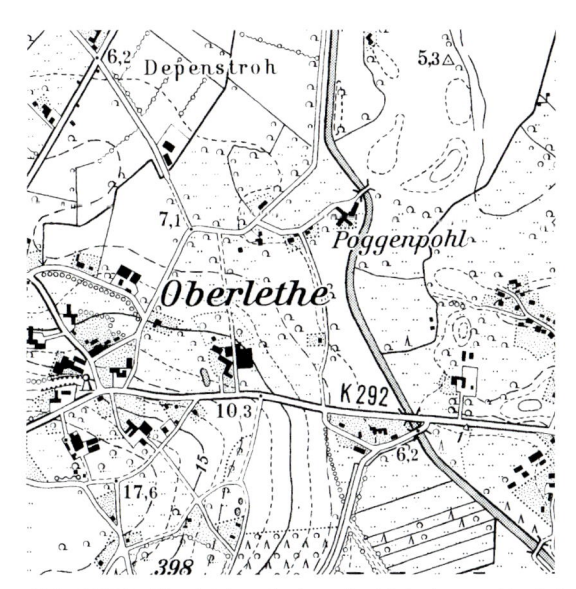

Abb. 12/13: Vergleich zwischen der Oldenburger Vogteikarte von 1790 (oben) und der TK 2915 von 1993 (unten), Maßstab jeweils 1:20.000/25.000, in einem Gebiet bei Wardenburg, Ldkr. Oldenburg.

Die Oldenburgische Vogteikarte, aufgenommen um 1790 im Maßstab 1:20.000, ist mehrfarbig reproduziert bei der Bezirksregierung Weser-Ems (Tel. 04 41/7 99-28 73) erhältlich.

Sehr wertvolle Quellen sind die amtlichen Teilungskarten, in denen der Zustand der Landschaft vor den Marken- bzw. Gemeinheitsteilungen dargestellt ist. Sie werden i. d. R. von den Ämtern für Agrarstruktur (Adressen im Anhang) geführt.

1.5.2 Das Ausfüllen des Meldebogens

Historische Kulturlandschaftsteile sollten in Form eines ausgefüllten Meldebogens dem Niedersächsischen Heimatbund mitgeteilt werden. Dabei kann der auf den folgenden beiden Seiten abgebildete Meldebogen als Kopiervorlage dienen. Er sollte beim Kopieren auf DIN-A4-Größe vergrößert und mit der Schreibmaschine oder in gut leserlicher Blockschrift ausgefüllt werden.

Grundsätzlich gilt: Lieber eine unvollständige Meldung als gar keine. Folgende Angaben sollten allerdings nicht fehlen:
1. **Erfasser/in**: Name, Adresse und Telefonnummer sind für eventuelle Rückfragen anzugeben.
2. **Genauer Karteneintrag**: Eine ortsfremde Person muss dem Karteneintrag die Lage des Objektes und seiner Bestandteile genau entnehmen können (Hinweise dazu auf Seite 2 des Meldebogens).
3. **Anschauliche Beschreibung des Objektes** (Seite 1 des Meldebogens): Eine ortsfremde Person soll sich von dem Objekt ein Bild machen können. Daher sollten das Objekt und ggf. seine Bestandteile genau beschrieben werden. Gegebenenfalls ist zwischen früheren, inzwischen verschwundenen Bestandteilen und heute noch sichtbaren zu unterscheiden. In jedem Fall sollte man
4. **Ein aktuelles Foto beilegen**, um die Beschreibung zu veranschaulichen.

Im Anhang sind vier ausgefüllte Meldebögen als Beispiele abgebildet.

1.6 Wie lassen sich historische Kulturlandschaften und ihre Teile erhalten?

Unsere Kulturlandschaft ist einem steten Wandel unterworfen. Wäre es nicht so, würden wir heute keine historischen Relikte finden können. So ist das Werden und Vergehen einzelner Bestandteile der Landschaft von alters her ein normaler Prozess. Das Tempo des Landschaftswandels nimmt allerdings in den vergangenen Jahr-

Wie lassen sich historische Kulturlandschaften und ihre Teile erhalten?

MELDEBOGEN FÜR HISTORISCHE KULTURLANDSCHAFTSTEILE

Name des Objektes:..........

Landkreis:	**Gemeinde:**	**Ortsteil/ Gemarkung:**	**Datum der Erfassung:**

Erfasser / in: (Name, Anschrift, Tel.- / Fax-Nr. und ggf. e-mail-Adresse)

....

Die grau hinterlegten Felder sind vom NHB auszufüllen!

Datenbanknummer: .... **Typen-Kürzel:** .... **Melder-Nr.:** ....

Rechtswert (G.-K.): von _ _ _ _ _ _ bis _ _ _ _ _ _ **Hochwert**: von _ _ _ _ _ _ bis _ _ _ _ _ _

ermittelt aus: ☐ Karteneintrag des Melders in TK / DGK .... ☐ ....

1) **Beschreibung des Objektes:**
   - **Sichtbare Bestandteile:** (bauliche und / oder pflanzliche) ....

   ....

   ....

   - **Größe:** (Abmessungen) ....
   - **Umgebung:** ....

2) **Nutzung:**
   Wann ist das Objekt geschaffen worden / entstanden? .... ☐ weiß nicht
   - Worauf stützen Sie Ihre Angabe? ....
   - Durch wen? .... ☐ weiß nicht
   - Zu welchem Zweck / wodurch? ....

   .... ☐ weiß nicht
   - Wie wird das Objekt heute genutzt? ☐ in historischer Weise
     ☐ teilweise in historischer Weise, außerdem ....
     ☐ bis .... in historischer Weise, seitdem: ....

3) **Wie gut ist das Objekt erhalten?**
   ☐ gut erhalten / typisch ausgeprägt
   ☐ verändert / beeinträchtigt ....

   ☐ weitgehend zerstört / verfallen / verformt, aufgrund ....

4) **Kennen Sie weitere solcher Objekte?** ☐ nein ☐ ja wieviele: .... wo: ....

5) **Ihre Meinung:** Das Objekt ist ☐ erhaltenswürdig ☐ nicht erhaltenswürdig

   Begründung: ....

6) **Pflege-, Nutzungs-, Schutz- oder Reparaturvorschläge:** ....

....

45

Grundlagen der Erfassung historischer Kulturlandschaftsteile

MELDEBOGEN FÜR HISTORISCHE KULTURLANDSCHAFTSTEILE
7) **Aktuelles Foto des Objektes:** aufgenommen am................................
Hier bitte **aktuelles** Foto einkleben! Bitte geben Sie in der beizulegenden Karte die Blickrichtung des Fotographen an!

8) **Bitte legen Sie diesem Meldebogen eine Karte bei (Kopie der TK 25 beim NHB erhältlich) und tragen Sie die Lage des Objektes exakt darin ein! Orientieren Sie sich hierzu bitte am Beispiel des Mustermeldebogens und an folgenden Hinweisen:**
  ☞ Verwenden Sie einen Kartenausschnitt, der einem Ortsfremden die Orientierung ermöglicht!
  ☞ Bitte geben Sie die genaue Lage des Objektes an:
    - bei punktuellen Objekten: ein farbiges Kreuz
    - bei linearen Objekten: eine farbige Linie
    - bei flächigen Objekten: eine dünne Schraffur mit farbiger Umgrenzung
  ☞ Falls Sie zwischen aktuellen und ehemaligen oder zwischen schlecht und gut erhaltenen Bestandteilen unterscheiden möchten, verwenden Sie bitte verschiedene Farben, Signaturen oder Schraffuren (**mit Zeichenerklärung!**)!
  ☞ Bitte markieren Sie die Blickrichtung des Fotografen mit einem spitzen Dreieck!

9) **Weitere Quellen / Literatur zum Objekt:** ....
10) **Wer kann außer Ihnen Auskunft zum Objekt geben?** ....
11) **Bemerkungen / Sonstiges (evtl. separates Blatt):** ....
Mit der Weitergabe (nach EG-Richtlinie Informationen über die Umwelt [90/313/EWG]) der von mir ehrenamtlich erhobenen Daten bin ich einverstanden ☐

zehnten und wohl auch in Zukunft stark zu. Sei es plötzlich, z. B. beim Bau eines Gewerbegebietes, oder allmählich, z. B. als Folge des landwirtschaftlichen Strukturwandels: »Das Historische« in der Landschaft kommt uns mehr und mehr abhanden.

Im folgenden soll beschrieben werden, wie persönliches Engagement, Berücksichtigung bei Planungen und gesetzlicher Schutz dieser Entwicklung entgegenwirken und zur Erhaltung historischer Kulturlandschaftsteile beitragen können. Unersetzliche Grundlage hierfür ist in jedem Fall deren Erfassung, denn man kann nur das erhalten, was man kennt.

1.6.1 Persönliches Engagement und Vertragsnaturschutz

Viele historische Relikte der Kulturlandschaft verdanken ihr Überdauern dem Engagement einzelner Personen. Häufig sind es die Besitzer, die über Generationen z. B. einen Bienenzaun in Stand halten, einen Lesesteinwall von Gehölzaufwuchs befreien oder eine alte Obstwiese pflegen, auch ohne Aussicht auf wirtschaftlichen Ertrag. Hervorzuheben ist auch die ehrenamtliche Arbeit vieler Heimat- oder Naturschutzvereine, die z. B. regelmäßig Kopfweiden beschneiden oder Magerrasen von Gehölzaufwuchs befreien.

Voraussetzung für das persönliche Engagement ist jedoch, dass die Bedeutung des Objekts bekannt ist. Wer z. B. weiß, dass der Hohlweg hinter seinem Haus Jahrhunderte lang als Kirchweg diente und durch die starke Benutzung sein markantes Profil erhielt, dem wird es schwer fallen, ihn zu verfüllen. Mit gutem Willen und Einfallsreichtum lassen sich viele historische Objekte erhalten, ohne dabei wirtschaftliche Prozesse zu behindern. Die Aufklärung der Öffentlichkeit über den Wert historischer Kulturlandschaften bzw. ihrer Teile ist daher sehr wichtig.

Eine zunehmende Bedeutung für die Erhaltung historischer Kulturlandschaftsteile erlangt der Vertragsnaturschutz. Darunter sind Vereinbarungen zu verstehen, die den Landnutzer (i. d. R. Landwirte oder Waldbesitzer) verpflichten, ein Gebiet auf eine bestimmte (z. B. eine historische) Art und Weise zu bewirtschaften. Dadurch wird den Zielen des Naturschutzes und der Landschaftspflege gedient (z. B. § 2, Nr. 13 BNatSchG: »Historische Kulturlandschaften und Landschaftsteile ... sind zu erhalten«, s. auch Kap. 1.6.3). Zum Ausgleich wird eine finanzielle Entschädigung gewährt.

Ein Beispiel ist das »Kooperationsprogramm Feuchtwiesen« des Niedersächsischen Umweltministeriums (Adresse im Anhang), ein Bestandteil des niedersächsischen ProLand-Programms. Daneben unterhalten auch einige Landkreise Förderprogramme (oft mit Hilfe von Landes- oder EU-Mitteln), z. B. das Bergwiesenprogramm des Landkreises Goslar, das Wallheckenprogramm des Landkreises Cuxhaven oder das Landschaftspflegeprogramm des Landkreises Osnabrück, bei denen Pflege- bzw. Instandsetzungsmaßnahmen vertraglich vereinbart und finanziell gefördert werden.

1.6.2 Berücksichtigung in Planungen

Raumordnung

Die Raumordnung erlässt auf Bundes-, Landes- und regionaler Ebene Grundsätze, nach denen die Entwicklung eines Gebietes stattfinden soll. Hierbei wird versucht, alle Ansprüche an einen Raum (z. B. Land- und Forstwirtschaft, Siedlungs- und Gewerbeentwicklung, Naturschutz, Erholung, Lagerstättenabbau) miteinander in Einklang zu bringen und im gesamten Gebiet gleichwertige Lebensbedingungen zu erreichen. Anderen Planungen (z. B. Bauleitplanung, Verkehrswegeplanung) haben die Aussagen der Raumordnung zu berücksichtigen.

Historische Kulturlandschaftsteile oder -elemente können als »Kulturelles Sachgut« im Regionalen Raumordnungsprogramm (RROP) dargestellt werden, um sie künftig stärker zu berücksichtigen. Kulturelle Sachgüter sind u. a. »wertvolle Teile der Kulturlandschaft [, die] aufgrund ihrer regionalspezifischen Bedeutung geeignet sind, zur kulturellen Stabilität in den Regionen beizutragen« (MI 1995). Das können z. B. historische Siedlungsstrukturen und Ortsränder, flächenhafte archäologische Kulturdenkmale oder typische Hecken-, Marsch- oder Obstwiesenlandschaften sein. Dabei kommt dem Landschaftsrahmenplan, dem von den Landkreisen bzw. kreisfreien Städten zu erstellenden naturschutzfachlichen Gutachten zum RROP, besondere Verantwortung zu, kulturelle Sachgüter darzustellen und ihre Übernahme ins RROP zu empfehlen.

Bauleitplanung und Landschaftsplanung

Mit der Bauleitplanung regelt die Gemeinde ihre städtebauliche Entwicklung. Da sie laut Baugesetzbuch in vorausschauender Weise u. a. eine menschenwürdige Umwelt sichern und die natürlichen Lebensgrundlage schützen soll, hat sie die Grundsätze des Natur- und des Denkmalschutzgesetzes (s. Kap. 1.6.3) zu beachten. Bauleitpläne sind der Flächennutzungsplan (F-Plan) und der Bebauungsplan (B-Plan). In die Bauleitplanung fließen die Aussagen der Landschaftsplanung (§§ 4 bis 6 NNatG) ein, das ist auf Ebene des F-Plans der Landschaftsplan und auf Ebene des B-Plans der Grünordnungsplan.

Der F-Plan ist der vorbereitende Bauleitplan für das gesamte Gemeindegebiet. In ihm sind die beabsichtigten Arten der Bodennutzung in ihren Grundzügen darzustellen (z. B. »Grünfläche« oder »Wohnbebauung«). Um bereits im F-Plan historische Kulturlandschaften bzw. -landschaftsteile zu berücksichtigen, sollten erhaltenswürdige Objekte oder Flächen im Landschaftsplan, dem von den Kommunen zu erstellenden naturschutzfachlichen Gutachten zum F-Plan, ermittelt werden, z. B. historische Siedlungsstrukturen, Gehölzreihen als Relikte einer ehemaligen Hufenflur oder historische Grenzwälle.

Aus dem F-Plan, der nur für die Verwaltung bindend ist, müssen die für den Bauherrn verbindlichen B-Pläne entwickelt werden. In B-Plänen sind z. B. Baugrenzen, Geschosshöhen und erlaubte Baunutzungen aber auch Flächen für Natur und Landschaft genau festzusetzen. Das naturschutzfachliche Gutachten zum B-Plan ist der Grünordnungsplan. Darin sollten neben Biotopen auch wertvolle historische Kulturlandschaftsteile ermittelt werden, um deren Erhaltung im B-Plan festsetzen zu können. Insbesondere für die Erhaltung historisch gewachsener Ortsbilder und Ortsränder ist der B-Plan das wirkungsvollste Planungsinstrument.

Allerdings werden historische Kulturlandschaftsteile in Landschaftsrahmenplänen, Landschaftsplänen und Grünordnungsplänen nur sporadisch erfasst. Zwar sind sie bei der Erfassung des Landschaftsbildes künftig zu berücksichtigen (Entwurf der *Hinweise der Fachbehörde für Naturschutz zur Ausarbeitung und Fortschreibung des Landschaftsrahmenplans*, Stand 9/2000) und schon jetzt ist vereinzelt eine Zunahme von Landschafts- und Landschaftsrahmenplänen festzustellen, die einzelne Objekte in den Erhebungskarten abbilden und in die Planungen einbeziehen (z. B. regionaltypische Siedlungsmuster oder Ortsränder). Es ist jedoch zu befürchten, dass dies auch in Zukunft lediglich Einzelobjekte betreffen wird und eine systematische Erfassung ausbleiben wird.

Aufgrund dessen möchte der NHB auf Basis ehrenamtlicher Mitarbeit und mit Hilfe dieses Buches historische Kulturlandschaftsteile selbst erfassen und in einer Datensammlung sammeln. Dies darf allerdings die Landschaftsplanung nicht aus ihrer Verantwortung entlassen, sich daran zu beteiligen. Vor allem die Erfassung großräumiger Landschaftseinheiten (z. B. historisch gewachsene Siedlungsmuster oder durch traditionellen Obstbau geprägte Landschaften) ist aufgrund der hohen methodischen Anforderungen nicht von ehrenamtlichen Kräften zu leisten.

Umweltverträglichkeitsprüfung

Größere Bauvorhaben sind, mit Ausnahmen, einer Umweltverträglichkeitsprüfung (UVP) zu unterziehen. Dabei sind die voraussichtlichen Auswirkungen des Bauvorhabens zu ermitteln, zu beschreiben und zu bewerten, z. B. auf Kultur- und sonstige Sachgüter. Hierunter sind u. a. historische Kulturlandschaftsteile zu verstehen.

Leider beschränkt man sich in der Praxis auf die Berücksichtigung eingetragener Kulturdenkmale, darüber hinaus werden historische Kulturlandschaftsteile i. d. R. nicht erfasst und bleiben unberücksichtigt.

Dorferneuerung

Bei der Dorferneuerung soll die Funktionsfähigkeit ländlicher Ortschaften gefördert bzw. wiederhergestellt werden. Dabei sind u. a. historische ortsbildprägende Bauten zu bewahren und ggf. umzunutzen, entleerte Ortskerne wiederzubeleben und das Dorf in die Landschaft harmonisch einzubinden. Während bei der Erhaltung der Bausubstanz auf behördliche Denkmalverzeichnisse zurückgegriffen werden kann, hängt die Erhaltung nicht-gebauter Substanz wie Dorfteiche, Furten, Gassen oder Wege von der Kenntnis der Bewohner und des koordinierenden Planers ab. Eine Erfassung historischer Kulturlandschaftsteile kann dafür Sorge tragen, dass nichts vergessen wird.

Flurbereinigung

Die Flurbereinigung hat zum Ziel, die Produktions- und Arbeitsbedingungen der Land- und Forstwirtschaft zu verbessern. Neben der Flurneuordnung, der Zusammenlegung zersplitterten Grundbesitzes, kommt der Regelung des Wege- und Gewässersystems besondere Bedeutung zu.

Im Zuge früherer Flurbereinigungen sind leider zahlreiche historische Teile der Kulturlandschaft verlorengegangen. Heute bemüht man sich, die erhaltenen historischen Strukturen zu berücksichtigen und ggf. durch Neugestaltungen (z. B. Heckenpflanzungen) wiederherzustellen. Hierzu sollten sich die zuständigen Ämter für Agrarstruktur ein detailliertes Bild über das frühere Aussehen der Kulturlandschaft und erhaltene Relikte verschaffen. Da die bestehenden behördlichen Inventare des Naturschutzes und der Denkmalpflege hierin große Lücken aufweisen, ist eine gezielte Erfassung historischer Kulturlandschaftsteile im Rahmen von Flurbereinigungsverfahren geboten.

Agrarstrukturelle Entwicklungsplanung

Die Agrarstrukturelle Entwicklungsplanung (AEP) befasst sich mit Zukunfts- und Entwicklungsmöglichkeiten der Landwirtschaft in einem Gebiet. Ihr Ziel ist, unterschiedliche Nutzungsansprüche (Landwirtschaft, Bodenabbau, Naturschutz, Siedlungserweiterung) in Einklang zu bringen. Dazu werden Konfliktpotenziale aufgezeigt, ein Leitbild für die Entwicklung der Landschaft entwickelt und Umsetzungsstrategien benannt.

Die AEP kann z. B. in Teilgebieten wertvolle historisch gewachsene Kulturlandschaften feststellen und ihre Erhaltung und behutsame Weiterentwicklung fordern. In nachfolgenden Planungen sind dann konkrete Maßnahmen zu entwickeln, z. B. in der Flurbereinigung, in der Bauleitplanung, bei der Ausweisung von Natur- oder Landschaftsschutzgebieten oder durch die Einrichtung eines Flächenpools für Kompensationsmaßnahmen.

1.6.3 Gesetzlicher Schutz

Niedersächsisches Naturschutzgesetz

Das Niedersächsische Naturschutzgesetz (NNatG) greift den § 2 Grundsatz 13 des Bundesnaturschutzgesetzes (BNatSchG) unmittelbar auf. Danach sind »... historische Kulturlandschaften und -landschaftsteile von besonders charakteristischer Eigenart [...] zu erhalten. Dies gilt auch für die Umgebung geschützter oder schützenswerter Kultur-, Bau- oder Bodendenkmäler, sofern dies für die Erhaltung der Eigenart und Schönheit des Denkmals erforderlich ist.«

Zum Schutz von Natur und Landschaft hält das NNatG verschiedene Schutzinstrumente bereit. Sie sollen im folgenden hinsichtlich ihrer Eignung zur Erhaltung historischer Kulturlandschaften bzw. historischer Teile von Kulturlandschaften kurz vorgestellt werden.

Flächenschutz
Den strengsten Flächenschutz bieten **Naturschutzgebiete** (NSG) nach § 24 NNatG und **Nationalparke** (NLP) nach § 25 NNatG. Hier dürfen Wege i. d. R. nicht verlassen werden, und land- und forstwirtschaftliche Nutzungen sind meist strengen Auflagen unterworfen, wenn sie überhaupt erlaubt sind. Weil Nationalparke dadurch gekennzeichnet sein müssen, dass sie »sich in einem vom Menschen nicht oder wenig beeinflussten Zustand befinden«, bieten sie sich zum Schutz historischer Kulturlandschaften (also durch menschliches Wirken geprägte Landschaften) weniger an. Naturschutzgebiete haben sich dagegen in der Praxis bewährt, so z. B. das NSG »Lüneburger Heide« zum Schutz einer historischen Heidelandschaft oder die NSG »Hasbruch« (Ldkr. Oldenburg) und »Neuenburger Urwald« (Ldkr. Friesland) zum Schutz alter Hudewälder. Grundlage eines Naturschutzgebietes sollte ein qualifizierter Pflege- und Entwicklungsplan sein, in dem die zur Erhaltung der historischen Kulturlandschaft notwendige Nutzung bzw. Pflege genau festgelegt ist. Meist ist diese Nutzung unter heutigen Gesichtspunkten unwirtschaftlich, so dass sie aus öffentlichen Geldern zu bezuschussen ist (Vertragsnaturschutz, s. Kap. 1.6.1.).

Historisch geprägte Gebiete können auch als **Landschaftsschutzgebiet** (LSG) nach § 26 NNatG ausgewiesen werden. Auch hier kann die Schutzgebietsverordnung bestimmte Handlungen untersagen oder für genehmigungspflichtig erklären, z. B. Veränderungen der Bodengestalt und -nutzung. In der Regel ist die Schutzwirkung eines LSG verglichen mit einem NSG oder Nationalpark jedoch geringer.

Schließlich bietet das NNatG die Möglichkeit, großräumige Gebiete zu **Naturparken** zu erklären (§ 34). Sie bestehen überwiegend aus Natur- oder Landschaftsschutzgebieten, darüber hinaus bieten sie jedoch der Landschaft oder einzelnen Teilen keinen weitergehenden Schutz. Weil Naturparke für die Erholung oder den Fremdenverkehr vorgesehen sind, leisten viele Naturparkträger die wichtige Aufgabe der Öffentlichkeitsarbeit (Kap. 1.6.1) und weisen auf die Bedeutung historischer Kulturlandschaften oder Kulturlandschaftsteile hin (z. B. WIEGAND 2001).

Eine bedeutende Möglichkeit zur Erhaltung und Entwicklung großflächiger historischer Kulturlandschaften bieten **Biosphärenreservate** (BR). Sie sind im NNatG bislang nicht vorgesehen, können jedoch auf Grundlage des Bundesnaturschutzgesetzes ausgewiesen werden. Gemäß § 14a (1) 3 BNatSchG sollen sie »vornehmlich der Erhaltung, Entwicklung und Wiederherstellung einer durch hergebrachte Nutzung geprägten Landschaft [...] dienen«. Biosphärenreservate zielen auf die Verwirklichung des UNESCO-Programms »Der Mensch und die Biosphäre« ab. Dabei sollen neben Aspekten des Naturschutzes gleichrangig auch ökonomische, soziale, kulturelle und ethische Belange historisch geprägter Landschaften einfließen. Auf niedersächsischem Gebiet gibt es derzeit zwei durch die UNESCO anerkannte Biospärenreservate, das BR »Niedersächsisches Wattenmeer« und das BR »Flusslandschaft Elbe«. Letzeres soll außerdem als »Biosphärenreservat Elbetal« auf Grundlage des BNatSchG rechtsverbindlich ausgewiesen werden.

Objektschutz
Wie beim Flächenschutz bietet das Naturschutzgesetz auch zum Objektschutz einzelner historischer Kulturlandschaftsteile verschiedene Schutzkategorien mit unterschiedlichem Wirkungsgrad.

Höchsten Schutz genießen die **besonders geschützten Biotope** (§ 28a NNatG). Darunter fallen nicht nur natürliche Lebensräume wie Hochmoore oder Auwälder, sondern auch historische Kulturlandschaftsteile wie Magerrasen oder Heiden. Wie in Naturschutzgebieten sind hier alle zerstörenden oder beeinträchtigenden Handlungen verboten. Nach § 28b NNatG ist auch Feuchtgrünland (z. B. Streuwiese) besonders geschützt, Maßnahmen zur Gewässerunterhaltung sind gestattet.

Sehr hohe Schutzwirkung genießen auch **Naturdenkmale** (§ 27 NNatG), das sind »einzelne Naturschöpfungen, die wegen ihrer Bedeutung für Wissenschaft, Natur- oder Heimatkunde, oder wegen ihrer Seltenheit, Eigenart oder Schönheit besonderen Schutz bedürfen«. Darunter fallen in der Praxis nicht nur Naturschöpfungen im engsten Sinne wie Erdfälle, Felsen oder Dünen, sondern auch durch menschliches Wirken entstandene wie Torfstiche, Hudebäume, Heiden, Alleen oder Tonkuhlen. Auch Grabhügel, Großsteingräber, Landwehren, Burgen, Wüstungen oder Steinmale, die seit 1978 durch das Niedersächsische Denkmalschutzgesetz als Kulturdenkmale geschützt sind (s. u.), sind bis dahin als Naturdenkmale ausgewiesen worden (KRÖBER 2000).

Abb. 14: Diese alte Thielinde in Großgoltern, Ldkr. Hannover, ist als Naturdenkmal geschützt. (Foto: Wiegand)

Ferner kann die Gemeinde gemäß § 28 NNatG **geschützte Landschaftsbestandteile** ausweisen, das sind »Bäume, Hecken, Wasserläufe und andere Landschaftsbestandteile«. Voraussetzung ist, das sie »… das Orts- oder Landschaftsbild beleben oder gliedern, zur Leistungsfähigkeit des Naturhaushaltes beitragen oder das Kleinklima verbessern.« Das Beispiel »Geschützte Landschaftsbestandteile Bergehalden« (Ldkr. Schaumburg) belegt, dass sich dieses Schutzinstrument auch zur Erhaltung historischer Kulturlandschaftsteile eignet.

Schließlich ist es laut § 33 NNatG verboten, **Wallhecken** zu beseitigen oder zu beeinträchtigen. Wallhecken sind danach »mit Bäumen oder Sträuchern bewachsene Wälle, die als Einfriedung dienen oder dienten«. Das bekannteste Beispiel sind die zahlreichen Wallhecken in den niedersächsischen Geestgebieten, die im 18. und 19. Jahrhunderts in Folge der Gemeinheitsteilungen angelegt wurden.

Niedersächsisches Denkmalschutzgesetz
Zahlreiche historische Kulturlandschaftsteile erfüllen die Voraussetzungen eines Kulturdenkmals nach § 3 des Niedersächsischen Denkmalschutzgesetzes (NDSchG). Kulturdenkmale sind »instand zu halten, zu pflegen und vor Gefährdung zu schützen« (§ 6, Abs. 1) und »dürfen nicht zerstört, gefährdet oder so verändert oder von

ihrem Platz entfernt werden, dass ihr Denkmalwert beeinträchtigt wird« (§ 6, Abs. 2). Ausnahmen bedürfen der Genehmigung durch die unteren Denkmalschutzbehörden.

Dabei spielt es zwar laut § 5 NDSchG keine Rolle, ob das Objekt von den Behörden bereits erfasst und ins Verzeichnis der Kulturdenkmale aufgenommen wurde (s. Kap. 1.4.1), sondern es genügt, wenn es die Voraussetzungen dazu erfüllt. In der Praxis jedoch haben die im Verzeichnis geführten Objekte eine größere Chance, erhalten zu werden, da sie von Planern und Vorhabensträgern frühzeitiger berücksichtigt werden können.

Zusammenfassung

Der Gesetzgeber hat viele Regelungen erlassen, um (neben anderen Objekten) historische Kulturlandschaftsteile zu erhalten. Sie können unter Schutz gestellt werden, stehen per se unter Schutz oder müssen bei Planungen berücksichtigt werden. Unabdingbar ist aber das persönliche Engagement Einzelner. Denn erstens sind den Behörden nicht alle historischen Kulturlandschaftsteile bekannt. Ehrenamtliche Mitarbeiterinnen und Mitarbeiter sind daher eingeladen, diese dem NHB zu melden. Zweitens ist es gerade dem Bemühen Einzelner zu verdanken, dass ein Objekt überhaupt noch existiert, dass es gepflegt oder zumindest nicht zerstört wird und dass es im ständigen Wandel der Landschaft fortbesteht.

Anmerkungen

Welche historischen Kulturlandschaftsteile »in der Regel« erfasst werden, lässt sich für ganz Niedersachsen nicht einheitlich formulieren, da die Situation regional und lokal verschieden sein kann. Auf Grundlage praktischer Erfahrungen und intensiver Abstimmungen mit Behörden wurde hier für Niedersachsen ein »landesweiter Durchschnitt« formuliert.

2 Glossar historischer Kulturlandschaftsteile

Dieses Glossar hat zum Ziel, alle Typen historischer Kulturlandschaftsteile, d. h. alle sichtbaren, durch früheres menschliches Wirken hervorgebrachten Kulturlandschaftsteile, die in Niedersachsen vorkommen können, zu gliedern und zu beschreiben. Es soll ehrenamtlichen Mitarbeitern, die historische Kulturlandschaftsteile erfassen und dem NHB melden wollen, als »Sehhilfe« dienen. Der Vollständigkeit halber beinhaltet es auch Objekte, die bereits von Denkmal- und Naturschutzbehörden erfasst werden (z. B. *Großsteingrab*, *Bauernhaus* oder *Magerrasen*) und die daher dem NHB nicht gemeldet zu werden brauchen.

Die historischen Kulturlandschaftsteile (z. B. *Deich*) gliedern sich in elf Kapitel (s. u.) und werden dort in alphabetischer Reihenfolge zusammen mit ihren Untertypen (z. B. *Schlafdeich*) und Bestandteilen (z. B. *Deichschart*) beschrieben. Begriffe *in kursiver Schrift* sind im Register am Ende dieses Buches aufgeführt, ein → verweist auf Beschreibungen an anderer Stelle. Den Beschreibungen liegt folgendes Schema zugrunde:

Merkmale, Morphologie, Typologie:
Beschreibung der äußeren Merkmale (z. B. äußeres Erscheinungsbild, typische Größe, charakteristische Lage im Raum), ggf. Untergliederung in Untertypen nach äußeren Merkmalen, Nennung von Synonymen

Kulturgeschichte:
Aussagen zur Entstehungs- und Nutzungsgeschichte und ggf. zur Bedeutung des Objektes für das Landschaftsbild; ggf. Untergliederung in Untertypen nach (historischen) Funktionen.

Vorkommen/Verbreitung:
Angaben zur Verbreitung in Niedersachsen[1].

---

[1] Die Verbreitung von Objekten, die bislang nicht systematisch erfasst werden, kann häufig nur vermutet werden. Gesicherte Erkenntnisse kann nur eine landesweite Erfassung historischer Kulturlandschaftsteile erbringen, die dieses Buch erst ermöglichen soll.

Glossar historischer Kulturlandschaftsteile

Übersicht der Kapitel und Begriffsbeschreibungen

2.1 Siedlungsformen

Abri	Haufendorf	Straßendorf
Arbeitersiedlung	Hufendorf	Streusiedlung
Dorfplatz	Platzdorf	Wüstung
Drubbel	Rodungsinsel	

2.2 Landwirtschaft

Bauernhaus	Langstreifenflur	Streuwiese
Bewässerungswiese	Lesesteinwall	Terrassenacker
Blockflur	Magerrasen	Tränke
Erdkeller	Mauer	Trift
Gemeinheit	Meierei	Wallhecke
Hecke	Obstwiese	Weinberg
Heide	Plaggenesch	Wölbacker
Hufenflur	Sandfang	Zaun
Imkereirelikte	Scheune	
Landwirtschaftliche Nebengebäude	Schwemme	
	Speicher	

2.3 Gartenkunst und Grünanlagen

Arboretum	Kleingarten	Park
Bauerngarten		

2.4 Jagd und Fischerei

Entenfang	Jagdhaus	Vogelherd
Fischteich	Jagdstern	Wildacker
Fischweg	Saufang	Wolfsgrube
Fischzaun	Tiergarten	

2.5 Waldwirtschaft und Bäume

Einzelbaum	Kopfbaum	Waldwirtschaftliche Gebäude
Hudewald	Krattwald	
Kienharzgewinnung	Niederwald	

2.6 Bergbau, Industrie, Handel, Gewerbe

Bergbaubauwerke	Pinge	Werkstätten
Glashütte	Saline	Windmühle
Halde	Schacht	Ziegelei
Kuhle	Steinbruch	Zuckerfabrik
Meilerplatz	Stollen	
Ofen	Torfstich	

2.7 Gewässerbau und -nutzung

Brunnen	Hafen	Schöpfwerk
Buhne	Kanal	Seezeichen
Damm	Kolk	Siel
Deich	Polder	Teich
Flößereirelikte	Pütte	Wassermühle
Furt	Rottekuhle	Wehr
Graben	Schleuse	Wurt

2.8 Verkehr

Allee	Eisenbahngebäude	Straße
Bahnhof	Eisenbahntrasse	Tunnel
Brücke	Fähre	Weg
Einrichtungen an Straßen	Flugplatz	Wrack
	Seilbahn	

2.9 Bestattung, Religion, Kult, Gedenkstätten

Bildstock	Großsteingrab	Kreuzstein
Denkmal	Kirche	Kreuzweg
Friedhof	Kirchweg	Mausoleum
Grabhügel	Kloster	Steinmal

2.10 Verteidigung, Militär

Burg	Militärische Einrichtungen	Turm
Landwehr	Schanze	Wall

2.11 Herrschaft, Verwaltung, Recht, Versorgung

Grenzstein	Thing	Versorgungs-einrichtungen
Herrschaftliche Gebäude		

Erfassung/Gesetzlicher Schutz:
Angaben, ob das Objekt bereits von den Natur- oder Denkmalschutzbehörden erfasst wird oder nicht und daher künftig durch den NHB erfasst werden soll.

Angaben zum gesetzlichen Schutz werden nur in besonderen Fällen gemacht (z. B. »Wallhecken sind per se durch § 33 NNatG geschützt«). Die grundsätzlichen Möglichkeiten, historische Kulturlandschaftsteile auf Grundlage des Natur- oder Denkmalschutzgesetzes zu schützen, beschreibt Kapitel 1.6.3.

Literaturtipps:
Hinweise auf weiterführende Literatur (siehe Literaturverzeichnis im Anhang).

Abbildungen:
Zur Illustration der typischen Merkmale eines Objektes wird ggf. ein Foto, ein Kartenausschnitt oder eine schematische Zeichnung abgebildet.

Das Glossar bemüht sich, der großen Vielfalt der niedersächsischen Kulturlandschaften und ihre historischen Bestandteile gerecht zu werden. Dabei konnte auf das Wissen zahlreicher Experten (v. a. im »Arbeitskreis Kulturlandschaft« des NHB, siehe Vorwort) und auf vorhandene Glossare (z. B. Becker 1999, Koch 1998, Lüders & Lück 1976, Scherer-Hall 1996) zurückgegriffen werden. Dennoch ist nicht auszuschließen, dass einzelne Objekte vergessen wurden. Sie sollten dem NHB unbedingt gemeldet werden, damit sie in späteren Auflagen berücksichtigt werden können.

2.1 Siedlungsformen

Abri

Merkmale, Morphologie, Typologie:
Ein Abri ist ein natürlich entstandenes, durch unterschiedliche Gesteinshärte herausgewittertes Felsdach. Eine *Höhle* ist ein natürlicher, von Menschen begehbarer Hohlraum im Gestein.

Kulturgeschichte:
Abris und Höhlen dienten den Menschen v. a. in vorgeschichtlicher Zeit (vereinzelt noch im Mittelalter) als Wohn-, Rast- oder Zufluchtsort, z. T. auch als Kultstätte. So nutzten altsteinzeitliche Rentierjäger die sogenannte Steinkirche bei Scharzfeld im Ldkr. Osterode als Rastplatz. Später war sie Wohnhöhle und im Mittelalter diente sie der Bevölkerung als Kirche.

Abb. 15: *Abri Scharzfeld, Ldkr. Osterode.* (Foto: Knoll)

Vorkommen/Verbreitung:
In den Felsgebieten Niedersachsens v. a. im westlichen Harzvorland, im Bergland östlich der Weser bei Hameln und östlich der Leine bei Göttingen.

Erfassung/Gesetzlicher Schutz:
Abris und Höhlen von den archäologischen Denkmalbehörden erfasst und vom NLD ins Verzeichnis der Kulturdenkmale aufgenommen.

Literaturtipps: GROTE (1988), MÖLLER (1984).

Arbeitersiedlung

Merkmale, Morphologie, Typologie:
Gruppe von Wohnhäusern, meist regelmäßig angelegt und in gleicher Bauart (meist kleine Grundrisse, max. 3 Stockwerke) und einheitlichem Baustil (z. B. Historismus, Jugendstil, neue Sachlichkeit) in der Nähe industrieller oder bergbaulicher Produktionsstätten.

Kulturgeschichte:
In den letzten Jahrzehnten des 19. und den ersten des 20. Jh. wuchs im Zuge der Industrialisierung in vormals landwirtschaftlich geprägten und dünn besiedelten Gebieten der Bedarf an Arbeitskräften stark an. Um den Arbeitern Wohnraum und die Möglichkeit zu bieten, sich von der eigenen Wohnung aus mit Essen zu versorgen, wurden spezielle Arbeitersiedlungen errichtet, oft auf Firmengrund und in einheitlichem Baustil. Heute sind sie wichtige Zeugen der Industrialisierungsgeschichte.

Vorkommen/Verbreitung:
Arbeitersiedlungen liegen i. d. R. in direkter Nachbarschaft zu Bergbau- oder Industriebetrieben des 19. und 20. Jahrhunderts.

Erfassung/Gesetzlicher Schutz:
Arbeitersiedlungen werden von den Denkmalbehörden erfasst und ins Verzeichnis der Kulturdenkmale aufgenommen.

Literaturtipps: MÖLLER (1984), MÖLLER (1985).

Dorfplatz

Merkmale, Morphologie, Typologie:
Örtlichkeit innerhalb einer Siedlung. Je nach Zweck unterscheidet man:
- *Versammlungs-*, *Tanz-* oder *Festplatz*: Ort der Dorfgemeinschaft für Veranstaltungen, oftmals mit Bäumen (z. B. Linden) umstanden (*Baumkranz*), manchmal mit einem → *Tanzbaum*.
- *Tie*, *Thie*, *The*, *Ty* oder *Tigge* (Ostfriesland): Historischer Versammlungsort einer Dorfgemeinschaft, wo dörfliches Recht (Sitte) besprochen wurde, i. d. R. zentral an der Kirche oder an einer Straßenkreuzung gelegen, oftmals erhöht, ummauert und/oder durch Großbäume (→ *Tielinde*) betont. Der Tie ist nicht zu verwechseln mit dem → *Thing*, an dem die höhere Gerichtsbarkeit ausgeübt wurde.
- *Anger*: Gemeinschaftliche, meist längliche Grasfläche am Rande oder inmitten eines Dorfes (→ *Platzdorf*); früher als Weide oder für Veranstaltungen genutzt (*Pfingstanger*), heute oft bebaut oder gepflastert.

Abb. 16: *Typischer Dorfplatz mit Dorfteich im Landkreis Göttingen.* (Foto: Wiegand)

Kulturgeschichte:
Der Platz eines Dorfes ist i. d. R. so alt wie das Dorf selbst. Er war und ist Versammlungsort und Treffpunkt, hier finden z. B. Kirmes und Schützenfest statt. Er ist sichtbarer Ausdruck einer Jahrhunderte alten Tradition.

Vorkommen/Verbreitung:
Ties, Tanz- oder Festplätze sind in ganz Niedersachsen bekannt. In Südniedersachsen hatte sogar beinahe jedes Dorf einen Tie. Anger treten in Verbindung mit → *Angerdörfern*, also v. a. östlich der Elbe auf.

Erfassung, Gesetzlicher Schutz:
Dorfplätze werden nur in Einzelfällen von der archäologischen oder von der Baudenkmalpflege erfasst und bei besonderer Bedeutung ins Verzeichnis der Kulturdenkmale aufgenommen. Sie sollten daher dem NHB gemeldet werden.

Literaturtipps: Möller (1984), zu Tie: Bischoff (1971).

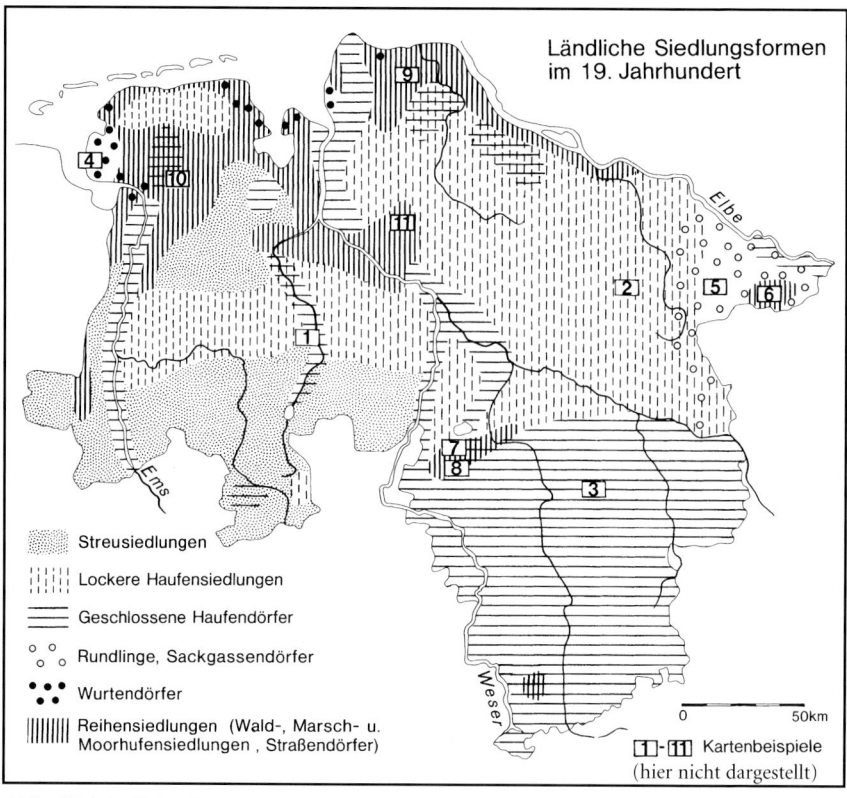

Glossar historischer Kulturlandschaftsteile

Abb. 17: *Ländliche Siedlungsformen im 19. Jahrhundert in Niedersachsen (aus SEEDORF & MEYER 1996).*

Drubbel

Merkmale, Morphologie, Typologie:

Ein Drubbel (süddt. *Weiler*) ist ein kleines → *lockeres Haufendorf* von drei bis fünfzehn, meist fünf bis zehn Bauernhöfen (s. Abb. 2). Die einzelnen Hofstellen sind oft von beträchtlicher Größe und liegen i. d. R. ungeordnet beieinander, weshalb später entstandene Ortsdurchfahrten, die sich der Lage der Höfe anpassten, recht kurvenreich sein können. Viele Drubbel liegen nahe einer Quelle oder eines Wasserlaufs in direkter Nachbarschaft zum gemeinsamen Altackerland, dem *Esch* (→ *Plaggenesch*), weshalb der Drubbel auch *Esch-* oder *Eschranddorf* genannt wird.

Heidekolonien weisen keine einheitliche Form auf, bestehen aber ähnlich wie der Drubbel oft aus einer lockeren und unregelmäßigen Anordnung der Bauernhöfe.

Siedlungsformen

Kulturgeschichte:
Die ältesten Drubbel gehen mindestens auf das frühe Mittelalter zurück und waren zu dieser Zeit die wohl am weitesten verbreitete Dorfform in Niedersachsen. Der Drubbel bot gegenüber der → *Streusiedlung* den Vorteil der Nachbarschaftslage zu anderen Höfen und damit der Hilfe in Notsituationen. Vielfach wird im Drubbel die Vorform des durch Verdichtung entstandenen Haufendorfes gesehen.

Heidekolonien zählen wie → *Moorhufensiedlungen* zu den Planformen des absolutistischen Zeitalters und der späteren Zeit. Sie wurden von der Landesherrschaft in siedlungsarmen Gebieten wie Heiden angelegt (Name!). Wegen der geringwertigen Böden und wegen der Begrenzung durch altbesiedelte Flächen haben sich Heidekolonien kaum weiterentwickeln können, andere sind ganz wieder aufgegeben worden (junge Wüstungen) oder haben als Streusiedlungen überdauert.

Vorkommen/Verbreitung:
In Landschaften mit nährstoffärmeren Böden (z. B. die Geest) ist die typische Form der Drubbel oftmals erhalten geblieben. Heidekolonien sind auf besonders nährstoffarme Gebiete beschränkt (s. Abb. 17).

Erfassung/Gesetzlicher Schutz:
Drubbel werden von den Denkmal- oder Naturschutzbehörden nur selten erfasst. Ihre typische Siedlungsstruktur sollte im Rahmen der Landschaftsplanung erfasst und ihre Erhaltung durch die Bauleitplanung gewährleistet werden. Im Luft- oder Kartenbild lassen sie sich gut erkennen.

Literaturtipps: Lienau (1997), Müller-Wille (1944), Seedorf & Meyer (1996: 111f.).

Haufendorf

Merkmale, Morphologie, Typologie:
Gedrängte, unregelmäßige Anordnung mehrerer Bauernhöfe umgeben von einer verhältnismäßig ausgedehnten, unbesiedelten Flur. Die Höfe stehen trotz der Enge meist isoliert, haben i. d. R. unregelmäßige Grundrisse und sind von engen, winkligen Straßen, Gassen und Zufahrten durchzogen. Man unterscheidet zwischen großen geschlossenen und kleinen lockeren Haufendörfern. Eine besondere Form des Haufendorfes ist das Sackgassendorf. Es hatte ursprünglich eine umschließende Wallhecke und nur einen mit einem Schlagbaum zu sperrenden Zugang, von dem aus die Hofstellen zu erreichen waren.

Kulturgeschichte:

Haufendörfer entwickelten sich häufig aus → *Drubbeln*. Durch Hofteilung und -absplitterung oder durch Zuzug aus Wüstungsgebieten haben sich die Hofstellen stark vermehrt, solange die agrare Tragfähigkeit dies zuließ. Weil die Besiedlung der umgebenen wertvollen Landwirtschaftsflächen tabu war und von Grundherrn nicht gestattet wurde, fand eine Verdichtung des Dorfkerns statt.

Vorkommen/Verbreitung:

In fruchtbaren Gebieten (Südniedersachsen, Calenberger Land, Braunschweig-Hildesheimer Lößbörde) herrschen große, geschlossene Haufendörfer vor. In nährstoffärmeren Geestgebieten überwiegen kleine lockere Haufendörfer. Sackgassendörfer traten ursprünglich v. a. in der Hildesheimer Lößbörde auf (s. Abb. 17).

Abb. 18: Haufendörfer in der Hildesheimer Börde, Maßstab 1:100.000.

Erfassung/Gesetzlicher Schutz:

Haufendörfer werden von den Denkmal- oder Naturschutzbehörden nur selten erfasst. Ihre typische Siedlungsstruktur sollte im Rahmen der Landschaftsplanung erfasst und ihre Erhaltung durch die Bauleitplanung gewährleistet werden. Im Luft- oder Kartenbild lassen sie sich gut erkennen.

Literaturtipps: Lienau (1997), Seedorf & Meyer (1996).

Hufendorf

Merkmale, Morphologie, Typologie:

Langgestreckte Aneinanderreihung zahlreicher Hofstellen entlang einer Siedlungsleitlinie (Kanal, Deich, Bach, Straße, Damm). Merkmal aller Hufendorftypen ist (im Gegensatz zum → *Straßendorf*) die dazugehörige → *Hufenflur*, das sind schmale, parallel verlaufende hofanschließende Besitzparzellen, die rechtwinklig zur Siedlungsleitlinie verlaufen und oft durch Gräben, Hecken oder Wege begrenzt sind. Der ganze Landbesitz eines Hofes besteht i. d. R. aus einer einzigen Hufe (Ackernah-

rung), während bei den anderen Dorftypen die Ackerparzellen über die Dorfflur verteilt im Gemenge liegen. In einem Hufendorf gibt es außer entlang der Siedlungsleitlinie keine weiteren Hofstellen, daher gibt es i. d. R. auch keine Parallelstraßen, sofern nicht jüngere Ansiedlungen hinzugekommen sind. Nach Alter, Verbreitungsgebiet, Siedlungsleitlinie, Erscheinungsform u. a. lassen sich unterscheiden:
- *Waldhufendörfer* entstanden im Früh- bis Hochmittelalter auf Waldrodungsflächen, in Niedersachsen v. a. in der südlichen Landeshälfte. Ihre Häuser liegen i. d. R. nur an einer Seite der Siedlungsleitlinie (Bach oder »Straße«), von wo aus sich die dazugehörenden Hufen (max. 100 m breit) hangaufwärts und in den Bachgrund hinein erstrecken.
- *Marschhufendörfer* entstanden im Hochmittelalter, v. a. im 12. Jh. nachdem die → *See-* und *Flussdeiche* sturmflutsicher waren, in den Elb- und Wesermarschen und im Alten Land. Ihre Parzellen (z. T. »Königs- bzw. Holländerhufe«: 48 ha) erstreckten sich von alten Deichen oder neu gezogenen Entwässerungskanälen aus in das Marschland hinein, das erst entwässert und dann beackert wurde. Mitte des 19. Jh. wurden die Äcker wegen Verfalls der Getreidepreise vielfach in Grünland umgewandelt. Gegründet wurden Marschhufendörfer z. B. von den Bremer Bischöfen zur Erstbesiedlung des eingedeichten Marschlandes mit im Wasserbau erfahrenen Niederländern (*Hollerkolonien*).
- *Hagenhufendörfer* entstanden im Hochmittelalter, v. a. im 13. Jh., z. B. im Schaumburger Land und nördlich von Hannover bis zur Weser. Sie ähneln Waldhufendörfern, liegen jedoch meist in ebenem Gelände. Ihre Namen enden meist auf -hagen, weil die Siedler eine eigene Rechtsform (Hägerrecht) erhielten.
- *Aufstrecksiedlungen* sind seit dem 14. Jh. in Ostfriesland entstanden, um vom Geestrand aus Moorgebiete zu besiedeln. Nach dem »Upstreekrecht« durften die Siedler ihre Hufe solange nach hinten erweitern, bis sie an fremde Besitzparzellen stießen, wodurch Hufen von 50 Metern Breite und bis zu zwei Kilometern Länge entstanden sind.
- *Fehndörfer* reihen sich an Kanälen auf und wurden im 17.–19. Jh. zur Torfgewinnung in Mooren (Fehn) angelegt, z. B. im Emsland, in Ostfriesland und Oldenburg. Da ihre Siedler v. a. vom Torfverkauf und weniger von der Landwirtschaft lebten, sind ihre Grundstücke nur wenige Hektar groß.
- *Moorhufensiedlungen* sind *Kolonistensiedlungen* (auch → *Heidekolonie*) des 18. Jahrhunderts, die zur Besiedlung bislang unbewohnter, schlecht entwickelter Moorgebiete im Elbe-Weser-Dreieck gegründet wurden. Wie bei den emsländischen und ostfriesischen Fehndörfern ist die Siedlungsleitlinie meist ein Kanal. Das Land sollte jedoch im Gegensatz dazu als landwirtschaftliche Nährfläche dienen und war mit 10 bis 15 ha entsprechend größer.
- *Deichreihensiedlungen* entstanden in der Neuzeit, v. a. im 18. Jh., z. B. am Dollart und Jadebusen, und wurden entlang neu angelegter Deiche nach dem bewährten

Muster der mittelalterlichen Marschhufendörfer angelegt, um neu eingedeichtes Land zu besiedeln. Zumeist stehen die Häuser so weit auseinander, dass man nicht mehr von einem Dorf sprechen kann.

Kulturgeschichte:
Hufendörfer sind das Ergebnis gelenkter Siedlungstätigkeiten in bis dahin gemiedenen Gebieten (Binnenkolonisation). Ihre langgestreckte, ungeschützte Form ist ein Hinweis auf befriedete Zeiten, in denen die Selbstverteidigung der Dorfbewohner keine Rolle mehr spielte und Landesherren den Schutz, aber auch den Besiedlungsvorgang übernommen hatten. Hufendörfer boten gegenüber → *Haufendörfern* verschiedene Vorteile, weshalb sich das Prinzip vom Hochmittelalter bis in die späte Neuzeit erhalten hat: Das zu erschließende Land wurde gleichmäßig verteilt, und neue Hofstellen konnten später ohne Probleme hinzukommen, ohne dass Hofteilungen oder Nutzungseinschränkungen entstanden. Auch konnten die Bauern individuell entscheiden, wie schnell und intensiv sie ihr Land in den Wald hinein roden bzw. in Marsch oder Moor hinein kultivieren wollten.

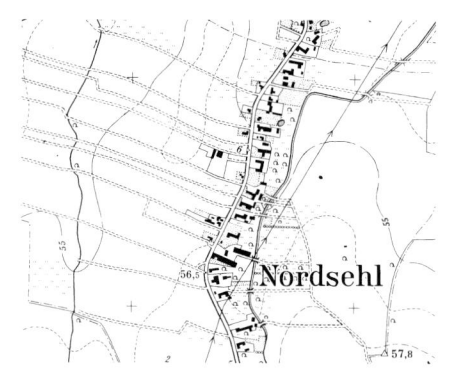

Abb. 19: Die parallelen Wege westlich des Hagenhufendorfes Nordsehl, Ldkr. Schaumburg, kennzeichnen die ursprüngliche Hufenflur, Maßstab 1:25.000.

Vorkommen/Verbreitung:
Hufendörfer sind in ihrer Grundstruktur als Reihensiedlungen im Luft- oder Kartenbild gut zu erkennen und vielerorts erhalten, obwohl seit ihrer Gründung vielfach 800 Jahre vergangen sein können. Die dazugehörende Hufenflur ist dagegen durch Flurneuordnungen meist überformt und nur selten noch in ihrer ursprünglichen Begrenzung in der Landschaft zu erkennen.

Erfassung/Gesetzlicher Schutz:
Hufendörfer werden von den Denkmal- oder Naturschutzbehörden nur selten erfasst. Ihre typische Siedlungsstruktur sollte im Rahmen der Landschaftsplanung erfasst und ihre Erhaltung durch die Bauleitplanung gewährleistet werden. Im Luft- oder Kartenbild lassen sie sich gut erkennen.

Literaturtipps: LIENAU (1997), SEEDORF & MEYER (1996).

Platzdorf

Merkmale, Morphologie, Typologie:
Dorf mit einem zentralen Platz, meist in Gemeindebesitz, umgeben von Hofstellen oder Gemeinschaftsgebäuden. Man unterscheidet drei Typen:
- Beim *Wurtendorf* liegen die Hofstellen zum Schutz vor Hochwasser und Sturmfluten auf einer → *Wurt*, einem künstlich aufgeworfenen Erdhügel. Dorfwurten sind häufig mit dem Ansteigen des Meeresspiegels im Verlauf einer langen Zeit aus Einzelwurten (Hauswurten) durch weitere Aufhöhungen zusammengewachsen. Zu unterscheiden von den normalen, aber nur in Einzelfällen wirklich runden *Rundwurten* sind die größeren *Langwurten*, die mit Burgen und Kaufmannshäusern besetzt waren und von einem langgestreckten Scheitelweg erschlossen werden.
- Beim *Rundling* sind 6 bis 15 Höfe hufeisenförmig um einen runden Platz angeordnet. Der Rundling liegt i. d. R. abseits überörtlicher Wegeverbindungen und war früher nur durch eine Stichstraße erschlossen.
- Beim *Angerdorf* sind die Höfe um einen gemeinsamen Grasplatz (Anger) herum angeordnet. Es gilt als Mischform zwischen dem *Rundling* und dem → *Straßendorf*.

Kulturgeschichte:
Wurtendörfer sind im Zuge der friesischen Landnahme seit dem 8. Jh. entstanden, bei der bereits in prähistorischer Zeit entstandene Wurten erhöht und wiederbesiedelt wurden. Auch *Wiksiedlungen* (Handelssiedlungen aus vor- und frühchristlicher Zeit) sind in den Marschen auf Langwurten entstanden, in anderen Regionen lagen sie aufgereiht an Straßen oder Flussübergängen.
Die übrigen Platzdörfer sind planmäßige Anlagen und charakteristische Siedlungsformen des hohen Mittelalters. Den ehemaligen, für ein Platzdorf charakteristischen Dorfplatz nutzte man später oft für eine Kirche und einen Teich zur Speicherung von Regenwasser. Seit dem Deichbau (ab 1050 n. Chr.) konnte der mühsame Wurtenbau aufgegeben werden.
Rundlinge sind eine Besonderheit des Wendlandes und wurden zu Beginn der Ostkolonisation zwischen 1150 und 1200 planmäßig angelegt, vermutlich von nichtchristlichen Slawen unter deutschen Lokatoren. Das Angerdorf ist die typische Dorfform der deutschen Ostkolonisation des 12. bis 14. Jahrhunderts.

Vorkommen/Verbreitung:
Wurtendörfer sind typisch für Marschgebiete, v. a. an der Nordseeküste, aber auch in Flussmarschen. Rundlinge beschränken sich in Niedersachsen auf einen relativ schmalen Streifen entlang der ehemaligen Slawengrenze im hannoverschen Wend-

land, in den Landkreisen Lüchow-Dannenberg, Uelzen und Gifhorn. Angerdörfer haben im Jungsiedelgebiet östlich der Elbe ihre größte Verbreitung (s. a. Abb. 20).

Erfassung/Gesetzlicher Schutz:
Platzdörfer werden von den Denkmal- oder Naturschutzbehörden nur exemplarisch erfasst. Ihre typische Siedlungsstruktur sollte im Rahmen der Landschaftsplanung erfasst und ihre Erhaltung durch die Bauleitplanung gewährleistet werden. Im Luft- oder Kartenbild lassen sie sich gut erkennen.

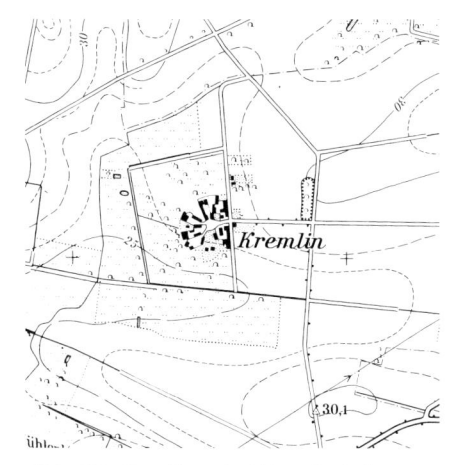

Abb. 20: Rundlingsdorf Kremlin, Ldkr. Lüchow-Dannenberg, Maßstab 1:25.000.

Literaturtipps: Lienau (1997), Seedorf & Meyer (1996).

Rodungsinsel

Merkmale, Morphologie, Typologie:
Eine Rodungsinsel ist eine Siedlung (Dorf oder Einzelhof) mit umliegenden Acker- und Grünlandflächen innerhalb eines Waldes. I. d. R. liegt die Siedlung in der Mitte der Freifläche. Rodungsinseln können allerdings leicht verwechselt werden mit Dörfern, die durch spätere Aufforstung wie Rodungsinseln erscheinen (z. B. in der Südheide oder im Wendland). Solche Dörfer erkennt man an Spuren ehemaliger Acker- oder Wiesenbewirtschaftung (z. B. → *Terrassenäcker*, → *Wölbäcker* oder → *Bewässerungswiesen*) im umgebenden Wald.

Kulturgeschichte:
Fast alle Dörfer sind früher auf Rodungsinseln entstanden, die später durch weitere Rodungen zu offenen Flächen zusammengewachsen sind. Gegenwärtig noch erkennbare Rodungsinseln stammen i. d. R. aus dem hohen Mittelalter oder der frühen Neuzeit und sind Zeugnisse relativ später Besiedlung, der Binnenkolonisation. Aufgrund starken Bevölkerungsanstiegs wurden hierbei auch für Landwirtschaft weniger gut geeignete, bislang bewaldete Flächen des Berglandes gerodet.

Siedlungsformen

Vorkommen/Verbreitung:
Rodungsinseln finden sich v. a. auf ebenen Flächen im Niedersächsischen Berg- und Hügelland (Weserbergland, Harz).

Erfassung, Gesetzlicher Schutz:
Hinweise auf Rodungsinseln geben historische Karten. Rodungsinseln lassen sich aber nur mit dem Wissen um die Geschichte einer Siedlung sicher als solche identifizieren. Sie sollten dem NHB gemeldet werden.

Literaturtipps: KÜSTER (1998: 126f.), LIENAU (1997), SEEDORF & MEYER (1996).

Straßendorf

Merkmale, Morphologie, Typologie:
Das Straßendorf ist wie das → *Hufendorf* ein Reihendorf, bei dem die Hofstellen beiderseits der Straße aufgereiht sind. Im Gegensatz zum Hufendorf liegt das Ackerland der Höfe im Gemenge in der Flur verteilt, hat also nicht unbedingt direkten Hofanschluss.

Kulturgeschichte:
Straßendörfer gehen i. d. R. auf die deutsche Binnenkolonisation (12./13. Jh.) zurück, als von den Landes- bzw. Grundherren in unbesiedelten Gebieten (z. B. Wendland) Dörfer gegründet wurden. Sie eigneten sich (im Gegensatz zu → *Rundlingen*) für größere Ansiedlungen, weil das Dorf an seinen Enden beidseitig entlang der »Straße« erweitert werden konnte. Straßendörfer sind z. T. nach Dorfbränden aus Rundlingen hervorgegangen.

Vorkommen/Verbreitung:
Straßendörfer sind in Niedersachsen auf den Landkreis Lüchow-Dannenberg beschränkt. Aufgrund ihrer abseitigen Lage und der Nährstoffarmut ihrer Ackerböden sind viele Straßendörfer klein geblieben und haben dort noch ihre typische Dorfform bewahrt (s. Abb. 17).

Erfassung, gesetzlicher Schutz:
Straßendörfer werden von den Denkmal- oder Naturschutzbehörden nur selten erfasst. Ihre typische Siedlungsstruktur sollte im Rahmen der Landschaftsplanung erfasst und ihre Erhaltung durch die Bauleitplanung gewährleistet werden. Im Luft- oder Kartenbild lassen sie sich gut erkennen.

Literaturtipps: LIENAU (1997), SEEDORF & MEYER (1996).

Streusiedlung

Merkmale, Morphologie, Typologie:
Bei der Streusiedlung haben die Hofstellen keinen dörflichen Zusammenhang, sondern liegen als *Einzelhöfe* isoliert voneinander (s. Abb. 24). Einzelhöfe, die inmitten ihrer Ländereien liegen, nennt man auch *Kamphof*. Jüngere Einzelhöfe, die im Zuge von Arrondierungen oder Flurbereinigungen entstanden sind, nennt man *Aussiedler-* oder *Einödhof*. Ein *Gräftenhof* ist ein burgähnlich von einem Wassergraben umschlossener Einzelhof.

Kulturgeschichte:
Streusiedlungen können bereits im frühen Mittelalter entstanden sein, z. B. durch Gründung fränkischer, an strategisch wichtiger Stelle gelegener *Meier-* bzw. *Schulzenhöfe*, oder wenn karge Bodenverhältnisse keine Ansammlung mehrerer Höfe zuließen. In der frühen Neuzeit können Einzelhöfe durch die Ansiedlung von Markköttern oder durch den Bau von Heuerlingshäusern hinzugekommen sein. Andere Einzelhöfe sind erst nach den Gemeinheitsteilungen (Markenteilungen) des 19. Jahrhunderts durch Aussiedlung aus den Dörfern entstanden. In Marschgebieten gibt es alte, separat auf kleinen → *Wurten* (Hauswurten) liegende Einzelhöfe oder jüngere Einzelhöfe, die im 18. und 19. Jh. in der entwässerten Jungmarsch auf der zugeteilten Wirtschaftsfläche gegründet wurden, um weite Wege zu den Äckern zu vermeiden. Vor allem im westlichen Niedersachsen kann die Streusiedlung in solchem Maße verbreitet sein, daß sie einen großen Einfluss auf die Eigenart der Landschaft hat.

Vorkommen/Verbreitung:
Streusiedlung ist v. a. in den nährstoffarmen Gebieten westlich der Weser verbreitet, z. B. im Oldenburger Münsterland, im Emsland oder im Osnabrücker Nordland. (s. Abb. 17)

Erfassung/Gesetzlicher Schutz:
Einzelhöfe (→ *Bauernhaus*) werden von den Denkmalbehörden als Baudenkmal erfasst und in das Verzeichnis der Kulturdenkmale aufgenommen. Das Siedlungsmuster der Streusiedlung wird von den Denkmal- oder Naturschutzbehörden nur selten erfasst. Ihre typische Siedlungsstruktur sollte im Rahmen der Landschaftsplanung erfasst und ihre Erhaltung durch die Bauleitplanung gewährleistet werden. Im Luft- oder Kartenbild lässt sie sich gut erkennen.

Literaturtipps: LIENAU (1997), SEEDORF & MEYER (1996).

Abb. 21: *Ehemalige Dorfkirche der mittelalterlichen Wüstung Leisenberg, Ldkr. Northeim.*
(Foto Wiegand)

Wüstung

Merkmale, Morphologie, Typologie:

Wüstungen sind ehemalige, aufgegebene Siedlungen des Mittelalters oder der Neuzeit, die in Wäldern oder im Grünland oft mit bloßem Auge an → *Wölbäckern* oder ehemaligen → *Terrassenäckern*, seltener an Hauspodesten oder Ruinenresten zu erkennen sind. Im Ackerland, wo Bodenmerkmale durch den Einsatz schwerer Maschinen zerstört werden, kann eine Konzentration von Siedlungsabfall (insbesondere Keramik wie Topfscherben oder Dachziegel) auf eine ehemalige Siedlung hinweisen. Auch alte Flurkarten und Flurnamen können Hinweise auf Wüstungen geben.

Kulturgeschichte:

Das Wüstfallen zahlreicher Orte lässt sich v. a. für das Spätmittelalter in der sogenannten Wüstungsperiode (ca. 1320–1450) nachweisen. Stellenweise verschwanden 30 bis 60 % der Dörfer, im Hochharz und auf der Hochfläche des Sollings sogar 100 %. Hauptursachen waren Seuchen wie die Schwarze Pest (1349–1353), Agrarkrisen (Verfall der Getreidepreise), Landflucht, Kriege und Fehden und eine Siedlungskonzentration unter grundherrlichem Druck. Zum Teil zogen die überlebenden Bauern von den aufgegebenen Siedlungen in Nachbardörfer und -städte und bewirtschafteten von dort aus ihr Land weiter, wie Flurnamen häufig erkennen lassen.

Vorkommen/Verbreitung:
Besonders häufig sind Wüstungen in fruchtbaren Regionen (Lössböden), wo im Hochmittelalter eine enorme, bis heute nie wieder erreichte Siedlungsdichte bestand.

Erfassung/Gesetzlicher Schutz:
Wüstungen werden nur vereinzelt von den archäologischen Denkmalbehörden erfasst und vom NLD ins Verzeichnis der Kulturdenkmale aufgenommen. Solche mit landschaftlich sichtbaren Relikten sollten dem NHB gemeldet werden. Hinweise auf Wüstungen geben historische Urkunden, Flurnamen, Funde im Gelände (z. B. Scherben, Hauspodeste, Wölbäcker unter Wald) oder alte Landkarten (v. a. Verkoppelungskarten).

Literaturtipps: ABEL (1976), LIENAU (1997), MÖLLER (1984), SEEDORF & MEYER (1996).

2.2 Landwirtschaft

Bauernhaus

Merkmale, Morphologie, Typologie:
Unter Bauernhaus wird hier das Wohn- und Wirtschaftsgebäude eines landwirtschaftlichen Betriebes verstanden, daneben gibt es → S*cheunen,* → *Speicher* und andere → *landwirtschaftliche Nebengebäude*. In Niedersachsen unterscheidet man nach Aufteilung und Bauweise drei Typen von Bauernhäusern:
- Das *Niederdeutsche Hallenhaus* ist traditionell ein Fachwerkhaus mit Reetdach. Je nach Größe ist es als Zwei-, Drei- oder Vierständerbau konstruiert, d. h. der Dachstuhl ruht auf zwei, drei oder vier Reihen senkrechter Ständer. Seit dem 19. Jh. wird das Hallenhaus vermehrt aus Bruch- oder Ziegelstein gemauert und mit Dachpfannen gedeckt. Charakteristisch ist ein imposanter Giebel mit einer großen, mehr oder weniger mittigen und mit einem Wagen durchfahrbaren Dielentür. Wohn- und Wirtschaftsbereich liegen unter einem Dach, die Ernte lagert auf dem Dachboden. Kleine Exemplare sind das *Heuerlingshaus*, der *Kotten* oder die *Kate* sowie das *Altenteil* als Altersruhesitz.
- Das *Gulfhaus* ist i. d. R. ein Ziegelbau und wie das Hallenhaus giebelseitig befahrbar; die Dielentür liegt jedoch immer seitlich im Giebel. Das Dach kann erheblich höher sein als beim niederdeutschen Hallenhaus, ist an den Querseiten tief hinuntergezogen und über den Giebeln aus Windschutzgründen abgewalmt. Die

Landwirtschaft

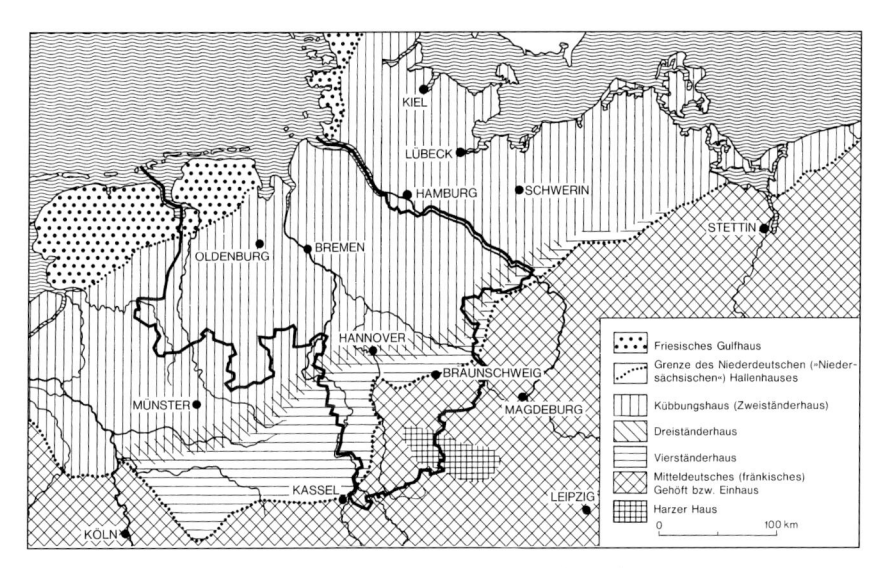

Abb. 22: *Verbreitung alter bäuerlicher Hausformen in Niedersachsen (aus SEEDORF & MEYER 1996).*

Ernte wird vom Boden bis unter den First gestapelt. Direkt an den Wirtschaftsteil anschließend und mit ihm unter einem Dach liegt der oft zweistöckige Wohnteil.
- Das *Querdielenhaus* (*Mitteldeutsches* oder *Einhaus*) ist im Vergleich zum Hallen- bzw. Gulfhaus relativ klein. Es hat viele Erscheinungsformen und Varianten, typisch ist bei allen die quer zur Firstrichtung liegende Einfahrtdiele. Als eine der Unterformen ist das *Harzer Haus* hervorzuheben, das mit seiner Bretterverschalung und seinem steilen Dach besonders gut gegen regen- und schneereiches Klima geschützt ist.

Kulturgeschichte:
Bauernhäuser prägen mit ihren unterschiedlichen Bauweisen in hohem Maße die Eigenart der niedersächsischen Kulturlandschaften. Dabei nahm ihre Größe mit steigender Baukunst spätestens seit dem Hochmittelalter zu.
Beherrschender Haustyp in Niedersachsen ist das Hallenhaus, bei dem wie im Gulfhaus alle Lebens- und Wirtschaftsbereiche unter einem Dach untergebracht sind. Die räumliche Nähe zum Vieh lässt auf eine traditionell große Bedeutung der Viehwirtschaft schließen. Auch später trennte lediglich eine Zwischenwand den Wohnbereich von Diele und Stall. Heuerlingshäuser entstanden vom 17. bis zum Ende des 19. Jahrhunderts. Die hier lebenden Heuerlingsfamilien besaßen kein eigenes Land

und waren verpflichtet, als Gegenleistung für das gepachtete Haus im landwirtschaftlichen Betrieb des Haupthofes zu arbeiten.
Das Gulfhaus entwickelte sich von den Niederlanden kommend zunächst in den Marschgebieten (16. und 17. Jh.), später auch in der angrenzenden Geest. Unter seinem großen Dach sollten die steigende Erträge gelagert werden, denn zu dieser Zeit erfuhr Landwirtschaft wegen des großen Nahrungsmittelbedarfs der aufstrebenden Städte einen großen Aufschwung.

Vorkommen/Verbreitung:
In den meisten niedersächsischen Gebieten bestimmt das Hallenhaus das Bild. Das Gulfhaus dominiert in den Marschgebieten entlang der gesamten Nordseeküste von Holland bis Schleswig-Holstein, mit Ausnahme des Elbe-Weser-Dreiecks. Das Querdielenhaus ist typisch für den gesamten mitteldeutschen Raum und beschränkt sich in Niedersachsen auf die Landkreise Göttingen, Goslar, Northeim und Osterode (s. Abb. 22).

Erfassung/Gesetzlicher Schutz:
Bauernhäuser werden von den Baudenkmalbehörden erfasst und bei entsprechender Ausprägung in das Verzeichnis der Kulturdenkmale aufgenommen.

Literaturtipps: ELLENBERG (1990), GLÄNTZER ET AL. (1992), KAISER & OTTENJANN (1995), MÖLLER (1984); SCHEPERS (1976).

Bewässerungswiese

Merkmale, Morphologie, Typologie:
Eine Bewässerungswiese (in Süddeutschland *Wässerwiese*) ist eine Wiese, die mit dem Wasser eines Fließgewässers gedüngt wird. Man unterscheidet zwei Typen:
1. Bei der *Stauwiese* wird das Wasser v. a. im Winter mit Hilfe von Wehren und kleinen Dämmen bis zu 40 cm hoch aufgestaut. Die fruchtbaren Schwebstoffe sinken dabei langsam zu Boden.
2. Bei der *Rieselwiese* (in Nordniedersachsen und Westfalen regional auch *Flößwiese*) lässt man Wasser in einem dünnen Film über die Wiese fließen (rieseln). Die Schweb- und z. T. gelösten Nährstoffe werden dabei durch die Vegetation ausgekämmt.

In hügeligem Gelände (*Hangbau*) leitet man dazu das Bachwasser mit Hilfe eines Staus in einen oberhalb der Wiese angelegten, hangparallel verlaufenden Bewässerungsgraben (→ *Graben*) und lässt es von dort über die Wiese rieseln. Unterhalb angelegte Entwässerungsgräben sammeln das überschüssige Wasser, führen es zum Bach zurück oder bewässern weitere, unterhalb gelegene Wiesen.

In der Ebene muss man durch *Rückenbau* das notwendige Gefälle künstlich erzeugen. Hierzu baut man auf der Wiese parallele langgestreckte flache Erhebungen (*Rücken*), über die eine blind endende Rinne führt. Durch Fluten der Rinnen rieselt das Bachwasser über die Wiese und wird von zwischen den Rücken angelegten Gräben wieder abgeführt (s. Abb. 11).

Kulturgeschichte:
Die ersten Berichte über Wiesenbewässerung in Deutschland stammen aus dem Hochmittelalter, in Niedersachsen aus dem späten 16. Jahrhundert. Ihre Blütezeit lag in der zweiten Hälfte des 19. Jahrhunderts. Die 1854 gegründete Wiesenbauschule in Suderburg (Landkreis Uelzen) trug maßgeblich zur Verbreitung der Technik von Mittel- bis nach Osteuropa bei.

Vorkommen/Verbreitung:
Rieselwiesen waren v. a. in Gebieten geringer Bodenfruchtbarkeit verbreitet. Schwerpunkte in Niedersachsen waren die Bach- und Flusstäler in den eiszeitlich geprägten Landschaften der Geest (»Lüneburger Rückenbau«), im übrigen Deutschland v. a. das Bergland mit sauer verwitterndem Ausgangsgestein (z. B. Siegerland, Schwarzwald).
Besonders geeignet waren Fließgewässer, die, aus Lössgebieten kommend, fruchtbare Schwebstoffe in nährstoffarme Gebiete führten, in Niedersachsen z. B. Oker, Hunte oder Fuhse. In den 1950er Jahren ist die unterhaltungsaufwändige Wiesenbewässerung aufgegeben worden. Durch Umbruch und Neueinsaat bzw. Ackernutzung ist die Mehrzahl der ehemaligen Rieselwiesen im Gelände fast nicht mehr zu erkennen.

Erfassung/Gesetzlicher Schutz:
Historische Bewässerungswiesen und ihre Relikte wie Rücken, Gräben, Dämme oder Stauwehre werden von den Denkmal- und Naturschutzbehörden kaum erfasst und sollten dem NHB gemeldet werden. Hinweise auf ehemalige Rieselwiesen enthält u. a. die Preußische Landesaufnahme, in der die alten Stauwehre und das dazugehörige charakteristische Grabensystem i. d. R. eingezeichnet sind.

Literaturtipps: BRINKMANN, (1956), HETZEL (1959), HOPPE (2001), KÜSTER (1995), VOGTHERR (1986).

Blockflur

Merkmale, Morphologie, Typologie:
Flurform, in der die einzelnen Parzellen eine ähnliche Breite und Länge aufweisen, d. h. im Gegensatz zur → *Langstreifenflur* annähernd quadratisch sind (s. Abb. 26). Eine alte Bezeichnungen für eine blockförmige Parzelle ist der *Kamp* (in Süddeutschland heißen besonders abseitige Parzellen auch *Egarten*), der v. a. als Acker genutzt wurde, es gab aber auch mit → *Wällen* umhegte Wiesen- und → *Pflanzkämpe* (Aufforstungen in Wäldern). Eine *Koppel* bezeichnet in späterer Zeit i. d. R. eine blockförmige Grünlandparzelle.
Celtic Fields sind ebenfalls blockförmige Felder, jedoch aus prähistorischer Zeit. Sie haben eine Seitenlänge von 10 bis 40 Metern, die mit flachen, durch das Sammeln von Unkraut oder Lesesteinen entstandenen Wällen umgeben sind.

Kulturgeschichte:
Celtic Fields gehen ins 5. Jahrtausend v. Chr. bis ins 1. Jahrtausend n. Chr. zurück. Kämpe und Blockfluren stammen aus dem Mittelalter oder der Neuzeit, als die Bauern zusätzlich zum gemeinsam bewirtschafteten → *Esch* eigenes Ackerland aus der → *Gemeinheit* abtrennten und mit einem → *Wall* oder einer → *Wallhecke* umhegten. Koppeln sind jünger und wurden erst im Zuge der Gemeinheitsteilungen durch Flächentausch und -zusammenlegung ehemaliger Langstreifenfluren oder durch Aufteilung der Gemeinheiten gebildet.

Vorkommen/Verbreitung:
Die Blockflur ist die bei weitem vorherrschende Flurform heutiger Landwirtschaft in Deutschland. Celtic Fields gibt es z. B. bei Flögeln/Cuxhaven.

Erfassung/Gesetzlicher Schutz:
Celtic fields werden von den archäologischen Denkmalbehörden erfasst und vom NLD ins Verzeichnis der Kulturdenkmale aufgenommen. Blockfluren werden aufgrund ihrer weiten Verbreitung nicht erfasst.

Literaturtipps: BORN (1989), EWALD (1996), KÜSTER (1995) und SEEDORF & MEYER (1996); zu Celtic fields siehe MÖLLER (1984) und HÄßLER (1991).

Erdkeller

Merkmale, Morphologie, Typologie:
Unterirdischer, unabhängig von einem Haus angelegter Raum zur Aufbewahrung besonders von Lebensmitteln. In der Regel wurden *Keller* in den Hang hinein gebaut,

Abb. 23: *Restaurierter, mehrere Jahrhunderte alter Erdkeller in Hagen a. T. W., Ldkr. Osnabrück.* *(Foto: Wiegand)*

um bei relativ geringem Aufwand die kühlende Wirkung des Erdreichs zu nutzen. Eine *Kellergasse* besteht aus mehreren in eine Straßenböschung angelegten Kellern.

Kulturgeschichte:
Früheste Keller waren z. B. *Eiskeller*, in denen Eisplatten bis in den Sommer hinein als Kühlmaterial gelagert wurden; oft im Zusammenhang mit herrschaftlichen Anwesen. Bäuerliche Keller dienten v. a. zur Lagerung von Vorräten wie Obst und Getreide, sind jedoch heute i. d. R. nicht mehr in Gebrauch. Daneben gab es auch Keller als Munitionsdepot. Keller sind nicht nur kulturgeschichtliche Zeugnisse sondern auch wertvolle Lebensräume für Fledermäuse.

Vorkommen/Verbreitung:
Erdkeller wurden v. a. in bergigem Gelände angelegt. Zum Schutz vor Diebstahl liegen sie oft in unmittelbarer Siedlungsnähe.

Erfassung/Gesetzlicher Schutz:
Historische Erdkeller und Kellergassen werden nur in Einzelfällen von der Denkmalpflege erfasst und ins Verzeichnis der Kulturdenkmale aufgenommen. Sie sollten daher dem NHB gemeldet werden.

Gemeinheit

Merkmale, Morphologie, Typologie:
Die Gemeinheit (auch *Mark, Meine*, süddt. *Allmende*) war das gemeinschaftlich von den Bauern eines Ortes genutzte Land, z. B. zum Holzschlagen, Viehweiden oder Plaggenstechen. Gemeinheiten bestanden daher i. d. R. aus → *Hudewald*, → *Heiden*, → *Triften*, → *Angern* oder Weiden, die in Relikten noch erhalten sein können.

Kulturgeschichte:
Das Prinzip der Gemeinheiten im Sinn der gemeinsamen Landnutzung ist seit dem Mittelalter bekannt, existierte möglicherweise aber schon viel früher. Rechte und Pflichten der Bauern konnten von Dorf zu Dorf verschieden sein. Meist durften ältere Höfe einer Dorfgemeinschaft die Gemeinheit intensiver nutzen als jüngere. Im Laufe der Jahrhunderte sind Teile der Gemeinheit immer wieder auch in privaten Besitz übergegangen (z. B. durch die Anlage umwallter → *Kämpe*), wodurch sich die Fläche allmählich verkleinerte. Einher mit der Nutzung der Gemeinheiten ging oft ihre Verwüstung; hinsichtlich der überweideten Wälder sprach man z. B. von »Markkrebs«. Dieser Missstand war Anlass vieler Gemeinheits- und Markenteilungen, die vom Ende des 18. Jahrhunderts bis etwa 1870 überall in Niedersachsen in Eigenregie oder von behördlichen Kommissionen in langwierigen Prozessen durchgeführt wurden.

Die Folge der Gemeinheitsteilungen war eine starke Veränderung des Landschaftsbildes. Bislang war die Landschaft gekennzeichnet von einer kleinteiligen Mischung unterschiedlichster Landschaftselemente und von allmählichen Übergängen zwischen Weide- und Holzungsflächen. Nun wurden die neu zugeteilten Parzellen von ihren Besitzern mit → *Wallhecken* oder → *Gräben* umgrenzt, und es entstanden geradlinige Wege und abrupte Übergänge zwischen Feldflur und Wald. Viele kleinere Landschaftselemente wie Sümpfe, Hecken oder Haine sind im Zuge dessen verschwunden.

Vorkommen/Verbreitung:
Das Prinzip der Gemeinheiten war in ganz Niedersachsen und Deutschland verbreitet, wurde jedoch spätestens im 19. Jh. abgeschafft.

Erfassung/Gesetzlicher Schutz:
Von der ehemaligen Gemeinheitennutzung sind i. d. R. nur einzelne Relikte sichtbar. Zu ihrer Erfassung siehe → *Heiden*, → *Hudewälder*, → *Hudebäume* oder → *Triften*.

Literaturtipps: BORN (1989), GOLKOWSKY, (1966), KÜSTER (1995 und 1998), POTT & HÜPPE (1991), WERTH (1954).

Landwirtschaft

Abb. 24: *Heckenlandschaft mit Streusiedlung bei Glandorf, Ldkr. Osnabrück.*
(Foto: Wiegand)

Hecke

Merkmale, Morphologie, Typologie:
Dichte Aneinanderreihung von Sträuchern. Ältere Bezeichnungen für Hecke sind *Hag* oder *Hagen*. Eine auf einem Wall stehende Hecke wird → *Wallhecke* genannt, eine mit einzelnen Bäumen (*Überhälter*) durchsetzte heißt *Baumhecke*. Eine Hecke kann sich, wenn keine Sträucher nachgepflanzt werden, zu einer *Baumreihe* entwickeln.

Kulturgeschichte:
Hecken sind lebende Zäune und dienten schon vor Jahrhunderten zur Abgrenzung von Parzellen, z. B. um die Hufen eines mittelalterlichen → *Hufendorfes* einzufrieden. Eine ihrer wichtigsten historischen Funktionen war, Wild und weidendes Vieh von Äckern, Gärten oder Aufforstungen fernzuhalten. In Folge von Viehverbiss unbewehrter Straucharten oder durch gezielte Anpflanzung bewehrter Straucharten zu Verteidigungszwecken (→ *Landwehr*) konnten Hecken überwiegend aus Weißdorn, Schlehe, Berberitze oder Heckenrose bestehen. Hecken können viele weitere Funktionen haben, sie wurden z. B. als Windschutz gepflanzt (z. B. an Äckern zum Schutz gegen Erosion oder an Wegen gegen Schneeverwehungen) oder in Flussauen, um bei

79

Hochwasser fruchtbare Sedimente auszufiltern. In barocken Parkanlagen fanden v. a. regelmäßige Hainbuchen- und Buchsbaumhecken Verwendung; Buchsbaumrabatten sind auch ein Merkmal alter → *Bauerngärten*. Die Bauerngärten des Artlandes sind z. B. bekannt für ihre kunstvoll geschnittenen Eibenhecken.

Hecken sind, damit sie dicht wachsen, auf Pflege durch regelmäßigen Gehölzschnitt angewiesen, weshalb sich nur Laubgehölze und Eiben, nicht jedoch die anderen Nadelholzarten als Heckenpflanzen eignen. Das Schnittgut diente früher als Brennholz. Da in den Wäldern das Holz bis zur Mitte des 19. Jh. immer knapper wurde, setzten sich Hecken gegenüber Holzzäunen durch.

Vorkommen/Verbreitung:
Viele historische Hecken sind den Flurbereinigungen des 20. Jahrhunderts zum Opfer gefallen, bei denen Flächen zusammengelegt und Hecken als Hindernis großer Landmaschinen gerodet wurden. Daher sind viele historischen Hecken und Heckensysteme nur noch unvollständig erhalten. Insbesondere in Geestlandschaften sind sie aber immer noch typisch. In den letzten Jahrzehnten sind außerdem viele neue Hecken angelegt worden (Landschaftspflege, Naturschutz, Schutz vor Erosion).

Erfassung/Gesetzlicher Schutz:
Hecken werden in ihrer Bedeutung für den Naturhaushalt und das Landschaftsbild durch die Naturschutzbehörden erfasst, z. B. bei der Landschaftsplanung. Besondere kulturhistorische Bedeutungen von Hecken (z. B. als historische Grenzmarkierung) bleiben dabei jedoch oft unberücksichtigt und sollten dem NHB gemeldet werden. Einem besonderen Schutz nach § 33 NNatG unterliegen → *Wallhecken*.

Literaturtipps: KÜSTER (1995), POTT (1988) und (1989).

Heide

Merkmale, Morphologie, Typologie:
Heiden (auch *Zwergstrauchheiden*) sind Flächen, die ausschließlich oder überwiegend mit Heidekraut bewachsen sind (s. Abb. 1). Hinzu kommen können einzeln stehende Wacholder (*Wacholderheide*) oder Gräser, v. a. Drahtschmiele. Auf trockenen Sandböden dominiert Besenheide, auf feuchten Böden Glockenheide.

Kulturgeschichte:
Heiden wären in Niedersachsen natürlicherweise sehr selten. Dass sie bis zum Ende des 19. Jh. Tausende von Quadratkilometern bedeckten, verdanken sie allein menschlichen Tätigkeiten. I. d. R. breiteten sich Heiden zu Lasten des Waldes und v. a. auf gemeinschaftlichen Flächen aus (→ *Gemeinheit*). Die Ursachen waren v. a. Überweidung (z. B. Heidschnucken), → *Plaggenabbau*, Holzraubbau oder das Abbrennen der Vegetation zur Düngung der Felder. Bei ähnlichen Ursachen haben sich auf nährstoffreicheren Böden dagegen → *Magerrasen* eingestellt. In typischen Heidegebieten entwickelten sich spezielle Wirtschaftsformen wie die Schafzucht und die → *Imkerei*.
Nach den Gemeinheitsteilungen des 18. und 19. Jh. wurden die meisten Heideflächen aufgeforstet (v. a. mit Kiefern, auch Fichten). Mineraldünger und Bewässerung macht heute sogar Ackerbau auf ehemaligen Heideflächen möglich.

Vorkommen/Verbreitung:
Heiden beschränken sich in Niedersachsen meist auf Schutzgebiete (z. B. die Naturschutzgebiete Lüneburger Heide und Pestruper Gräberfeld bei Wildeshausen) und sind dort auf regelmäßige Pflegemaßnahmen angewiesen (Beweiden, Entfernen der Gehölze oder der gesamten oberen Bodenschicht). Meist sind sie jedoch in riesige Kiefernforste überführt worden, z. B. in den Landkreisen Celle, Lüchow-Dannenberg oder Soltau-Fallingbostel.

Erfassung/Gesetzlicher Schutz:
Heiden werden von den Naturschutzbehörden i. d. R. erfasst. Sie erfüllen die Merkmale besonders geschützter Biotope nach § 28a NNatG und sind oft als Natur- oder Landschaftsschutzgebiete geschützt (§ 24 bzw. 26 NNatG).

Literaturtipps: JEDICKE & JEDICKE (1992), POTT (1999), VOGTHERR (1986).

Hufenflur

Merkmale, Morphologie, Typologie:
Verbund paralleler, langgestreckter, 50 bis 100 Meter breiter und bis zu 2 Kilometer langer Parzellen (*Hufen*), die (im Gegensatz zur → *Langstreifenflur*) in direktem Kontakt zu den Hofstellen eines dazugehörenden → *Hufendorfes* stehen. Dort treffen sie meist im rechten Winkel auf die Entwicklungsachse (Straße, Deich, Kanal) des Hufendorfes. Hufenfluren sind in der Landschaft durch parallele Ackerraine, → *Gräben*, → *Wallhecken* oder → *Zäune* zu erkennen, die die langgestreckten Parzellen begrenzen (s. Abb. 19).

Kulturgeschichte: Siehe → *Hufendorf*

Vorkommen/Verbreitung:
Durch Flurbereinigung und Flächenzusammenlegung sind Hufenfluren mit typischen Merkmalen selten geworden.

Erfassung/Gesetzlicher Schutz:
Hufenfluren werden im Rahmen der Landschaftsplanung bislang nur in Einzelfällen erfasst. Sie sollten unbedingt dem NHB gemeldet werden.

Literaturtipps: Seedorf & Meyer (1996), Werth (1954).

Imkereirelikte

Merkmale, Morphologie, Typologie:
Typische Relikte historischer Bienenhaltung (Imkerei) sind
a) *Bienenhäuser* zur Unterbringung von Bienenkörben
b) *Bienenzäune (Immenzaun,* niederdeutsch *Immentun): * Überdachte Regalreihen aus Holz zum Aufstellen von Bienenkörben, meist am Waldrand gelegen oder in Zäune integriert. Zum Schutz vor Diebstahl konnten Bienenzäune zu einer quadratischen Anlage angeordnet und von außen verschlossen sein. Vor langer Zeit aufgegebene Bienenzäune können sich als Wälle am Boden abzeichnen.
c) *Bienenweide (Immenhagen):* Pflanzung von Bäumen oder Hecken (Hagen), die sich zur Bienenweide besonders eigneten, z. B. Linden oder Akazien, v. a. an Wald- oder Heiderändern. Alleepflanzungen boten den Bienen reichlich Nahrung und beanspruchten nur wenig Fläche.

Landwirtschaft

Abb. 25: Bienenzäune mit geflochtenen Körben sind selten geworden (bei Krelingen, Ldkr. Soltau-Fallingbostel). *(Foto: Wöbse)*

Kulturgeschichte:
Jahrhundertelang wurden Bienen in bäuerlichem Nebenerwerb gehalten. Bienenwachs diente v. a. zur Herstellung von Kerzen, Honig war bis zur Erfindung der Zuckerherstellung aus Zuckerrüben die wichtigste Möglichkeit zum Süßen von Speisen. Mit Aufkommen von Rübenzucker, Kunstwachs, Paraffin und Stearin ging die Bedeutung der Imkerei zurück.

Vorkommen/Verbreitung:
Die o. g. Relikte historischer Imkerei sind in Niedersachsen v. a. in den (ehemaligen) Heidegebieten zu erwarten (Heidehonig) und in Obstanbauregionen, z. B. im Alten Land oder im niedersächsischen Bergland.

Erfassung/Gesetzlicher Schutz:
Bienenhäuser, -zäune und -weiden werden von Natur- oder Denkmalschutzbehörden nur in Ausnahmefällen erfasst und sollten dem NHB gemeldet werden. In wenigen Fällen sind sie bereits als Naturdenkmal ausgewiesen oder ins Verzeichnis der Kulturdenkmale aufgenommen worden.

Literaturtipps: KOCH (1998), SEGSCHNEIDER (1978), WÖBSE (1994).

Landwirtschaftliche Nebengebäude

Merkmale, Morphologie, Typologie:
Landwirtschaftliche Nebengebäude sind unbewohnte Betriebsgebäude eines Bauernhofes. Je nach Funktion und typischer Bauweise unterscheidet man z. B. → *Scheunen*, → *Speicher*, → *Keller, Ställe, Viehhütten, Backhäuser, Remisen* (Wagenunterstände), *Flachsrösthäuser* (zur Leinenherstellung), *Brauhäuser*; *Brennereien, Dörrobstöfen, Bleichhütten* (→ *Rottekuhle*), *Göpelhäuser* (meist achteckiges Gebäude zum Antrieb einer viehbetriebenen Welle) oder *Taubenhäuser* (zur Taubenzucht).

Kulturgeschichte:
Landwirtschaftliche Nebengebäude waren von Beginn der Neuzeit bis ins 18. Jh. eher selten und wurden nur in Einzelfällen angelegt, z. B. zur Sicherung der Ernte (Speicher, Scheune), oder wenn aus Brandschutzgründen ein Abstand zum Haupthaus vorteilhaft war (z. B. Brauhaus, Brennerei, Backhaus). Erst im 19. Jh. mit Modernisierung der Landwirtschaft (Bauernbefreiung, Melioration, Gemeinheitstelilungen, Mineraldüngung, Betriebsspezialisierung usw.) und dem damit verbundenen Aufschwung entstanden Nebengebäude aller Art.

Vorkommen/Verbreitung:
Landwirtschaftliche Nebengebäude sind landesweit stark verbreitet. Nur in den Seemarschgebieten sind sie eher selten.

Erfassung/Gesetzlicher Schutz:
Landwirtschaftliche Nebengebäude, die direkt an Hofstellen liegen, werden von der Baudenkmalpflege i. d. R. systematisch erfasst. Lediglich kleinere in der freien Landschaft gelegene Nebengebäude von kulturgeschichtlicher oder landschaftstypischer Bedeutung können dabei unberücksichtigt geblieben sein und sollten daher dem NHB gemeldet werden.

Literaturtipps: Ellenberg (1990), Gläntzer et al. (1992), Kaiser & Ottenjann (1995), Möller (1984), Schepers (1976).

Langstreifenflur

Merkmale, Morphologie, Typologie:
Besteht die Feldflur eines Gebietes ganz überwiegend aus parallelen langgestreckten *Ackerstreifen* (*Langstreifen*), spricht man von einer Langstreifenflur. Die einzelnen

Landwirtschaft

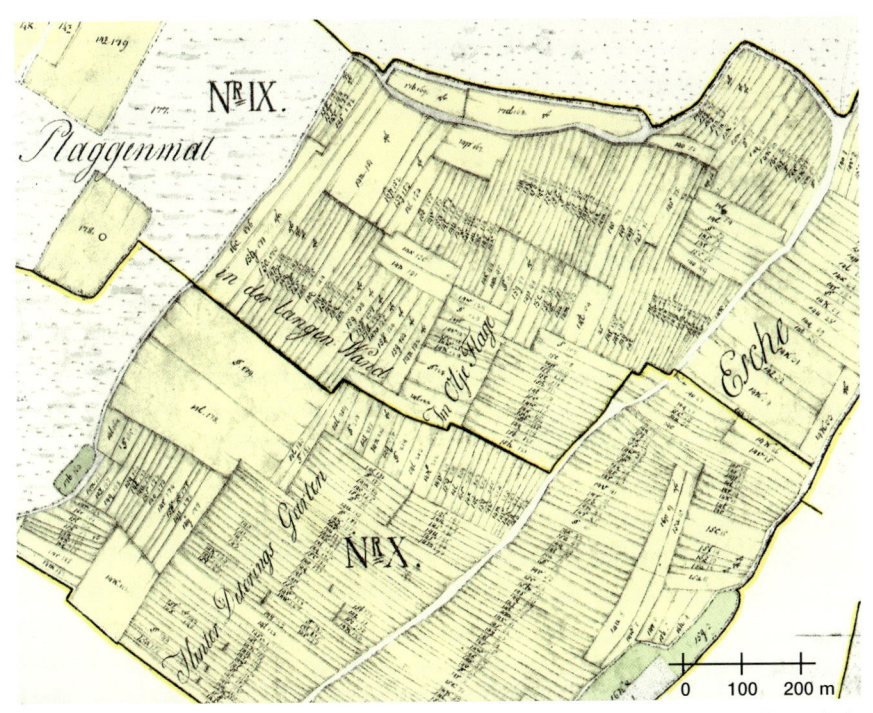

Abb. 26: *Langstreifenflur bei Wimmer, Ldkr. Osnabrück, links einzelne → Kämpe (Ausschnitt der Landesvermessung des Fürstbistums Osnabrück von 1784–1790).*

Ackerstreifen können bis zu 700 Meter lang und nur wenige Meter schmal sein. Die Langstreifenflur kann aus mehreren *Gewannen* (auch *Feldern*, in Braunschweig *Wannen*) bestehen, das sind Verbände von Ackerparzellen in einheitlicher Ausrichtung, und wird daher auch *Gewannflur* genannt. Im Gegensatz zur → Hufenflur haben die Ackerstreifen der Gewann- oder Langstreifenflur keinen Anschluß an die Höfe.

Kulturgeschichte:
Gewanne und Langstreifenfluren zählen i. d. R. zum ältesten Ackerland (*Altacker*) einer bäuerlichen Siedlung. So ist auf historischen Landkarten der Dorfacker (*Esch*), der von den alteingesessenen Höfen des Ortes bewirtschaftet wurde, meist als Langstreifenflur dargestellt. Gegenüber der → *Blockflur* bot die Langstreifenflur den Vorteil, dass der von einem Ochsengespann gezogene Beetpflug seltener zu wenden war. Bei den Flurbereinigungen des 19. und 20. Jh. sind Langstreifen- und Gewannfluren zur effektiveren Bewirtschaftung i. d. R. in Blockfluren überführt worden.

Vorkommen/Verbreitung:

Langstreifen- und Gewannfluren sind heute allenfalls noch in Relikten zu finden.

Erfassung/Gesetzlicher Schutz:

Falls Langstreifenfluren in der heutigen Landschaft noch sichtbar sind, sollten sie dem NHB gemeldet werden.

Literaturtipps: BORN (1989), KÜSTER (1995), NIEMEYER (1977), PACYNA (1955), SEEDORF & MEYER (1996), WERTH (1954).

Lesesteinwall

Merkmale, Morphologie, Typologie:

Längliche (*Lesesteinwall, -reihe* oder *-riegel*) oder haufenförmige (*-haufen*) Ansammlung größerer Steine und Geröll am Rand von Äckern, bei Viehweiden auch innerhalb der Fläche. Lesesteinwälle sind zwischen einigen Dezimetern und zwei Metern hoch und bestehen aus Steinen von max. einigen Dezimetern Durchmesser; größere Steine in Lesesteinwällen sind selten, weil diese meist anderweitig genutzt wurden (z. B. als Fundamente).

Abb. 27: Lesesteinwall aus Findlingen bei Vehrte, Ldkr. Osnabrück. (Foto: Wiegand)

Kulturgeschichte:

Lesesteinwälle und -haufen sind durch Absammeln von Steinen auf Äckern und Grünland entstanden, um eine wirtschaftlichere Nutzung der Flächen zu ermöglichen und Beschädigungen von Gerät zu verhindern. Als Wall oder Reihe markierten sie zugleich Ackerraine und Parzellengrenzen. Bei ausreichender Höhe konnten sie in eine → *Wallhecke* eingebunden sein oder diese ersetzen und so der Einfriedung dienen.

Vorkommen/Verbreitung:

Lesesteinhaufen oder -wälle sind überall dort verbreitet, wo Felsgestein oder Findlinge in den oberen Bodenschichten auftreten, und können örtlich den Charakter einer Landschaft prägen.

Erfassung/Gesetzlicher Schutz:

Gut erhaltene Lesesteinwälle oder -haufen und solche mit besonderer kulturgeschichtlicher Bedeutung sollten dem NHB gemeldet werden.

Literaturtipps: EWALD (1996), HAHN (1995), JÄGER (1987), WERTH (1954).

Magerrasen

Merkmale, Morphologie, Typologie:

Magerrasen sind Wiesen und Weiden, z. T. durchsetzt mit einzelnen Gehölzen. Kennzeichnend ist eine relativ niedrigwüchsige, sehr artenreiche und an Nährstoff- und/oder Wassermangel (*Trockenrasen*) angepasste Vegetation. Oft ist der Untergrund sandig und nährstoffarm (*Sandmagerrasen*), kalkhaltig (*Kalkmagerrasen*) oder flachgründig und wasserdurchlässig (Trockenrasen). Typisch für Magerrasen sind z. B. zahlreiche Orchideenarten und eine sehr artenreiche Insektenfauna.

Kulturgeschichte:

Magerrasen waren v. a. vom 16. bis zum 18. Jh. zu Zeiten der → *Allmende* weit verbreitet und gehen (wie → *Heiden*) ursächlich meist auf die Beweidung durch Vieh zurück. Im Gegensatz zu Heiden weisen sie eine vielfältige Vegetation auf. Die wenigen erhaltenen Magerrasen sind nicht nur wertvolle Lebensräume für Pflanzen und Tiere, sondern auch sichtbare Zeugnisse früherer Allmende- bzw. Weidewirtschaft.

Vorkommen/Verbreitung:
Magerrasen konzentrieren sich in Niedersachsen heute auf kleine, meist im südlichen Hügelland gelegene Teilgebiete von max. 10 Hektar.

Erfassung/Gesetzlicher Schutz:
Magerrasen werden von den Naturschutzbehörden zuverlässig erfasst. Sie erfüllen die Merkmale besonders geschützter Biotope nach § 28a NNatG und sind zugleich meist als Natur- oder Landschaftsschutzgebiete geschützt.

Literaturtipps: Drachenfels (1996), Ewald (1996), Jedicke & Jedicke (1992), Küster (1995).

Mauer

Merkmale, Morphologie, Typologie:
Wand aus Bausteinen im Mauerverband, d. h. aus übereinander greifenden Steinen, zur Begrenzung von Nutzungs- oder Besitzparzellen, z. B. Hofstellen oder Ackerflächen. Je nach Material unterscheidet man z. B. *Bruchsteinmauern, Ziegelmauern* oder *Findlingsmauern. Trockenmauern* sind Mauern, deren Steine ohne Verwendung von Mörtel aufgeschichtet sind.

Kulturgeschichte:
Historische Mauern sind kulturgeschichtliche Zeugnisse, die durch die Verwendung ortstypischen Materials einen Beitrag zur Eigenart einer Landschaft leisten können. I. d. R. wurden Steine verwendet, die in der Umgebung häufig vorkamen oder preiswert zu gewinnen waren. Trockenmauern bieten seltenen Pflanzen- und Tierarten wertvollen Lebensraum.

Vorkommen/Verbreitung:
Charakteristisch sind z. B. Bruchsteinmauern im niedersächsischen Hügelland oder Findlingsmauern in Geestgebieten.

Erfassung/Gesetzlicher Schutz:
Mauern werden i. d. R. nicht von den Denkmal- oder Naturschutzbehörden erfasst. Historische Mauern von kulturgeschichtlicher Bedeutung, z. B. alte Einfassungen einer Hofstelle oder Findlingsmauern zur Feldbegrenzung, sollten dem NHB gemeldet werden.

Literaturtipps: Ewald (1996).

Meierei

Merkmale, Morphologie, Typologie:
Eine Meierei (auch *Holländerei*) ist ein Betrieb, der neben der Milcherzeugung auch der Milchverarbeitung und -weiterverarbeitung dient, z. B. zu Käse, Sahne oder Butter. In ihrem Baustil entsprechen Meiereien der zeitgenössischen Architektur von → *Bauernhäusern*. Verwandt mit der Meierei ist die *Molkerei*, die jedoch nicht selbst Milch produziert, sondern aus den umliegenden Gebieten sammelt und verarbeitet.

Kulturgeschichte:
Meiereien entstammen meist der zweiten Hälfte des 19. Jahrhunderts, als die Milchwirtschaft dank Modernisierung der Landwirtschaft einen Aufschwung erfuhr. Sie sind nicht gleichzusetzen mit Meierhöfen.

Vorkommen/Verbreitung:
Meiereien waren vor allem in traditionellen Milchviehgebieten verbreitet. Schwerpunkte in Niedersachsen sind traditionell die westliche und nördliche Landeshälfte mit der Marsch bzw. den eiszeitlich geprägten Regionen.

Erfassung/Gesetzlicher Schutz:
Meiereien werden i. d. R. von den Baudenkmalbehörden erfasst und bei entsprechenden Ausprägung ins Verzeichnis der Kulturdenkmale aufgenommen.

Literaturtipps: KÜSTER (1995), MIDDELHAUVE (1954).

Obstwiese

Merkmale, Morphologie, Typologie:
Flächig (*Obst-* oder *Baumgarten*), in Reihe (*Obstbaumallee*) oder an einem Gerüst (*Spalierobst*) wachsende *Obstbäume*. Oft wird die Fläche zugleich als Wiese (*Obstwiese*) oder (Jungvieh-)Weide (*Obstweide*) genutzt. Bei der *Streuobstwiese* stehen die Obstbäume ohne geometrische Ordnung zueinander.

Kulturgeschichte:
Obstanbau hatte für die Ernährung und Vitaminversorgung der Bevölkerung jahrhundertelang eine große Bedeutung. In Deutschland gab es im 19. Jh. 800 Apfelsorten, die an die jeweiligen regionalen Standortverhältnisse angepasst waren (Resistenz gegen Spätfrost, Wind, Schorf, Mehltau, Anpassung an Wasser- und Nährstoffkapazität, an Tief- oder Flachgründigkeit, an Bodendurchlüftung usw.). Eine der ältesten

Abb. 28: Streuobstwiese im Oldenburger Land. *(Foto: Wiegand)*

Apfelsorten ist der Gute Graue bzw. Borsdorfer Apfel, der auf Züchtung von Zisterziensermönchen zurückzuführen ist. Heute gibt es in Deutschland noch etwa 35 gängige Apfelsorten.

Zur Konservierung konnte das Obst in Brotback- oder → *Dörröfen* getrocknet oder – bei geeigneten Apfelsorten – in Kellern gelagert werden. In vielen Gebieten bot der Verkauf von Obst auf städtischen Märkten Bauern ein wirtschaftliches Standbein. Heute wird Obst nur noch in besonders begünstigten Regionen intensiv angebaut (z. B. im Alten Land), im übrigen dient es der Selbstversorgung.

Vorkommen/Verbreitung:

Obstanbau war und ist landesweit verbreitet. In vielen Fällen bilden Obstwiesen und -alleen den Übergang vom Dorf in die Feldflur. Vor allem Streuobstwiesen mit alten Obstsorten und mit Hochstämmen unterschiedlichen Alters werden selten.

Erfassung/Gesetzlicher Schutz:

Obstwiesen, die historische Merkmale aufweisen (z. B. überwiegend Hochstämme, Vielfalt an Altersklassen, Vielfalt an Obstarten und -sorten oder Vorkommen alter Obstsorten) sollten dem NHB gemeldet werden.

Literaturtipps: ENGELBRECHT (1899), KÜSTER (1995), LANDSCHAFTSVERBAND RHEINLAND (2001), LUCKE et. al. (1992), WELLER (1984), WÖBSE (1998).

Plaggenesch

Merkmale, Morphologie, Typologie:
Ein Plaggenesch ist ein Acker, auf den Plaggen (Bodenstücke mitsamt Bewuchs) aufgetragen wurden. Dadurch kann das Bodenniveau im Lauf von Jahrhunderten bis zu einem Meter hoch angewachsen sein. Der charakteristische Höhenunterschied zur Umgebung ist am besten an den Ackerrändern zu erkennen, die bei bester Ausprägung steil ansteigend sind, wodurch der Plaggenesch einem Uhrglas gleicht. Die Bezeichnung *Esch* wird häufig synonym zu *Altacker* verwendet, kann also auch den ältesten Acker eines Hofes oder einer Siedlung meinen.
Der Abbau der Plaggen (*Plaggenmatt*) fand sowohl in den → *Gemeinheiten* als auch auf privatem Grund statt. Während sich der Abbau in den ausgedehnten Gemeinheiten auf die Fläche verteilte und i. d. R. keine offensichtlichen Spuren zurückließ, hat der Abbau auf den wesentlich kleineren privaten Flächen das Relief zum Teil dauerhaft verändert. Häufig wurde in feuchten langgestreckten Senken abgeplaggt, bevorzugt an deren Flanken, um die Sohle der Senke und dadurch ihre Bodenfeuchtigkeit auszugleichen. Der Querschnitt der Senke, die oft gleichzeitig als → *Bewässerungswiese* genutzt wurde, wandelte sich dadurch vom V- zum U-Profil. Ein besonders deutlicher Höhenunterschied tritt zu Tage, wo direkt an die Senke ein Plaggenesch angrenzt.

Kulturgeschichte:
Bei der Plaggendüngung wurden Plaggen in mühevoller Handarbeit durch Stechen mit einer speziellen Hacke abgetragen und auf den Acker aufgebracht. Ggf. wurde das Material einige Wochen lang als Stallstreu verwendet und so mit Dung angereichert. Dies war eine uralte Methode, um die Fruchtbarkeit des Ackerlandes dauerhaft zu erhalten. Plaggendüngung war spätestens seit dem 8. Jh. in Nordwestdeutschland, Dänemark und den Niederlanden verbreitet und machte den sonst üblichen Fruchtwechsel (z. B. Dreifelderwirtschaft) entbehrlich. Ohne sie wäre der in Nordwestdeutschland übliche »ewige Roggenanbau« nicht möglich gewesen. Ab Mitte des 19. Jahrhunderts ging die Plaggendüngung mit Einführung des Mineraldüngers zurück und kam seit den 1950er Jahren zum Erliegen.

Vorkommen/Verbreitung:
In Niedersachsen konzentrierte sich das Düngen mit Plaggen v. a. auf die westliche Landeshälfte, östlich der Weser wurde erst in der Neuzeit und auch nur vereinzelt geplaggt.

Abb. 29: Steile Plaggeneschkante in Borgloh, Ldkr. Osnabrück. *(Foto: Wiegand)*

Erfassung/Gesetzlicher Schutz:
Plaggenesche und Plaggenabbaustellen, die in der Landschaft deutlich als solche zu erkennen sind oder die für die lokale Kulturgeschichte von Bedeutung sind, sollten dem NHB gemeldet werden.
Hinweise auf Plaggenesche geben nach Eckelmann (1980) historische Landkarten: Demnach handelt es sich bei einer Parzelle, die vor 200 Jahren in typischen Plaggendüngungsgebieten als Acker kartiert wurde, mit großer Sicherheit um einen Plaggenesch. Auch in der Bodenübersichtskarte 1:50.000 (BÜK 50) des Nds. Landesamtes für Bodenforschung sind Plaggenesche erfasst. Im Gelände lassen sie sich v. a. an ihren steilen, bis zu einem Meter hohen Ackerrändern erkennen oder durch Bodenproben nachweisen.
Ehemaliger Plaggenabbau kann sich durch ein typisches Bodenprofil im Gelände abzeichnen; oft sind die beiden parallelen Steilkanten der Senken bereits in topographischen Karten (1:25.000) verzeichnet.

Literaturtipps: Aldag et al. (1983), Eckelmann (1980), Ostmann (1993).

Landwirtschaft

Abb. 30: Sandfang bei Pente, Ldkr. Osnabrück.
(Foto: NLD – Archäologisches Archiv, Phototek)

Sandfang

Merkmale, Morphologie, Typologie:
Sandfänge (auch *Sandschellen*) sind langgestreckte → *Wälle* von bis zu acht Metern Höhe und 30 Metern Breite, oftmals mit auf den Stock gesetzten Eichen bewachsen (→ *Niederwald*).

Kulturgeschichte:
Die meisten Sandfänge wurden vermutlich im 18. Jh. angelegt, als durch Überweidung und Plaggenhieb viele Böden dem Wind ausgesetzt waren, um Äcker oder Siedlungen vor Überwehung durch Sand schützen. Zunächst errichtete man Flechtzäune, die bald vom abgelagerten Sand überdeckt wurden und sich zu Wällen entwickelten. Um Sandfänge zu befestigen, wurden sie oftmals mit Eichen bepflanzt, die regelmäßig auf den Stock gesetzt wurden.

Vorkommen/Verbreitung:
Sandfänge sind z. B. in den Landkreisen Oldenburg, Emsland, Celle, Uelzen und Osnabrück bekannt.

Erfassung/Gesetzlicher Schutz:
Sandfänge werden nur selten von den archäologischen Denkmalbehörden erfasst und vom NLD ins Verzeichnis der Kulturdenkmale aufgenommen. Sie sollten dem NHB gemeldet werden.

Literaturtipps: ZEHM (1997).

Scheune

Merkmale, Morphologie, Typologie:
Getrennt vom Haupthaus stehendes Gebäude zum Aufbewahren von Erntegut (v. a. ungedroschenes Getreide, im Gegensatz zum → *Speicher* für gedroschenes Korn), oder landwirtschaftlichem Gerät. Typisches Merkmal ist die große, mit einem beladenen Erntewagen zu durchfahrende Toreinfahrt. Standort der Scheune ist i. d. R. das Gelände des Bauernhofes, stehen Scheunen in der freien Landschaft, heißen sie *Feldscheunen*. Aus Brandschutzgründen wurden Scheunen auch fernab der Haupthäuser gemeinsam mit anderen in einem *Scheunenviertel* erbaut.

Kulturgeschichte:
Früheste Scheunen sind vereinzelt schon aus vorgeschichtlicher Zeit bekannt, treten vermehrt im 16. Jh. auf und sind seit dem 18. Jh., als sich die wirtschaftlichen Bedingungen der Bauern verbesserten, weit verbreitet. Sie wurden errichtet, wenn der Platz im Haupthaus für die zunehmenden Ernten nicht mehr ausreichte und die Ernte gegen Feuer gesichert werden sollte. Abhängig von ihrer Funktion entwickelten sich spezielle Scheunentypen wie *Viehscheunen*, *Flachsscheunen*, *Hopfenscheunen*, *Zehntscheunen* (wohin die Bauern ihre Abgaben in Naturalien zu liefern hatten), *Torscheunen* (querseitig durchfahrbar, zur Lagerung und zum Hofabschluss) oder *Zaunscheunen* (lediglich mit Flechtwerk gefülltes Fachwerk zum Lagern und Nachtrocknen von Heu).

Vorkommen/Verbreitung:
Scheunen sind landesweit verbreitet. Scheunenviertel sind eine Besonderheit im Einzugsgebiet der Mittelweser.

Erfassung/Gesetzlicher Schutz:
Scheunen und Scheunenviertel werden i. d. R. von den Denkmalbehörden erfasst und können als Baudenkmal in das Verzeichnis der Kulturdenkmale aufgenommen

werden. Feldscheunen und andere Scheunen in der freien Landschaft bleiben dabei allerdings oft unberücksichtigt und sollten dem NHB gemeldet werden.

Literaturtipps: GLÄNTZER ET AL. (1992), KAISER & OTTENJANN (1995), MÖLLER (1984), SCHEPERS (1976).

Schwemme

Merkmale, Morphologie, Typologie:
Eine Schwemme (auch *Spühlkuhle*) ist eine zum Waschen oder Tränken des Viehs genutzte flache Stelle in einem Gewässer oder auf einem Hof, z. B. für Pferde (*Pferdeschwemme*) oder Schafe (*Schafwäsche*). In einzelnen Fällen kann die Schwemme samt Uferbereich durch Pflaster befestigt sein.

Kulturgeschichte:
Das Waschen des Viehs diente nicht nur der Pflege der Tiere, sondern war notwendige Vorarbeit zur Gewinnung von Fell und Wolle.

Vorkommen/Verbreitung: unbekannt

Erfassung/Gesetzlicher Schutz:
Schwemmen werden i. d. R. nicht von Natur- oder Denkmalschutzbehörden erfasst. Sie sollten als Zeugnis historischer Viehwirtschaft dem NHB gemeldet werden.

Literaturtipps: BOMANN (1929).

Speicher

Merkmale, Morphologie, Typologie:
Speicher sind getrennt vom Haupthaus stehende Gebäude aus Fachwerk, Holz oder Stein zum Aufbewahren von Vorräten oder Handelsgütern. Im Gegensatz zur → *Scheune* ist der Speicher meist nicht mit einem Erntewagen befahrbar. Oft haben Speicher zwei z. T. nach oben breiter werdende Stockwerke. Der unterste Stock kann zum Schutz vor Einbrechern fensterlos und mit einer besonders stabilen Tür ausgestattet sein. Wegen Brandgefahr konnten Speicher mit Lehm überzogen sein (*Lehmspeicher*). Bei *Treppenspeichern* war das Dachgeschoss zusätzlich von außen über eine Treppe erschlossen.

Ähnlichkeit haben Speicher mit *Steinwerken*, die jedoch aus dem Mittelalter stammen, komplett aus Bruchstein erbaut sind und neben der Lagerung von Vorräten auch Verteidigungs- und Wohnzwecken dienten. *Silos* sind im 20. Jh. entstandene, nicht begehbare Nachfolger von Speichern.

Kulturgeschichte:
Steinwerke stammen aus dem 11.–14. Jh., Speicher wurden v. a. vom 16. bis zur Mitte des 19. Jahrhunderts gebaut.

Vorkommen/Verbreitung:
Speicher finden sich mit verschiedenen regionalen Typen in ganz Niedersachsen. Steinwerke sind besonders häufig im Osnabrücker Land, Treppenspeicher sind v. a. in Heidegebieten verbreitet.

Erfassung/Gesetzlicher Schutz:
Speicher werden i. d. R. von den Denkmalbehörden erfasst und in das Verzeichnis der Kulturdenkmale aufgenommen werden.

Literaturtipps: Gläntzer et al. (1992), Kaiser & Ottenjann (1995), Möller (1984), Schepers (1976).

Streuwiese

Merkmale, Morphologie, Typologie:
Streuwiesen sind Wiesen, die nur einmal im Jahr (August/September) gemäht werden, um Gras zur Stalleinstreu zu gewinnen. Sie sind i. d. R. gekennzeichnet durch sumpfige Standortverhältnisse, die eine intensivere Grünlandnutzung ausschließen. Eine typische Pflanzenart der Streuwiesen ist z. B. das Pfeifengras.

Kulturgeschichte:
Die Streuwiesennutzung geht vermutlich auf die Neuzeit zurück, als auch ungünstige Bereiche der Landschaft in die Nutzung einbezogen wurden. In Streuwiesen leben viele gefährdete Pflanzenarten, die wegen ihrer langen Entwicklungszeit bis zur Fruchtbildung auf einen späten Mahdtermin angewiesen sind. Besondere Bedeutung haben Streuwiesen auch für Wiesenbrüter.

Vorkommen/Verbreitung:
Streuwiesen gehörten vor allem in sumpfigen Niederungen zum typischen Bild der historischen Kulturlandschaft. Weil moderne Stallhaltung ohne Einstreumaterial auskommt und sumpfige Standorte meist entwässert wurden, sind Streuwiesen heute extrem selten.

Erfassung/Gesetzlicher Schutz:
Streuwiesen erfüllen die Merkmale eines nach § 28a bzw. § 28b NNatG geschützten Biotops und werden von den Naturschutzbehörden erfasst.

Literaturtipps: KAPFER & KONOLD (1994), KONOLD (1996), KÜSTER (1995).

Terrassenacker

Merkmale, Morphologie, Typologie:
Terrassenäcker finden sich v. a. in Hanglagen des Berglandes und bestehen aus mehreren, mehr oder weniger parallel zur Höhenlinie verlaufenden Hangstufen (*Ackerterrassen*). Der Terrassenacker ist im Vergleich zum steilen Hang vergleichsweise eben und hat je nach Hangneigung eine Breite von zwei bis zehn Metern, so dass der Hang getreppt wirkt. Steile Terrassenhänge zwischen Terrassenäckern heißen *Stufen*- oder *Hochraine* und wurden mit Graswuchs, → *Wallhecken* oder → *Lesesteinwällen* gegen Erosion geschützt. Ein Höhenunterschied am Übergang von Wald oder Grünland zu einem unterhalb gelegenen Acker wird *Kulturwechselstufe* genannt und ist durch Bodenabtrag auf dem Acker entstanden.

Kulturgeschichte:
Terrassenäcker wurden in Europa seit dem Mittelalter zur Ausdehnung der landwirtschaftlichen Nutzfläche in Hanglagen angelegt und sind Relikte des mittelalterlichen bis neuzeitlichen Ackerbaus. Sie entstehen durch hangseitigen Bodenabtrag und talseitigen Bodenauftrag. Die Bodenumlagerungen wurden von Hand vorgenommen oder entstanden durch Pflügen. Weil sich Terrassenäcker bei Änderung der Hanggefällerichtung in → *Wölbäcker* fortsetzen, treten Terrassen- und Wölbäcker im Bergland oft vergesellschaftet auf.

Vorkommen/Verbreitung:
Terrassenäcker finden sich in Niedersachsen in allen Gebieten mit höherer Hangneigung. Da die ackerbauliche Bewirtschaftung heute zu aufwändig ist, werden die Gebiete mit Terrassenäckern vorwiegend als Grünland oder Forst genutzt.

Abb. 31: *Ackerterrassen im Weserbergland bei Börry, Ldkr. Hameln-Pyrmont.*
(Foto: Wiegand)

Erfassung/Gesetzlicher Schutz:
Hinweise auf Ackerterrassen kann bereits die Topographische Karte 1:25.000 geben, in der Ackerterrassen häufig als parallel zu den Höhenlinien gezeichnete Böschungssignaturen zu erkennen sind. Ackerterrassen und Terrassenäcker werden nur in Einzelfällen von den archäologischen Denkmalbehörden erfasst und vom NLD ins Verzeichnis der Kulturdenkmale aufgenommen. Sie sollten daher dem NHB gemeldet werden.

Literaturtipps: BORN (1989), DENECKE (1979), KÜSTER (1995), RATJENS (1979), WERTH (1954).

Tränke

Merkmale, Morphologie, Typologie:
Natürliche oder künstlich geschaffene flache Wasserstelle, an die das Vieh zum Tränken geführt wurde; entweder ein Dorfteich, ein kleiner Teich außerhalb der Siedlung, eine mit Grund- oder Regenwasser gefüllte Mulde oder eine flache Stelle an einem Bachufer. Eine spezielle Form der Tränke im Küstenraum ist der *Fething* (→ *Wurt*).

Landwirtschaft

Abb. 32: Als Tränke genutzter Dorfteich in Hondelage, Braunschweig.   (Foto: Wiegand)

Kulturgeschichte:
Die Anlage von Tränken zur Wasserversorgung des Weideviehs war früher relativ einfach zu bewerkstelligen, denn im allgemeinen war der Grundwasserstand früher höher und die Landschaft dadurch insgesamt feuchter als heute. Mittlerweile sind viele Tränken abgelöst worden von transportablen Wasserfässern oder Weidetränken, die selbständig vom Vieh betätigt werden und mit Hilfe von Pumpen Tränkwasser aus Brunnen fördern.

Vorkommen/Verbreitung: landesweit

Erfassung/Gesetzlicher Schutz:
Historische Tränken, die gezielt als solche angelegt oder ausgebaut wurden, sollten dem NHB gemeldet werden.

Abb. 33: *Junger Gehölzaufwuchs in einer ehemaligen Trift bei Behren, Ldkr. Gifhorn.*
(Foto: Koch)

Trift

Merkmale, Morphologie, Typologie:
Streifen aus → *Magerrasen* oder → *Heide*, vereinzelt mit Gehölzen (z. B. Wacholder) durchsetzt, auf dem Viehherden zu Weideplätzen getrieben wurden (→ *Allmende*) oder werden. Oft waren Triften seitlich durch → *Wallhecken*, → *Wälle* oder → *Gräben* begrenzt, um die Aufsicht über das Vieh zu erleichtern.

Kulturgeschichte:
Auf Triften wurde seit Jahrtausenden das Vieh zu den gemeinschaftlichen Weideflächen (Allmende) getrieben. Als diese im 18. und v. a. im 19. Jh. aufgelöst und privatisiert wurden, sind Triften in andere Nutzungen überführt worden, z. B. Wege, Wald oder Grünland.

Vorkommen/Verbreitung:
Heute sind die ehemals allgegenwärtigen Triften allenfalls noch in Relikten erhalten, z. B. als langgestreckte Magerrasen- oder Heiderelikte, ggf. mit noch erkennbaren parallelen Begrenzungen. Sie dürften am ehesten in Geestgebieten überdauert ha-

ben, die wegen Nährstoffmangel nur schwach genutzt werden. Im Landkreis Gifhorn sind z. B. Relikte von Triften bekannt.

Erfassung/Gesetzlicher Schutz:
Triften werden von den Natur- oder Denkmalschutzbehörden nicht gezielt erfasst. Sie können zwar in Einzelfällen als Bestandteile von Heiden oder Magerrasen unter Naturschutz stehen, ihre ehemalige Funktion als Trift wird dabei jedoch nur selten dokumentiert. Daher sollten Triften dem NHB gemeldet werden.

Literaturtipps: BORN (1989), EWALD (1996), KOCH (1998), KÜSTER (1995), VOGTHERR (1986).

Wallhecke

Merkmale, Morphologie, Typologie:
Eine Wallhecke ist ein mit Bäumen oder Sträuchern bewachsener Wall; andere Bezeichnungen sind *Euwer; Oiwer* oder *Knick*. Die klassische Wallhecke hat beiderseits parallele Gräben, aus denen das Material für den Wall entnommen wurde. Diese Gräben können heute verfüllt oder verlandet sein. Steht die Hecke auf einem Wall aus Steinen, spricht man auch von einem *Steinknick* (vgl. → *Lesesteinwall*). Ein Weg zwischen zwei parallelen Wallhecken (*Doppelknick*) heißt *Redder*. Trittstufen zum Überqueren eines Grabens einer Wallhecke heißen *Stegel* oder *Steggelsch*. Ehemalige Wallhecken können sich mangels Pflege zu Baumreihen oder zu unbewachsenen → *Wällen* (z. B. → *Pflanzkämpe*) entwickeln.

Kulturgeschichte:
siehe auch → *Hecke*. Die meisten Wallhecken und Wälle entstanden im An-

Abb. 34: Ehemalige Wallhecke bei Dunum, Ldkr. Wittmund, von der nur der Wall und einzelne Gehölze übrig sind. (Foto: Heinze)

schluss an die Markenteilungen (Ende des 18. bis Mitte des 19. Jahrhunderts), als neu zugeteilte Parzellen durch Wallhecken zu umgrenzen waren. Dadurch war es endlich möglich, Viehherden ohne Hirten weiden zu lassen. Hierbei sind ganze Heckensysteme entstanden, die noch immer viele Landstriche prägen. Älter sind die Wallhecken der Ringwälle um den → *Esch*, der die Kulturflächen vor dem in der Allmende weidenden Vieh schützte.

Vorkommen/Verbreitung:
Wie → *Hecken*. Wallhecken sind v. a. in den Geestlandschaften Niedersachsens typisch.

Erfassung/Gesetzlicher Schutz:
Zur Erfassung von Wallhecken eignet sich v. a. die Auswertung historischer Landkarten. Besonders markante Exemplare werden i. d. R. im Rahmen der Landschaftsplanung erfasst. In verschiedenen Landkreisen Niedersachsens sind darüber hinaus sämtliche Wallhecken kartiert. Besondere kulturhistorische Bedeutungen von Wallhecken bleiben bislang oft unberücksichtigt und sollten dem NHB gemeldet werden. Wallhecken unterliegen § 33 NNatG, wonach ihre Beseitigung oder Beeinträchtigung verboten ist. Pflegemaßnahmen (z. B. Schnitt) sind erlaubt.

Literaturtipps: AfA OLDENBURG (1997), LANDKREIS AMMERLAND (o. J.), POTT (1988) und (1989), SCHUPP & DAHL (1992), SIEBELS (1954).

Weinberg

Merkmale, Morphologie, Typologie:
Kultur der Weinrebe, i. d. R. in südlicher Exposition am Hang angelegt. Bei zunehmender Steilheit kann der Hang mittels → *Stufenrainen* oder → *Trockenmauern* terrassiert sein.

Kulturgeschichte:
Der Weinbau kam über die Römer nach Mitteleuropa. Er ist seit dem 2. Jahrhundert linksrheinisch und seit dem 8. Jahrhundert rechtsrheinisch nachzuweisen. Größere Verbreitung erfuhr er seit der Christianisierung wegen des Bedarfs an Messwein, der entweder importiert oder lokal angebaut wurde. Der ehemals in Niedersachsen weiter verbreitete Weinbau belegt nicht etwa ein wärmeres Klima während des Mittelalters, sondern ist auf den sehr hohen Aufwand beim Weinimport zurückzuführen.

Landwirtschaft

Vorkommen/Verbreitung:
Der einzige noch bewirtschaftete Weinberg Niedersachsens und zugleich nördlichste Deutschlands liegt in Hitzacker. Historischer Weinbau ist in Niedersachsen u. a. in den Landkreisen Holzminden (bei Höxter, Burg Polle, Rühler Schweiz, Vogler), Hildesheim und Nienburg (bei Leseringen) bekannt.

Erfassung/Gesetzlicher Schutz:
Sofern Relikte des historischen Weinbaus in der Landschaft erkennbar sind, sollten sie dem NHB gemeldet werden.

Literaturtipps: PAPE (1989).

Wölbacker

Merkmale, Morphologie, Typologie:
Wölbäcker (*Hochäcker*) bestehen aus parallelen, langgestreckten (→ *Langstreifenflur*) und in der Mitte erhöhten Ackerbeeten (*Ackerstreifen*), die in der Breite meist nur 8 bis 20 Meter messen und gegenüber den dazwischen liegenden Furchen um bis zu 1 m erhöht sind. Für den Laien sind Wölbäcker nur schwer zu erkennen.

Kulturgeschichte:
Wölbäcker entstanden meist im Mittelalter durch das Zusammenpflügen der Erdschollen zur Ackermitte. Die dadurch entstandene Erhöhung in der Beetmitte bot den Vorteil einer mächtigen, humosen und fruchtbaren Ackerkrume. Bei nassen Böden blieben die Beete vergleichsweise trocken, da die Furchen am Beetrand als Drainage dienten. Früher hatten sämtliche Äcker die Form von Wölbäckern. Durch Zusammenlegen der länglichen Parzellen und durch moderne Pflügetechniken sind sie aus der heutigen Ackerflur verschwunden. Nur wo Wölbäcker schon früh brach gefallen und in Wald oder Grünland übergegangen sind, hat sich ihre typische Oberflächenform erhalten. Oft handelt es sich um das ehemalige Ackerland von → *Wüstungen*.

Vorkommen/Verbreitung:
Wölbäcker sind heute nur noch dort zu finden, wo ehemalige Äcker vor der Einführung moderner, schwerer Pflüge in Wald oder Grünland übergegangen sind. Sie sind in ganz Europa verbreitet.

Abb. 35: Von einem Waldweg angeschnittene Wölbackerbeete (aus JÄGER 1965).

Erfassung/Gesetzlicher Schutz:
Wölbäcker werden nur in Einzelfällen von den archäologischen Denkmalbehörden erfasst und vom NLD ins Verzeichnis der Kulturdenkmale aufgenommen. Sie sollten daher dem NHB gemeldet werden.

Literaturtipps: BORN (1989), JÄGER (1987), MEIBEYER (1971), MÖLLER (1984), WERTH (1954), WILLERDING (1989).

Zaun

Merkmale, Morphologie, Typologie:
Ein Zaun dient zur Begrenzung, zur Einfriedung und in neuerer Zeit auch als Sichtschutz einer Parzelle. Bauweise und -material historischer Zaunarten sind vielfältig und können je nach Region variieren, z. B. *Holzzaun, Staketenzaun, Flechtzaun* aus Weidenzweigen, *Steinplattenzaun* (im Weserbergland, bestehend aus Sandsteinplatten von mehreren m^2 Größe), *Eichenbohlenzaun* (in Heidegebieten) u. v. a.

Landwirtschaft

Abb. 36: *Weidezaun aus Holz und Steinplatten bei Bevern, Ldkr. Holzminden.*
(Foto: Kellmann)

Kulturgeschichte:

Zäune sollten wie → *Wallhecken* Unbefugte, Vieh und Wild von kultiviertem Land fernhalten und fanden v. a. bei der Einfriedung hofnaher Areale Verwendung, z. B. → *Bauerngärten*. Historische Zäune sind vielfach Zeugnisse früheren Handwerks und können mit ihrer regionaltypischen Bauweise und landschaftstypischen Materialien eine Landschaft prägen. Seit der Einführung von Maschen-, Stacheldraht- (ca. 1900) und neuerdings Elektrozäunen gehen sie zurück.

Vorkommen/Verbreitung: s. o.

Erfassung/Gesetzlicher Schutz:

Historische Zäune mit regionaltypischer Bauweise und aus landschaftstypischen Materialien werden bislang kaum erfasst und sollten dem NHB gemeldet werden.

Literaturtipps: Wöbse (1994).

2.3 Gartenkunst und Grünanlagen

Arboretum

Merkmale, Morphologie, Typologie:
Ein Arboretum ist eine lebende Sammlung von Bäumen, um die Vielfältigkeit von aus- und inländischen Arten und Formen darzustellen. *Botanische Gärten* zeigen außerdem Sträucher und Stauden. *Pinten* sind Sammlungen immergrüner Koniferen (Nadelbäume).

Kulturgeschichte:
Botanische Gärten und Arboreten sind in Mitteleuropa seit dem 16. Jh. durch aufkommendes botanisches Interesse, Entdeckungsreisen oder zunehmenden Handel entstanden. Zuvor hat es Arboreten schon in frühen Zivilisationen gegeben, z. B. in China, Japan, den Mittelmeerregionen und Südamerika; seit dem 18. Jh. wurden sie häufig durch Eigentümer von Landsitzen eingerichtet. In einzelnen Fällen sind Arboreten aus *Baumschulen* (*Pflanzgärten*) hervorgegangen.

Vorkommen/Verbreitung: landesweit

Erfassung/Gesetzlicher Schutz:
Botanische Gärten und Arboreten innerhalb historischer Gärten und Parkanlagen sind in vielen Fällen von den Denkmalbehörden erfasst und bei entsprechender Ausprägung ins Verzeichnis der Kulturdenkmale aufgenommen. Abseitige Anlagen können dabei übersehen worden sein und sollten den Behörden oder dem NHB gemeldet werden.

Literaturtipps: JELLICOE & JELLICOE (1986).

Bauerngarten

Merkmale, Morphologie, Typologie:
Bauerngärten sind direkt am Hof oder in der nahen Gemarkung gelegene Gärten zur bäuerlichen Selbstversorgung. Obst, Gemüse und Kräuter, aber auch Blumen und Ziersträucher wachsen im Gegensatz zum städtischen Bürgergarten in bunter Kombination. Die Grundform des Bauerngartens ist nach Vorbild des *Klostergartens* i. d. R. ein einfaches Wegekreuz, das verschiedene, geometrisch angeordnete, mit niedrigen Buchshecken abgegrenzte Beete unterteilt. Charakteristisch ist eine große Vielfalt an Pflanzenarten. Die Beete können ebenerdig (*Flachbeet*) oder zur besse-

Abb. 37: Bauerngarten in Sprakensehl, Ldkr. Gifhorn. (Foto: Koch)

ren Sonneneinstrahlung erhöht liegen (*Hochbeet*). Ähnlichkeit mit Bauerngärten haben *Pastorats-* oder *Klostergärten.*

Kulturgeschichte:
Geregelter Gartenbau setzte in Deutschland erst im 8. und 9. Jh. ein. Stand zunächst die Selbstversorgung im Mittelpunkt, gewinnt seit der Renaissance allmählich auch der Blumenschmuck an Bedeutung. Neben ihrer Bedeutung für das traditionelle Ortsbild einer Siedlung sind Bauerngärten wertvolle Lebensräume für Insekten.

Vorkommen/Verbreitung:
Bauerngärten gehörten v. a. im 19. und frühen 20. Jh. zu fast jedem Bauernhof. Heute sind viele zerstört, überformt oder verwildert.

Erfassung/Gesetzlicher Schutz:
Bauerngärten sind nur in Einzelfällen von der Baudenkmalpflege erfasst und ins Verzeichnis der Kulturdenkmale aufgenommen worden. Gut erhaltene Exemplare in traditioneller Ausprägung sollten dem NHB gemeldet werden.

Literaturtipps: BÖHME & PREISLER-HOLL (1996), GRÖLL (1991), NOWAK-NORDHEIM (1982), WIDMAYER (1986).

Kleingarten

Merkmale, Morphologie, Typologie:
Getrennt von Wohnhäusern liegender und aus Beeten, Rasen und (Obst-)Gehölzen bestehender Garten. Fehlt eine Gartenlaube, spricht man von *Grabeland*. Meist bilden mehrere Kleingärten eine Kleingartenanlage oder -kolonie.

Kulturgeschichte:
Kleingärten wurden seit 1830 mit zunehmender Industrialisierung angelegt, Kleingartenanlagen seit Beginn des 20. Jahrhunderts meist systematisch von Städten und Gemeinden geplant. Oft prägen sie den Übergangsbereich zur offenen Landschaft. Insbesondere in Notzeiten hatten sie zur Eigenversorgung der Bevölkerung eine hohe Bedeutung.

Vorkommen/Verbreitung:
Kleingärten sind landesweit verbreitet, i. d. R. liegen sie am Siedlungsrand, aber auch inmitten von Verkehrsanlagen (Eisenbahn).

Erfassung/Gesetzlicher Schutz:
Aufgrund ihrer großen Verbreitung werden einzelne Exemplare von Kleingärten oder Grabeland nicht erfasst.

Literaturtipps: BÖHME & PREISLER-HOLL (1996), GASSNER (1987).

Park

Merkmale, Morphologie, Typologie:
Park- und die Gartenanlagen lassen sich gliedern in
- *Klostergärten* zur Eigenversorgung des Klosters mit Gemüse und Heilpflanzen (siehe auch → *Bauerngarten*).
- *Fürstengärten* als repräsentative Gartenanlagen fürstlicher Residenzen; zur winterlichen Aufbewahrung südländischer Pflanzen verfügten sie oft über eine *Orangerie*.
- *Adelsgärten* als Außenanlagen adliger Residenzen; im Gegensatz zu Fürstengärten weniger repräsentativ.
- *Bürgergärten* als Außenanlagen eines Wohnhauses. Man kann *Hausgärten* von repräsentativeren *Villengärten* unterscheiden.
- *Kurparkanlagen* eines Kurbetriebes zur Erbauung und Erholung der Gäste.

- Öffentliche Gärten und Parkanlagen wie *Bürger-*, *Volks-* und *Stadtparks sowie Wallanlagen* usw., als innerörtliche Grünanlagen zur Erholung angelegt.
- Separat erläutert werden → *Friedhöfe*, → *Kleingärten*, → *Arborten* und → *Bauerngärten*.

Kulturgeschichte:
Gärten waren in Mitteleuropa mindestens seit dem Mittelalter bekannt. Mit Mauern und Zäunen gegenüber der wilden Natur abgegrenzt, galten sie als idealisierte Darstellung des irdischen Paradieses. Wie auch der Park, unter dem im Gegensatz zum Garten eine eher größere und weniger deutlich von der Umgebung abgegrenzte Anlage verstanden wird, steht der Garten oft in Verbindung mit einem Gebäude.
Die Garten- bzw. Parkgestaltung zählt wie die Architektur oder Bildhauerei zu den Bildenden Künsten und hat in der Vergangenheit verschiedene Stilrichtungen hervorgebracht. Als deren extremste Gegensätze stehen sich (neben einer Fülle anderer Stilrichtungen) die barocke, in Frankreich entwickelte Gartenarchitektur mit ihren symmetrischen, regelmäßigen Formen und die später in England entstandene Idee des Landschaftsparks gegenüber. Stilelemente bzw. Bestandteile von Gärten oder Parkanlagen sind z. B. → *Alleen*, *Gräben*, Pavillons, künstliche Grotten, Parterre u. a.

Vorkommen/Verbreitung:
Historische Gärten und Parkanlagen sind in Niedersachsen landesweit verbreitet.

Erfassung/Gesetzlicher Schutz:
Historische Gärten und Parkanlagen sind in vielen, aber nicht in allen Fällen den Denkmalbehörden bekannt und bei entsprechender Bedeutung ins Verzeichnis der Kulturdenkmale aufgenommen worden. Aufgegebene oder abseitige Anlagen können dabei übersehen worden sein und sollten dem NHB gemeldet werden.

Literaturtipps: BÖHME & PREISLER-HOLL (1996), HENNEBO & HOFFMANN (1963 und 1965), HENNEBO, ROHDE & SCHOMANN (2000).

Abb. 38: Brunnen mit Putte im Gutspark Exten, Ldkr. Schaumburg. (Foto: Widmer)

2.4 Jagd und Fischerei

Entenfang

Merkmale, Morphologie, Typologie:
Ein Entenfang (auch *Vogelkoje*) ist ein Teich, von dem mehrere sich verengende Wassergräben (*Pfeifen*) ausgehen. Am Ende jeder Pfeife hat sich ein Käfig befunden, in denen die Enten gefangen wurden.

Kulturgeschichte:
Entenfänge dienten früher zur Versorgung mit Entenfleisch. Ein Beispiel ist der 1690 unter Herzog Georg Wilhelm im Herzogtum Celle angelegte Entenfang in Boye (Ldkr. Celle). Hier wurden z. B. 1853 während einer Fangsaison (Juli bis März) über 24.000 (!) Exemplare gefangen.

Vorkommen/Verbreitung:
Entenfänge sind sehr selten. Wie in Schleswig-Holstein sind sie auch in Niedersachsen vor allem an der Küste und auf den Inseln zu erwarten.

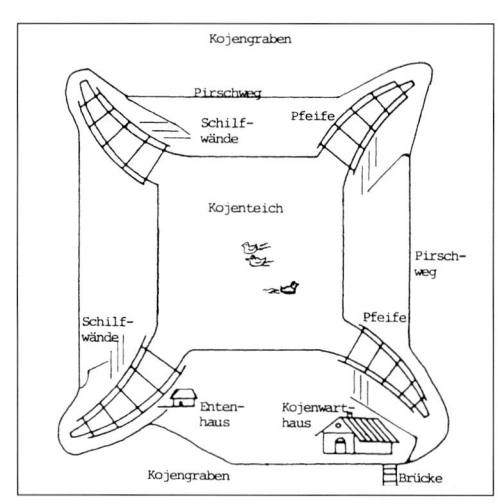

Abb. 39: Fangsystem einer Vogelkoje (nach QUEDENS *1984).*

Erfassung/Gesetzlicher Schutz:
Entenfänge werden von den Denkmalbehörden nicht erfasst. Den Naturschutzbehörden sind die Teiche zwar als Gewässerbiotope bekannt, oft jedoch nicht in ihrer kulturgeschichtlichen Bedeutung. Daher sollten erhaltene Entenfänge bzw. deren Relikte dem NHB gemeldet werden.

Literaturtipps: BRUNS & VAUK (1984), KNAUER (1954), KÜSTER (1995), THIELEMANN & TRUMMER (1988).

Abb. 40: *Fischteiche des Klosters Walkenried, Ldkr. Osterode.* (Foto: Knoll)

Fischteich

Merkmale, Morphologie, Typologie:
Künstliches Stillgewässer mit Ablassvorrichtung (*Mönch*) zur Fischzucht, meist für Karpfen oder Forellen. Der Teich wurde ausgehoben und/oder in Tallage mit Hilfe eines › *Damms* aufgestaut. Zur Wasserversorgung diente meist ein Bach, seltener Regen-(*Himmelsteich*) oder Quellwasser (*Quellteich*). Bei manchen Teichanlagen konnte der Bach zum Schutz vor Hochwasser mit Hilfe eines Dammes um die Teiche herumgeleitet werden (*Umflut*). Karpfenteiche sind flach, nicht durchströmt und haben im Sommer eine Temperatur von über 20°. Forellenteiche sind kälter und tiefer und müssen ständig von Frischwasser durchflossen werden. Bauliche Anlagen können *Fischerhütten* und *-häuser* sowie *Fischräuchereien* sein.

Kulturgeschichte:
Als Erfinder der Fischteiche gelten die Römer. In Mitteleuropa hatte die Fischzucht im Mittelalter, v. a. im 14. und 15. Jh., einen ersten Höhepunkt. Es waren v. a. Klöster (daher »Mönch«), die fast ausschließlich Karpfen hielten, um damit zu handeln (Karpfen waren bis zu sechs mal teurer als Rindfleisch und 20 mal teurer als Brotgetreide) und die Versorgung in der Fastenzeit zu gewährleisten. Als nach der Re-

formation die Nachfrage nach Fisch sank, wurden viele Anlagen aufgegeben. Erst im 19. und 20. Jh., als die Fischzucht kein Privileg von Kirche und Adel mehr war, entstanden viele neue Fischteiche, v. a. zur Haltung von Forellen.

Vorkommen/Verbreitung:
Karpfenteiche gab es vor allem dort, wo das Klima eine ausreichende Erwärmung des Wassers gewährleistete. Forellenteiche finden sich v. a. an Fließgewässern, die eine ausreichende und ständige Wasserversorgung sicher stellen.

Erfassung/Gesetzlicher Schutz:
Historische Fischteiche aus der Zeit vor dem 20. Jh. sollten dem NHB gemeldet werden. Manche enthalten kein Wasser mehr, sind aber in der Landschaft an ihren ehemaligen Becken und Dämmen oder an der Umflut zu erkennen. Zur eindeutigen Bestimmung sollten historische Karten und andere Quellen hinzugezogen werden.

Literaturtipps: Riedel (1974).

Fischweg

Merkmale, Morphologie, Typologie:
Technisches Bauwerk an einem Fließgewässer zur Überwindung von Höhenunterschieden; in Treppenform (*Fischtreppe, Lachsleiter*) oder als naturnahe Umgehungsrinne (*Fischpass*).

Kulturgeschichte:
Die ersten Fischwege kamen in Irland, England und Nordamerika zum Einsatz, um Lachsen den Aufstieg zu ihren Laichgewässern zu ermöglichen (Lachsleiter). In Deutschland sind sie seit etwa 1875 bekannt.

Vorkommen/Verbreitung: landesweit, v. a. in steilem Gelände

Erfassung/Gesetzlicher Schutz:
Historische Fischwege werden von den Denkmal- oder Naturschutzbehörden i. d. R. nicht erfasst und sollten dem NHB gemeldet werden.

Literaturtipps: Riedel (1974), Seligo (1926).

Abb. 41: *Fischzaun (aus* RIEDEL *1974).*

Fischzaun

Merkmale, Morphologie, Typologie:
Fischzäune bzw. *Fischwehre* sind ortsfest im Gewässergrund verankerte Leitwerke zum Fischfang in Binnengewässern. Hierbei sind Pfähle in den Boden gerammt und mit Reisigbündeln, Flechtwerk, Stab- oder Rohrgittern zu einem labyrinthartigen Kammersystem angeordnet. Fischzäune und -wehre enden in einer *Reuse*, einer Fangkammer aus Draht oder Korbgefecht, aus der die Fische nicht entweichen können.

Kulturgeschichte:
Der Fischfang mit Fischzäunen, -wehren und -reusen ist eine sehr alte und primitive Methode, die aber heute noch stellenweise angewandt wird. Die frühesten Anlagen gab es in Überschwemmungsgebieten von Flußauen. Seit dem Mittelalter wurden von Fischerinnungen und -zünften Schonvorschriften zum Erhalt der Fischbestände erlassen.

Vorkommen/Verbreitung:
In Binnengewässern; früher verbreitet, heute sehr selten.

Erfassung/Gesetzlicher Schutz:
Fischzäune, -wehre und -reusen sollten dem NHB gemeldet werden.

Literaturtipps: RIEDEL (1974), SELIGO (1926).

Jagdhaus

Merkmale, Morphologie, Typologie:
Jagdhäuser bzw. Jagdschlösser sind repräsentative Gebäude zum Jagdaufenthalt außerhalb einer Residenz. Die Bauweise richtet sich nach der jeweiligen Stilepoche und dem Nutzungszweck. Kleine Anlagen hatten lediglich Wohn- und Schlafräume sowie eine Küche, größere außerdem Nebengebäude zur Unterbringung von Personal, Gerät, Vorräten, Hunden und Pferden.

Kulturgeschichte:
Die Jagd war bis 1848 ein herrschaftliches Privileg und diente weniger zur Versorgung mit Wild, sondern war ein gesellschaftliches Ereignis. Danach ging das Jagdrecht an die Eigentümer der Flächen über. Ihren repräsentativen Charakter erhielten Jagdhäuser und -schlösser wohl erst seit ca. 1600 (Barock); zuvor waren Zweckbauten üblich.

Vorkommen/Verbreitung:
Jagdhäuser gibt es vor allem in waldreichen Gebieten, z. B. Clemenswerth im Emsland, Nienover im Solling, Herzberg im Harz, Springe am Deister.

Erfassung/Gesetzlicher Schutz:
Jagdschlösser und -häuser werden von den Denkmalbehörden erfasst und ins Verzeichnis der Kulturdenkmale aufgenommen.

Literaturtipps: BLÜCHEL (1996), LINDNER (1940), MÖLLER (1984).

Jagdstern

Merkmale, Morphologie, Typologie:
Kreuzungspunkt von Wegen oder Schneisen (*Jagdschneise*) in Waldgebieten (*Sternbusch*).

Kulturgeschichte:
Jagdsterne oder -schneisen wurden angelegt, um vom Kreuzungspunkt aus die Parforcejagd (Hetzjagd zu Pferde mit einer Hundemeute) beobachten zu können. Die Parforcejagd war als Zeichen höfischer Prunkentfaltung in der Renaissance und im Barock in Frankreich sehr verbreitet, erreichte aber in Deutschland – zumal in Nord-

deutschland – nie eine vergleichbare Blüte. Die Parforcejagd ist seit 1933 in Deutschland verboten, in England und Frankreich aber noch sehr beliebt.

Vorkommen/Verbreitung:
Weil die Parforcejagd hierzulande wenig ausgeübt wurde, sind in Niedersachsen nur wenige Jagdsterne und -schneisen zu erwarten. Ein Beispiel ist der Jagdstern von Schloß Clemenswerth, Ldkr. Emsland.

Erfassung/Gesetzlicher Schutz:
Jagdsterne und -schneisen werden i. d. R. nicht von den Denkmal- oder Naturschutzbehörden erfasst und sollten daher dem NHB gemeldet werden.

Literaturtipps: BLÜCHEL (1996), HASEDER & STINGLWAGNER (1984), LINDNER (1940).

Saufang

Merkmale, Morphologie, Typologie:
Mit zwei Eingängen ausgestattete Vertiefung (ca. 10–15 m Durchmesser) in Waldgebieten zum Fangen von Wildschweinrotten. Meist handelt es sich um Kuhlen, deren Böschungen mit Palisadenzäunen befestigt waren, vereinzelt auch um Wallanlagen.

Kulturgeschichte:
Die Jagd auf Wildschweine mit Saufängen ist eine sehr alte, heute verbotene Methode, um v. a. nahegelegenes Ackerland vor Schäden durch Wildschweinrotten zu schützen. Nach dem II. Weltkrieg lebte sie mangels Schusswaffen kurzzeitig wieder auf. Regelmäßig ausgelegtes Futter lockte die Rotte an und gewöhnte sie, bis sie sich durch gleichzeitiges Verschließen der beiden Eingänge fangen und erlegen ließ.

Vorkommen/Verbreitung:
V. a. in größeren Waldgebieten

Erfassung/Gesetzlicher Schutz:
Saufänge wurden bislang nicht erfasst und sollten dem NHB gemeldet werden

Literaturtipps: BLÜCHEL (1996), HASEDER & STINGLWAGNER (1984), LINDNER (1940).

Abb. 42: *Großkronige Bäume mit Wildverbiss im Tiergarten Hannover.* *(Foto: Küster)*

Tiergarten

Merkmale, Morphologie, Typologie:

Ein Tiergarten (*Gehege, Gehäge, Wildpark*) ist eine mit Zäunen, Mauern oder dichten Wallhecken umfriedete Waldfläche zur Haltung von jagdbarem Wild. Häufig weisen die Bäume im unteren Bereich Spuren von Wildverbiss auf.

Kulturgeschichte:

Tiergärten dienten zur Vorhaltung von Wild für die jagdliche Erbauung ihrer i. d. R. adeligen Eigentümer. Sie sollten auch die Belastungen der Jagd für die landbewirtschaftende Bevölkerung auf eben diese Fläche konzentrieren. Mit dem Verlust adliger Privilegien (seit 1848 bzw. 1918) wurden Tiergärten aufgelöst, was häufig der Ausgangspunkt für die Begründung von Freilandpopulationen von Wild (z. B. Damwild) war. Tiergärten sind seither oft in Parkanlagen übergegangen.

Vorkommen/Verbreitung:

Tiergärten waren relativ verbreitet. Heute sind viele ehemalige Tiergärten Naherholungsgebiete.

Erfassung/Gesetzlicher Schutz:
Historische Tiergärten sind in vielen, aber nicht in allen Fällen den Denkmalbehörden bekannt und bei entsprechender Bedeutung ins Verzeichnis der Kulturdenkmale aufgenommen worden. Einzelne Anlagen können dabei übersehen worden sein und sollten dem NHB gemeldet werden. Hinweise auf Tiergärten können Flur- oder Straßennamen geben.

Literaturtipps: BLÜCHEL (1996), HASEDER & STINGLWAGNER (1984), LINDNER (1940).

Vogelherd

Merkmale, Morphologie, Typologie:
Vogelherde (auch *Dohlenstiege*) sind zum Vogelfang aufgelichtete Waldschneisen oder Baumkronen, die Vögeln geschützte Rastmöglichkeiten vortäuschen sollten, um sie dort mit Leimruten zu fangen.

Kulturgeschichte:
Das Fangen von Vögeln diente der ländlichen Bevölkerung zur Ergänzung ihrer Ernährung. Mit Verbesserung der Wirtschaftsbedingungen wurde die Methode zu Beginn des 20. Jh. aufgegeben.

Vorkommen/Verbreitung:
Vogelherde hat es z. B. im Harz gegeben. Relikte sind v. a. in wirtschaftlich benachteiligten Gebieten zu erwarten, wo die Vogeljagd relativ lange ausgeübt wurde.

Erfassung/Gesetzlicher Schutz:
Heute noch sichtbare Spuren von Vogelherden beschränken sich auf Waldschneisen; künstlich aufgelichtete Baumkronen dürften sich demgegenüber wieder gefüllt haben. Sie wurden bislang kaum erfasst und sollten dem NHB gemeldet werden.

Literaturtipps: KÜSTER (1995).

Wildacker

Merkmale, Morphologie, Typologie:
Wildäcker bzw. *Wildwiesen* sind i. d. R. kleine, mit Getreide, Hackfrüchten oder Gras kultivierte Flächen inmitten von Wäldern. Zum Schutz der Kultur in der Anwuchsphase waren sie zeitweise mit Wällen, heute mit Zäunen eingefriedet.

Kulturgeschichte:
Wildäcker gibt es seit dem 18. Jahrhundert, fanden aber erst in der zweiten Hälfte des 20. Jahrhunderts allgemeine Verbreitung. Sie dienen der Verbesserung des Nahrungsangebotes des Wildes, das dadurch von land- oder forstwirtschaftlichen Kulturen abgelenkt werden soll. Vorläufer der Wildäcker sind *Brunftäcker*, auf denen man Rot- oder Damwild zur Brunftzeit an typische Wildackerfrüchte (Kartoffeln, Lupinen, Rüben, Hafer) zu binden versuchte.

Vorkommen/Verbreitung:
Die Verbreitung historischer Wildäcker ist unbekannt.

Erfassung/Gesetzlicher Schutz:
Wildäcker und -wiesen werden von den Behörden i. d. R. nicht erfasst. Historische Exemplare sollten dem NHB gemeldet werden.

Literaturtipps: KÜSTER (1995).

Wolfsgrube

Merkmale, Morphologie, Typologie:
Wolfsgruben waren Fangeinrichtungen für Wölfe und bestanden aus ca. 4 m tiefen Erdlöchern mit steilen, z. T. durch Bohlen gestützten Wänden.

Kulturgeschichte:
Wölfe wurden Jahrhunderte lang als Schädlinge der Viehhaltung betrachtet und in Niedersachsen schließlich ausgerottet. Dabei war die Anlage einer Wolfsgrube eine weit verbreitete und bewährte Methode. Die Grube wurde mit Zweigen und Laub verdeckt. Entweder man trieb den Wolf hinein oder lockte ihn mit Aas oder hinter der Grube angebundenen Schafen an.

Vorkommen/Verbreitung:
Vorkommen von Wolfsgruben sind z. B. im Solling in der Nähe von Silberborn, Ldkr. Holzminden, bekannt.

Erfassung/Gesetzlicher Schutz:
Erkennbare Wolfsgruben sollten dem NHB gemeldet werden.

Literaturtipps: BLÜCHEL (1996), HASEDER & STINGLWAGNER (1984), LINDNER (1940).

2.5 Waldwirtschaft und Bäume

Einzelbaum

Merkmale, Morphologie, Typologie:
Einzeln in der freien Landschaft oder an einer bäuerlichen Siedlung stehender Baum.

Kulturgeschichte:
Einzelbäume tragen als sichtbare Landmarken zur Eigenart einer Landschaft bei und sind in vielen Orten identitätsstiftend. Ihre kulturgeschichtliche Bedeutung ist mit ihrer historischen Funktion verknüpft:
- *Mittags-* oder *Vesperbäume* an Feldrändern als schattenspendende Pausenorte zur Erntezeit.
- *Grenzbäume* zur Markierung von Grenzen, die durch einen besonderen Baumschnitt oft eine eigentümliche Wuchsform haben.
- Direkt am Hof stehende *Hof-* oder *Hausbäume* als lebender Holzvorrat, Blitzableiter oder Windschutz.
- *Hudebäume*, meist mächtige Eichen mit großen, stark verzweigten und ausladenden Baumkronen, die besonders viele Früchte ansetzten und wertvoll für die Eichelmast der Schweine waren.
- *Weid-* oder *Schattbäume* zur Beschattung des weidenden Viehs.
- *Gedenkbäume*, die als Einzelbäume in Dörfern oder an Straßenkreuzungen zur Erinnerung an ein besonderes Ereignis gepflanzt wurden. Der Brauch hatte seinen Anfang wohl in der französischen Revolution (*Freiheitsbäume*) und setze sich nach Kriegen (*Friedensbäumen*) oder bei besonderen Anlässen (*Bismarckeichen* zur Reichsgründung) fort.
- *Tanzbäume* als Treffpunkt für Feierlichkeiten, die durch besonderen Baumschnitt und eingebaute Holzkonstruktionen in ihrer Krone eine betretbare Ebene haben konnten.

- *Gerichtsbäume*, oftmals Linden, an denen früher Gericht gehalten wurde (→ *Thing*).
- *Tiebäume* (s. Abb. 14) zur Markierung des → *Ties*.
- *Reiherbüsche* waren gezielt angepflanzte Feldgehölze, um Reiherkolonien Nistmöglichkeiten zu bieten, sie auf diese Weise zu konzentrieren und effektiver bejagen zu können. Unter dem Gewicht der Horste und dem Einfluss der Exkremente sind viele zusammengebrochen.

Vorkommen/Verbreitung:

Grenzbäume, Gedenkbäume sowie Mittags- und Vesperbäume sind landesweit verbreitet. Hofbäume sind vor allem in der Geest (z. B. Lüneburger Heide) oder windreichen Gebieten typisch.

Erfassung/ Gesetzlicher Schutz:

Alte Einzelbäume mit kulturhistorischer Bedeutung sollten dem NHB gemeldet werden. Vereinzelt können sie bereits als Naturdenkmal geschützt sein, ihre historische Funktion ist dabei jedoch oft unbekannt.

Literaturtipps: KÜSTER (1998).

Abb. 43: Bereits in einer Karte von 1763 sind an dieser Stelle (bei Georgsmarienhütte, Ldkr. Osnabrück) zwei Grenzbäume verzeichnet worden. (Foto: Wiegand)

Hudewald

Merkmale, Morphologie, Typologie:
Hude- bzw. Hutebäume (meist Eichen, seltener Buchen) weisen imposante ausladende Baumkronen auf mit kräftigen und stark verzweigten Ästen (s. Abb. 3). Um die Fruchtbildung zu erhöhen, standen in einem Hudewald die Bäume in weitem Abstand zueinander. Hudewälder hatten wegen der Beweidung früher kaum Unterwuchs und deshalb einen parkähnlichen Charakter. Ein Hinweis auf einen ehemaligen Hudewald kann neben Wuchsform und Anordnung der Bäume auch die übrige Vegetation sein: Dorn- oder stachelbewehrte (z. B. Stechhülse, Weißdorn, Schlehe, Wacholder), zähe (Heidekraut) oder giftige Pflanzen (Orchideen, Enzian) wurden vom Vieh gemieden, konnten sich daher überdurchschnittlich stark vermehren und sind stellenweise noch heute dominant.

Kulturgeschichte:
Hude kommt von hüten und bedeutet Waldweide, d. h. das Eintreiben des Viehs in den Wald zur Mast. Hude wurde seit den Anfängen der Viehhaltung in der Jungsteinzeit betrieben. Eicheln und Bucheckern waren unverzichtbare Bestandteile des Viehfutters. Zugleich führt die Hude jedoch zur Zerstörung der Wälder, weshalb Landesherrn und/oder Forstbesitzer sie meist nur eingeschränkt und z. T. gegen Bezahlung gestatteten. Nach den Gemeinheitsteilungen des 19. Jahrhunderts wurde die Hude zum Schutz des Waldes i. d. R. verboten und das Vieh auf eingezäunten Weiden gehalten.

Vorkommen/Verbreitung:
Einzelne Hudebäume sind häufig zu finden, seltener sind dagegen Wälder, die noch die typischen Merkmale des Hudewaldes aufweisen. Erhalten sind sie z. B. im Borkener Paradies bei Meppen, im Naturschutzgebiet Lüneburger Heide, im Hasbruch bei Delmenhorst oder im Neuenburger Urwald bei Varel.

Erfassung/Gesetzlicher Schutz:
Zwar können einzelne Hudewälder durch die Waldfunktionskartierung des Niedersächsischen Forstplanungsamtes erfasst und als Natur- oder Landschaftsschutzgebiete ausgewiesen sein. Einzelne Hudebäume sind außerdem nicht selten als Naturdenkmal geschützt. Weil dennoch viele anderen Hudebäume und -wälder bislang nicht erfasst wurden, sollten sie generell dem NHB gemeldet werden. Sie sind augenscheinlich an den o. g. Merkmalen zu erkennen.

Literaturtipps: Burrichter (1986), Küster (1998), Pott & Hüppe (1991).

Kienharzgewinnung

Merkmale, Morphologie, Typologie:
Fischgrätartig eingeritzte Kerben an Kiefern zur Harzgewinnung

Kulturgeschichte:
Das Harz von Nadelbäumen war ein wertvoller Rohstoff, der z. B. zur Terpentinherstellung (v. a. Pinien, auch Kiefern) oder zum Abdichten von Schiffen und Fässern diente.

Vorkommen/Verbreitung:
Kienharzgewinnung war in der DDR verbreitet. Vorkommen in Niedersachsen sind unbekannt und am ehesten im Amt Neuhaus zu vermuten.

Erfassung/ Gesetzlicher Schutz:
Durch historische Kienharzgewinnung gezeichnete Baumbestände sollten dem NHB gemeldet werden.

Literaturtipps: KÜSTER (1998).

Abb. 44: *Kienharzgewinnung an Kiefern.*
(Foto: Küster)

Kopfbaum

Merkmale, Morphologie, Typologie:

Baum, dessen Stamm sich in zwei bis drei Metern Höhe übergangslos in dünnere Äste und Zweige teilt. Kopfbäume zählen zu *Schneitelbäumen*, die durch regelmäßiges Schneiden der Äste und Zweige eine markante Wuchsform aufweisen. Dabei sind die ehemaligen Schnittstellen mit Baumrinde überwallt und aufgewölbt. Früher war neben der Kopf- auch die Astschneitelung üblich. Geeignet waren nur Laubbäume und Eiben. Die bekanntesten Schneitelbäume sind Kopfweiden, daneben sind v. a. Hainbuchen, Eschen und Linden geschneitelt worden.

Kulturgeschichte:

Schneitelbäume wurden in kurzen Zeitabständen geköpft, um Laubheu für die Winterfütterung oder Flechtmaterial (Weidenruten) zu gewinnen. Der Länge nach geteilte Weidenzweige dienten auch zur Herstellung von Fassreifen. Die Höhe der Schneitelung sollte verhindern, dass Wild und Vieh die empfindlichen Triebe erreichen konnten. Stellenweise wurden Schneitelbäume in Plantagen angebaut (z. B. *Flechtweidenkulturen*).

Vorkommen/Verbreitung:

Schneitelbäume mit ihrer typischen Wuchsform sind in Niedersachsen vielerorts zu finden. Vor allem Kopfweiden werden vielfach noch in alter Form geschneitelt und sogar neu angepflanzt. Bestände anderer Baumarten sind seltener.

Abb. 45: *Wulstige Aufwölbungen durch Kopf- und Astschneitelung an einer Rotbuche.* *(Foto: Wiegand)*

Erfassung/Gesetzlicher Schutz:

Einzelne Schneitelbäume, Alleepflanzungen und Plantagen, die in Form und Ausprägung historische Züge aufweisen, sollten dem NHB gemeldet werden.

Literaturtipps: BURRICHTER (1986), KÜSTER (1998), POTT & HÜPPE (1991).

Krattwald

Merkmale, Morphologie, Typologie:
Ein Krattwald (auch *Stühbusch*) besteht wie ein → *Niederwald* aus Laubbäumen, die regelmäßig auf den Stock gesetzt werden und deshalb bizarre Wuchsformen aufweisen. Im Gegensatz zum Niederwald stehen die Bäume relativ licht, weil der Krattwald gleichzeitig als Waldweide dient. Besonders geeignet sind Eichen (*Eichenkratt*), mit Einschränkung auch Buchen.

Kulturgeschichte:
Krattwälder sind Zeugnisse einer intensiven historischen Waldnutzung. Sie dienten oft nicht nur der Holzproduktion und als Waldweide sondern auch zur Gewinnung von Gerberlohe aus Eichenrinde (*Lohwald, Eichenschälwald*).

Vorkommen/Verbreitung:
Besonders verbreitet waren Krattwälder in typischen Gebieten der Viehhaltung, z. B. in den Fluß- und Seemarschen, in der Lüneburger Heide, auf der Altenwalder Geest oder im Hümmling.

Erfassung/Gesetzlicher Schutz:
Krattwälder können in Einzelfällen bereits erfasst sein, z. B. im Rahmen der Waldfunktionskartierung (Nds. Forstplanungsamt), im Rahmen der Erfassung der für den Naturschutz wertvollen Bereiche (Nds. Landesamt für Ökologie) oder der Landschaftsplanung. Da diese Untersuchungen lückenhaft und kulturhistorische Werte unberücksichtigt geblieben sein können, sollten Krattwälder dem NHB gemeldet werden.

Literaturtipps: BURRICHTER (1986), KÜSTER (1998), POTT & HÜPPE (1991).

Niederwald

Merkmale, Morphologie, Typologie:
Ein Niederwald besteht aus Bäumen, die aufgrund fortgesetzten Schneidens und Wiederaustreibens besonders markant gewachsen sind. Die Stämme sind meist gekrümmt oder verdreht und im Vergleich zum mächtigen Wurzelstock unproportional dünn, aus dem sie oft mit mehreren Trieben sprießen. Ein Niederwald besteht aus Laubbäumen, v. a. ausschlagfreudige Arten wie Hasel, Linde oder Hainbuche, Nadelbäume sind außer der Eibe ungeeignet.

Abb. 46: *Durchgewachsener Niederwald.* *(Foto: Wiegand)*

Das Gegenteil des Niederwaldes ist der heute übliche Hochwald mit seinen gerade gewachsenen, i. d. R. eng beieinander stehenden Bäumen, die erst im schlagreifen Alter gefällt werden. Ein *Mittelwald* hat einzelne, gerade gewachsene großkronige Bäume, zwischen denen Niederwaldnutzung betrieben wird.

Kulturgeschichte:
Niederwälder dienten v. a. zur Brennholzgewinnung und gehen auf vorgeschichtliche Zeit zurück. Dabei wurden die Triebe geschnitten, sobald sie etwa armdick waren. Im Gegensatz zu → *Schneitel-* bzw. *Kopfbäumen* fand dies direkt über der Wurzel statt (»auf den Stock setzen«). Aus schlafenden Augen im Wurzelstock trieben die Bäume immer wieder aus. Besonders verbreitet waren Niederwälder schon im Mittelalter in der Nähe von Erzvorkommen, um das Holz in → *Meilern* zu Holzkohle zu verarbeiten. Die krumm gewachsenen Stämme fanden im späten Mittelalter und in der frühen Neuzeit auch beim Bau bauchiger Schiffsrümpfe Verwendung. Mancher Niederwald diente zugleich als Lohwald (→ *Krattwald*). In Bauernwäldern ist die Niederwaldwirtschaft bis in die Nachkriegszeit betrieben worden. Beim Mittelwald dient die Niederwaldschicht der Brennholzgewinnung, die Hochwaldschicht produziert Bauholz.

Vorkommen / Verbreitung:
Vor allem in Staatsforsten sind viele ehemalige Niederwälder in Hochwälder überführt worden, um gerade gewachsene Stämme als Nutz- und Bauholz zu produzieren. In Bauernwäldern sind Niederwälder als Relikte noch häufig zu finden. I. d. R. sind sie durchgewachsen, d. h. ihre krummen Triebe haben sich zu kräftigen Stämme entwickelt. Aktuell wird Niederwaldwirtschaft nur noch sehr selten betrieben.

Erfassung / Gesetzlicher Schutz:
Ehemalige oder aktuell genutzte Niederwälder mit typisch geformten Stämmen und Wurzeln sollten dem NHB gemeldet werden. Im Rahmen der Waldfunktionskartierung des Nds. Forstplanungsamtes können einzelne Nieder- und Mittelwälder bereits erfasst sein. Niederwälder stehen i. d. R. nicht aus kulturgeschichtlichen Gründen unter Naturschutz, können aber aufgrund ihrer Bedeutung für den Arten- und Biotopschutz als Landschafts- oder Naturschutzgebiet ausgewiesen sein.

Literaturtipps: BURRICHTER (1986), KÜSTER (1998), POTT & HÜPPE (1991).

Waldwirtschaftliche Gebäude

Merkmale, Morphologie, Typologie:
Gebäude, die in Zusammenhang mit der (historischen) Nutzung des Waldes entstanden sind: Das *Forsthaus* ist das Wohn- und Wirtschaftsgebäude des Försters. Es liegt i. d. R. in Einzellage, oft am Waldrand, seltener innerhalb des Waldes. Das *Waldarbeiterhaus* ist ein Wohnhaus für Waldarbeiter, oft in der Nähe des Forsthauses gelegen oder abgesetzt davon am Waldrand. Das *Hirtenhaus* diente den Hirten des im Wald weidenden Viehs als temporäre Unterkunft. Der *Rinder-* oder *Schweinestall* diente der Viehherde und ihrem Hirten in der Zeit der sommerlichen Waldweide (→ *Hudewald*) als nächtliche Behausung. Gemeinsames Merkmal der waldwirtschaftlichen Gebäude ist die häufige Verwendung des Baustoffes Holz.

Kulturgeschichte:
Hirtenhäuser und Ställe reichen zurück in die Zeit der Waldweide (→ *Hudewald*). Forsthäuser und Waldarbeiterhütten sind Zeugnisse planmäßiger Aufforstung, die seit dem Ende des 18. Jahrhunderts durchgeführt wurde und nur unter Aufsicht möglich war.

Abb. 47: *Ehemaliger Schweinestall in einem Hudewald bei Wiedensahl, Ldkr. Schaumburg.*
(Foto: Klose)

Vorkommen/Verbreitung:

Forsthäuser sind weit verbreitet, z. B. am Rand großer Forstgebiete. Waldarbeiter- und Hirtenhäuser sind seltener.

Erfassung/Gesetzlicher Schutz:

Forst-, Waldarbeiter- und Hirtenhäuser sowie Ställe werden von den Denkmalbehörden zwar grundsätzlich erfasst. Sie können wegen ihrer abseitigen Lage aber übersehen werden und sollten deshalb dem NHB gemeldet werden.

Literaturtipps: KÜSTER (1998).

2.6 Bergbau, Industrie, Handel, Gewerbe

Bergbaubauwerke

Merkmale, Morphologie, Typologie:

Bauwerke im Zusammenhang mit Bergbau, u. a.:
- *Fördergerüst:* meist aus Stahl gefertigtes Gerüst über der Öffnung eines → *Schachts* zur Förderung von unter Tage abgebautem Materials.
- *Bohrturm:* In der Regel aus Stahl gefertigtes Gerüst zur Suche nach nutzbaren Gesteinen, Flüssigkeiten (z. B. Erdöl) oder Gasen.
- *Schachthaus* (im Harz *Gaipel*): wie Fördergerüst, jedoch in ein Haus integriert.
- *Lagerhaus*, *Magazin*, *Schuppen*: zur Aufbewahrung von Materialien, Erzen, Kohlen usw.
- *Zechenhaus:* Betriebs- und Verwaltungsgebäude einer Grube.
- *Hub-* bzw. *Grabenhaus*: Wohnung, Büro und Magazin für das Aufsichtspersonal der Teiche, Gräben und Pumpstationen.
- *Scheidehaus* (im Harz auch *Bucht*): einfache Hütte, wo im Eigenlehnerbergbau das Erz sortiert und gelagert wurde.
- *Pochwerk:* wasserradbetriebene Zerkleinerungsanlage von Erzen, üblich bis Mitte 19. Jh., i. d. R. durch einen *Pochgraben* oder eine *Rösche* (flacher unterirdischer Graben, eine Art Stollen) mit Bachwasser versorgt.
- *Erzwäsche:* Gebäude zur nassmechanischen Trennung des Erzes.
- *Bergschmiede:* nahe eines Bergwerkes gelegener Gewerbebetrieb zur Fertigung und Reparatur von Geräten, i. d. R. mit Wasserkraft betrieben.

Kulturgeschichte:

Historische Bauwerke und Anlagen können bedeutende Zeugnisse der Bergbaugeschichte sein. In Bergbauregionen sind sie typische Bestandteile der Landschaft und für deren Eigenart von großer Bedeutung.

Abb. 48: *Fördergerüst bei Clausthal-Zellerfeld, Ldkr. Goslar.* (Foto: Knoll)

Vorkommen / Verbreitung:
In den nds. Bergbaugebieten, v. a. im Harz. Weil oberirdische Fördereinrichtungen wie Fördertürme nach Einstellung des Betriebes i. d. R. entfernt werden, sind sichtbare historische Zeugnisse selten.

Erfassung/Gesetzlicher Schutz:
Die o. g. Bauwerke des Bergbaus werden insbesondere im Harz von den Behörden der archäologischen bzw. der Baudenkmalpflege erfasst und vom NLD ins Verzeichnis der Kulturdenkmale aufgenommen. In anderen Regionen jedoch bleiben einzelne Einrichtungen in der freien Landschaft bzw. ihre Relikte oft unberücksichtigt und sollten dem NHB gemeldet werden.

Literaturtipps: Ließmann (1997), Römhild (1987), Segers-Glocke (2000).

Glashütte

Merkmale, Morphologie, Typologie:
Ort zur Herstellung von Glas. Äußere Merkmale jüngerer Glashütten sind seit 1870 eine spezielle Dachform des Glashüttengebäudes sowie ein Schornstein. Das Dach war als Satteldach konstruiert und hatte einen zusätzlichen Dachlüfter, einen kleinen seitlich offenen Aufsatz zum Entweichen der Hitze.
Kleine Erdhügel von 3–4 m Durchmesser und ca. 80 cm Höhe können die Reste frühneuzeitlicher und mittelalterlicher Glashüttenöfen sein. In ihnen können Fundamentreste (zinnoberrot gefärbte, durch Hitzeeinwirkung scharfkantig gebrochene und muschelförmige Steine) zu finden sein. Von gewöhnlichem Wurzeltelleraufwurf unterscheiden sich die Hügel durch das Fehlen der Wurzeltellergrube. Kennzeichnend kann das gemeinsame Auftreten dreier ehemaliger Öfen (Hügel) sein, die zum Vorbrennen, Schmelzen und langsamen Abkühlen benötigt wurden.

Kulturgeschichte:
Zur Glasherstellung werden vor allem reine Quarzsande, Pottasche oder Soda, Kalk und Feuerholz benötigt. Aufgrund günstiger Rohstoffbezugsmöglichkeiten entwickelten sich in Niedersachsen bereits im 11. Jahrhundert erste Wanderglashütten, d. h., die Glashütten folgten dem Rohstoff Holz, der in großen Mengen benötigt wurde. Seit Mitte des 18. Jahrhunderts kamen größere ortsfeste Betriebe auf, der bedeutendste war die 1744 gegründet Glashütte in Grünenplan am Hils, die ihren Holzbedarf dank der Wiederaufforstung des Sollings decken konnte. Daneben ent-

standen auch Betriebe, die ihre Energie aus Steinkohle (z. B. Osterwald) oder Torf (z. B. Raum Oldenburg oder Teufelsmoor) bezogen.

Vorkommen/Verbreitung:
Historische Glashütten waren vor allem in ausgedehnten Waldgebieten verbreitet, z. B. im Weserbergland oder im Harz. Sie lagen i. d. R. nur wenige Meter entfernt von einem Gewässer und nahe eines Transportweges.

Erfassung/Gesetzlicher Schutz:
Gebäude und Nebenanlagen historischer Glashütten werden i. d. R. von den Behörden der archäologischen oder der Baudenkmalpflege erfasst und vom NLD ins Verzeichnis der Kulturdenkmale aufgenommen. Abseitige Anlagen und unscheinbare Relikte wie die o. g. Bodenmerkmale bleiben oft unberücksichtigt und sollten den archäologischen Denkmalbehörden oder dem NHB gemeldet werden.

Literaturtipps: BLOSS (1977), GLOCKER (1992).

Halde

Merkmale, Morphologie, Typologie:
Eine Halde (auch *Kummerhaufen*) ist eine Aufschüttung von bergbaulich gewonnenem, unsortiertem Gesteinsmaterial. Eine Berge- oder Grubehalde entsteht bei untertägigem Abbau (es gibt kaum eine Grube ohne Halde!). Von einer *Abraumhalde* spricht man bei Tagebaubetrieben oder → *Steinbrüchen*. Eine Schlackenhalde besteht aus Abfallstoffen der Verhüttung und ist neben unscheinbaren Mauerresten das einzige Relikt einstiger *Schmelzöfen*. Bei einem hohen Anteil an Schwermetallen kann die Schlackenhalde eine spezielle Vegetation (*Schwermetallflur*) aufweisen. Morphologisch lassen sich *Hanghalden* (am Hang aufgeschüttet), *Plateauhalden* (flach geschüttet, in ebenem Gelände) und steile *Kegelhalden* (z. B. Kalisalzbergbau) unterscheiden.

Kulturgeschichte:
Halden sind oft die einzigen übertägig sichtbaren Zeugnisse des historischen Bergbaus. Ihre kulturhistorische Bedeutung ist u. a. abhängig vom Alter, das von der Antike bis in die jüngste Vergangenheit reichen kann. Durch nochmalige Verhüttung (Schlackenhalden) oder durch Verwendung des Materials zum Wegebau können sie in ihrer Gestalt stark verändert sein.

Abb. 49: *Überwachsene Hanghalde unterhalb eines ehemaligen Steinbruchs.*
(Foto: Wiegand)

Vorkommen/Verbreitung:

Halden sind in allen Bergbaugebieten Niedersachsens verbreitet, z. B. im Harz, im Weserbergland (Deister, Bückeberg) oder im Osnabrücker Hügelland.

Erfassung/Gesetzlicher Schutz:

Halden sind im Gelände relativ einfach zu erkennen. Oberhalb liegende Gruben oder Stollen geben einen sicheren Hinweis, dass es sich nicht um natürlich entstandene Erhebungen handelt. Im Harz werden Halden von den archäologischen Denkmalbehörden erfasst und vom NLD ins Verzeichnis der Kulturdenkmale aufgenommen. Im übrigen Landesgebiet sollten historische Halden dem NHB gemeldet werden. Schwermetallhalden sind oft mit → *Magerrasen* bewachsen und dann nach § 28a NNatG unmittelbar geschützt.

Literaturtipps: Ließmann (1997), Römhild (1987), Segers-Glocke (2000).

Kuhle

Merkmale, Morphologie, Typologie:
Die Bezeichnung Kuhle dient hier als Sammelbegriff für Vertiefungen der Erdoberfläche, die durch obertägigen Abbau von mineralischen Rohstoffen entstanden sind; ausgenommen sind Vertiefungen durch Bergbautätigkeiten in Festgestein (→ *Pinge*). Ihre Größe liegt zwischen wenigen Quadratmetern und vielen Hektaren (moderner Tagebau), ihre Tiefe kann 20 Meter und mehr betragen. Je nach Bodendurchlässigkeit und Grundwasserstand können Kuhlen nach Einstellung des Abbaus mit Wasser gefüllt sein (z. B. *Ziegelteich*, *Baggersee*).

Kulturgeschichte:
Nach ihrer historischen Funktion unterscheidet man:
- *Ton-* und *Lehmkuhlen* (*Ziegelteiche*, *Pott-* oder *Püttjergruben*): Lehm und Ton dienten bereits in vorgeschichtlicher Zeit zur Herstellung von Gefäßen, später zur Wandauskleidung von Fachwerkhäusern und seit dem 13. Jahrhundert auch zur Herstellung von Ziegeln. Gebrannt wurde in Meiler- und Feldbrandöfen (→ *Ofen*), seit Mitte des 19. Jahrhunderts in ortsfesten → *Ziegeleien*.
- *Sandkuhlen*: Sand wurde und wird v. a. als Baustoff verwendet. In der Landwirtschaft kam er auch bei der Durchmischung schwerer Tonböden zum Einsatz.
- *Mergelkuhlen:* Mergel diente v. a. im 18. und 19. Jahrhundert zur Verbesserung landwirtschaftlicher Böden (Kalkung) und ist daher oft kleinflächig und in bäuerlicher Eigenregie abgebaut worden. Seit Erfindung des Portlandzementes Mitte des 19. Jahrhunderts entstanden großflächige Mergelkuhlen.
- *Teerkuhlen* waren vom 16. bis zur Mitte des 19. Jahrhunderts in Betrieb, oft in Schachtform mit hölzernem Ausbau versteift und meist kleinflächig. Der Teer wurde durch Abschöpfen des auf dem Wasser schwimmenden Öls aus der Kuhle gewonnen und diente als Schmierstoff, Arznei und lmprägnierungsmittel für Holz. Ölhaltiger Abraum in der Nähe von Teerkuhlen bildet kleine, oft wenig bewachsene *Wälle* und *Haufen*. Die Teervorkommen waren Ausgangspunkte für die ersten gezielten Ölbohrungen in Niedersachsen (in Wietze ab 1859).
- *Kieselgurkuhlen*: Aus Kieselgur wurde im 19. und 20. Jahrhundert v. a. Dynamit hergestellt, daneben Putz- und Wärmeisolationsmittel.
- *Raseneisensteinabbau*: Raseneisenstein wurde von der Vorgeschichte bis ins 19. Jahrhundert zu Eisen verhüttet, außerdem fand er aufgrund seiner Härte als Baumaterial Verwendung. Vorkommen von Raseneisenstein sind i. d. R. sehr oberflächennah und dünnschichtig, so dass historische Abbaustellen kaum in der Landschaft zu erkennen sind.

Bergbau, Industrie, Handel, Gewerbe

Abb. 50: *Durch Handabbau entstandene Tonkuhlen, Isernhagen, Ldkr. Hannover.*
(Foto: Wiegand)

Vorkommen/Verbreitung:

Ton-, Lehm- und Sand- und Mergelkuhlen sind in Niedersachsen weit verbreitet. Oberflächennaher Austritt von Teer beschränkt sich auf wenige Gebiete in den Räumen Celle, Peine, Braunschweig und das Emsland. Kieselgurabbau ist in Deutschland außer am Hohen Meißner in Hessen nur im Raum Bispingen-Munster-Unterlüß bekannt. Die Zentren niedersächsischer Raseneisensteingewinnung lagen im Emsland (Wietmarschen, Lingen, Meppen), in der Umgebung von Bad Bentheim und Oldenburg, im Wendland und im Raum Hannover-Celle.

Erfassung/Gesetzlicher Schutz:

Von den Denkmalbehörden werden historische Kuhlen i. d. R. nicht erfasst, wohl aber von den Naturschutzbehörden aufgrund ihrer Bedeutung als Lebensraum für Pflanzen und Tiere. Ihre kulturgeschichtliche Bedeutung bleibt dabei jedoch oft unbekannt. Daher sollten historische Kuhlen dem NHB gemeldet werden. Hinweise auf ihr Vorkommen gibt z. B. der Niedersächsische Lagerstättenatlas (NAFLS 1952).

Literaturtipps: NAFLS (1952); speziell zu Raseneisenstein: GRAUPNER (1982); zu Kieselgur: GROTJAHN (1999) und GEMEINDE FASSBERG (1999); zu Teer: HOFFMANN (1970).

Meilerplatz

Merkmale, Morphologie, Typologie:
Meilerplätze (auch *Köhlerplatten*) sind mehr oder weniger runde Plätze von bis zu zehn Metern Durchmesser, an dem *Meiler* stehen oder standen. Ehemalige Meilerplätze sind nur an Holzkohleresten im Boden zu erkennen, in Hanglage auch an einer ebenen, terrassenförmigen Ausbuchtung.

Kulturgeschichte:
Bei der Holzkohleproduktion (Köhlerei) legte man zunächst Meilergruben an. Im Mittelalter traten an ihre Stelle allmählich oberirdische Meiler. Dabei wird Holz konisch zu einem Hügel aufgeschichtet, mit Erde beworfen und von einem innen liegenden Hohlraum aus befeuert. In mehreren Tage glüht das Holz allmählich von innen nach außen durch (verkoksen). Weil Holzkohle beim Verfeuern viel höhere Temperaturen als Holz erreicht, kam sie im Mittelalter und in der frühen Neuzeit massenhaft in der Erzverhüttung, bei der Glasherstellung und anderen Produktionsverfahren zum Einsatz. So ging die Köhlerei meist mit massivem Waldraubbau einher (oft in → *Niederwaldnutzung*).

Vorkommen/Verbreitung:
Meilerplätze waren v. a. in waldreichen Mittelgebirgen mit Metall- oder Glashütten verbreitet, z. B. im Harz oder Solling.

Erfassung/Gesetzlicher Schutz:
Meilerplätze werden nur im Harz systematisch von den archäologischen Denkmalbehörden erfasst und vom NLD ins Verzeichnis der Kulturdenkmale aufgenommen. In den übrigen Gebieten sollten Meilerplätze, die in der Landschaft zu erkennen sind, dem NHB gemeldet werden.

Literaturtipps: HILLEBRECHT (1982), SEGERS-GLOCKE (2000).

Ofen

Merkmale, Morphologie, Typologie:
Unter Öfen werden hier *Kalk-* bzw. *Gipsbrennöfen* zur Herstellung von gebranntem Kalk bzw. Gips zusammengefasst. Öfen gibt es auch im Verhüttungswesen (→ *Bergbaubauwerke*), bei der Glasherstellung (→ *Glashütte*) oder in → *Ziegeleien*. Halden können die Relikte ehemaliger *Schmelzöfen* sein.
Historische Kalk- bzw. Gipsbrennöfen entwickelten sich von unscheinbaren Feldbrandöfen, die i. d. R. keine sichtbaren Spuren hinterlassen haben, über gemauerte,

Abb. 51: *Brennofen in Esens, Ldkr. Wittmund.* (Foto: Becker-Platen)

von oben befeuerte Schächte (evtl. mit Resten gesetzter Steine) zu im 19. Jahrhundert entstandenen Ringöfen mit Schornsteinen (vgl. auch → *Ziegelei*).

Kulturgeschichte:
Gebrannter Kalk entsteht durch Brennen von Kalkgestein unterhalb der Sintergrenze bei Temperaturen zwischen 1200 und 1400°, wobei CO_2 ausgetrieben wird und Calciumoxid verbleibt. Durch Zusatz von Wasser entsteht gelöschter Kalk, der Verwendung beim Bauen (Mörtel) und in der Landwirtschaft (Kalkdüngung) findet.

Vorkommen/Verbreitung:
Die Standorte von Kalk- und Gipsbrennöfen sind abhängig von geeigneten Lagerstätten. Gipsbrennöfen konzentrieren sich auf kleine Gebiete am südlichen Harzrand und im Weserbergland.

Erfassung/Gesetzlicher Schutz:
Von den Baudenkmalbehörden werden historische Kalk- und Gipsbrennöfen innerhalb von Siedlungen i. d. R. erfasst. Historische Anlagen und ihre sichtbaren Relikte in der freien Landschaft bleiben dagegen oft unberücksichtigt und sollten dem NHB gemeldet werden. Hinweise auf Öfen gibt der Niedersächsische Lagerstättenatlas (NAFLS 1952).

Literaturtipps: NAFLS (1952).

Abb. 52: Durch Erzabbau entstandene Pinge am Silberberg, Ldkr. Osnabrück.
(Foto: Wiegand)

Pinge

Merkmale, Morphologie, Typologie:

Eine Pinge ist eine durch Bergbau entstandene Vertiefung. Man unterscheidet nach Gestalt und Ursache:
- *Abbaupingen* sind durch Tagebau entlang einer oberflächennahen Lagerstätte entstanden. Sie sind mehrere Meter tief, oft langgestreckt, z. T. grabenförmig und je nach Beschaffenheit des Nebengesteins entweder steilwandig oder schüsselförmig flach. Mitunter sind in ihnen noch Reste von Ausbauwiderlagern zu finden.
- *Schachtpingen* sind Trichter von 5–20 m Durchmesser, die durch Nachsacken der Erde über einem aufgegebenen → *Schacht* entstanden sind.

Kulturgeschichte:

Das obertägige Graben ist die früheste Methode des Bergbaus und geht auf die Bronze- und Eisenzeit zurück. Im frühen Mittelalter kamen → *Stollen* und Schächte hinzu. Im Zuge von Probegrabungen können Abbaupingen noch im 19. Jahrhundert entstanden sein.

Vorkommen/Verbreitung:
Pingen kommen in Niedersachsen nur in Bergbaugebieten vor, also v. a. im Harz, aber auch im Weserbergland (z. B. Deister, Bückeberg) oder im Osnabrücker Hügelland.

Erfassung/Gesetzlicher Schutz:
Nur im Harz werden Pingen (wie alle anderen Bergbaurelikte) systematisch vom NLD, Abt. Montanarchäologie, erfasst und ins Verzeichnis der Kulturdenkmale aufgenommen. Im übrigen Landesgebiet sollten sie dem NHB gemeldet werden. Die Bestimmung ihres Alters ist oft nur für Fachleute und bei Auswertung historischer Karten und Urkunden möglich.

Literaturtipps: AGRICOLA (1977), LIEßMANN (1997), SEGERS-GLOCKE (2000).

Saline

Merkmale, Morphologie, Typologie:
Stätte zur Gewinnung von Salz aus Sole. Zu einer Saline gehörten i. d. R. Betriebsgebäude, teilweise *Gradierwerke* (mehrere Meter hohe, mit Schwarzdornreisig behängte Holzgerüste), → *Gräben* zur Wasserzu- und -ableitung und → *Teiche*.

Kulturgeschichte:
Die Lüneburger Saline wurde 956 erstmals urkundlich erwähnt und gilt damit als die älteste in Niedersachsen. Weil das Salz durch Sieden der Sole in Solepfannen gewonnen wurde, war der Holzbedarf einer Saline enorm und ging meist mit schwerem Waldraubbau und entsprechenden Folgen für das Landschaftsbild in der Umgebung einher.

In Salinen, deren Sole nur einen geringen Salzgehalt hatte, ließ man die Sole vor dem Sieden über Gradierwerke rieseln, um durch Verdunstung die Konzentration zu erhöhen und Holz beim Sieden zu sparen. Mitte des 19. Jahrhunderts wurden herkömmliche Salinen zunehmend unproduktiv, v. a. seitdem 1901 das Vakuumverfahren, ein technisches Verfahren, entwickelte wurde, wobei der Sole das Wasser entzogen wird und Salz zurückbleibt. Der letzte mit Pfannen arbeitende Betrieb Niedersachsens ist die Saline Luisenhal in Göttingen.

Vorkommen/Verbreitung:
Salinen gab es in Niedersachsen z. B. in Lüneburg, in Sülze (Ldkr. Celle), bei Schöppenstedt (Ldkr. Wolfenbüttel) oder bei Benthe/Ronnenberg (Ldkr. Hannover).

Erfassung/Gesetzlicher Schutz:
Historische Salinen werden i. d. R. von der Baudenkmalpflege erfasst und ins Verzeichnis der Kulturdenkmale aufgenommen. Relikte wie Gräben, Gradierwerke oder Gebäude historischer Salinen sollten dem NHB gemeldet werden.

Literaturtipps: EMONS & WALTER (1986 und 1988), VOLK (1984).

Schacht

Merkmale, Morphologie, Typologie:
Senkrechter (früher auch stark geneigter) Zugang einer Grube. Man unterscheidet *Hauptschächte* zum Abtransport des geförderten Materials mittels → *Fördergerüsten* (s. Abb. 48) von *Wetterschächten* und *Lichtlöchern* zur Belüftung.

Kulturgeschichte:
Schächte gehen auf das Mittelalter zurück. Seit Ende des 19. Jahrhunderts sind Hauptschächte stets senkrecht und mit rundem Querschnitt gebaut worden.

Vorkommen/Verbreitung:
In den niedersächsischen Bergbaugebieten Harz, Weserbergland (z. B. Deister, Bückeberg) und Osnabrücker Hügelland. Häufig sind Schächte nur an alten Fördergerüsten, an → *Schachtpingen* oder an → *Schachthäusern* zu erkennen. Viele Schächte wurden aus Sicherheitsgründen verfüllt und sind oberirdisch nicht sichtbar.

Erfassung/Gesetzlicher Schutz:
Historische Schächte bzw. ihre Relikte werden nur im Harz systematisch von der Denkmalpflege erfasst. In anderen Gebieten Niedersachsens sollten sichtbare Relikte dem NHB gemeldet werden.

Literaturtipps: AGRICOLA (1977), LIEßMANN (1997), RÖMHILD (1987), SEGERS-GLOCKE (2000).

Steinbruch

Merkmale, Morphologie, Typologie:
Aufschluss zum Abbau von Steinen als Baustoff. Steinbrüche können zwischen wenigen Quadratmetern und vielen Hektar groß sein und entsprechend hohe Wände

Abb. 53: *Buntsandsteinbruch mit Hohlweg im Teutoburger Wald.* (Foto: Wiegand)

aufweisen. In ihrer Nähe können → *Hohlwege* infolge des Abtransports, → *Halden* oder → *Steinhauerplätze* zu finden sein.

Kulturgeschichte:
Steinbrüche sind schon aus vorgeschichtlicher Zeit bekannt. Man brach den Stein mit Hilfe von Hebeln und Holzkeilen oder im Winter durch das Füllen von Wasser in Hohlräume (Frostsprengung). Schwarzpulver kam später in Einzelfällen zur Lockerung zum Einsatz. Im 19. Jh. nahmen Steinbrüche stark zu, weil Natursteine (neben Ziegelsteinen) zunehmend auch beim Bau von Bauernhäusern verwendet wurden und allmählich das traditionelle Fachwerk ablösten (u. a. wegen geringerer Feuergefahr).

Vorkommen/Verbreitung:
In Gebieten mit anstehenden Felsgesteinen weit verbreitet.

Erfassung/Gesetzlicher Schutz:
Historische Steinbrüche sind i. d. R. in historischen Karten verzeichnet. Hinweise gibt auch der Niedersächsische Lagerstättenatlas (NAfLS 1952). Der NHB sammelt Meldungen von historischen Steinbrüchen, die im 19. Jh. oder früher entstanden und in ihrer historischen Ausprägung noch erkennbar sind.

Literaturtipps: NAfLS (1952), STADT BARSINGHAUSEN (1994).

Glossar historischer Kulturlandschaftsteile

Stollen

Merkmale, Morphologie, Typologie:
Ein Stollen ist ein unterirdischer horizontal oder schräg (im Gegensatz zum vertikalen → *Schacht*) angelegter Gang im Bergbau. Stollen dienen zum Aufschluss der Lagerstätte (Suchstollen, »Versuchörter«), zur Förderung (Förderstollen, Tagesförderstrecken) und zur Luftzufuhr (»Bewetterung«) sowie zur Entwässerung (Wasserlösungsstollen, Erbstollen) des Bergwerks (Grube). Obertägig sichtbar sind nur die Stolleneingänge (*Stollenmundlöcher*), die unterhalb oft eine → *Halde* aufweisen.

Kulturgeschichte:
Stollen wurden bereits im Mittelalter angelegt. Besondere Denkmale der Technikgeschichte sind u. a. die Oberharzer Wasserlösungsstollen »Tiefer-Georg-Stollen« (1799 vollendet, 25,9 km lang) und »Ernst-August-Stollen« (1864, 33 km).

Vorkommen/Verbreitung:
Stollen sind in Bergbaugebieten verbreitet, in Niedersachsen im Harz, im Weserbergland (z. B. Deister, Bückeberg) und im Osnabrücker Hügelland. Historische Stollen sind vielfach verfallen; oft zeugt nur eine Einmuldung oder eine Wasseraustrittstelle am Hang vom einstigen Mundloch.

Erfassung/Gesetzlicher Schutz:
Stollenmundlöcher sind in früheren Ausgaben der Topographischen Karte 1:25.000 eingezeichnet, in aktuellen Ausgaben zum Schutz von Fledermäusen nicht. Obertägig sichtbare Stollenmundlöcher (zusammen mit ihren ggf. dazugehörenden Halden und sonstigen Einrichtungen) sollten dem NHB gemeldet werden. Im Harz werden sie bereits von der archäologischen Denkmalpflege erfasst.

Literaturtipps: KRENZEL (1996), LIEẞMANN (1997), RÖMHILD (1987), SEGERS-GLOCKE (2000).

Torfstich

Merkmale, Morphologie, Typologie:
Längliche, max. 2 m tiefe, i. d. R. mit Wasser voll gelaufene eckige Gruben (*Pütten*) zur Gewinnung von Schwarztorf durch Handabbau (s. Abb. 7). Oft sind die Pütten durch Wege erschlossen und liegen im Abstand von 1–2 m parallel nebeneinander.

Abb. 54: *Historischer Torfabbau in einer Pütte.* *(Foto: Becker-Platen)*

Kulturgeschichte:
Schwarztorf wurde schon vor mindestens 2000 Jahren bis in die 1980er Jahre per Hand abgebaut und als Brennmaterial verwendet, v. a. in waldarmen Gebieten. Meist legte man Jahr für Jahr neue Pütten an, weil die alten schnell ausgetorft waren und mit Wasser voll liefen. Der über dem Schwarztorf liegende Weißtorf diente als Einstreu in Ställen. Handtorfstiche sind kulturgeschichtliche Zeugnisse und zugleich von Bedeutung für den Naturschutz.

Vorkommen/Verbreitung:
Handtorfstiche hat es im moorreichen Niedersachsen fast überall gegeben (s. Abb. 6), selbst in den Mittelgebirgen (z. B. Harz, Solling). Verbreitungszentren waren das Emsland, Ostfriesland oder das Elbe-Weser-Dreieck.

Erfassung/Gesetzlicher Schutz:
Vorkommen historischer Handtorfstiche sollten dem NHB gemeldet werden. Aufgrund ihrer Bedeutung für den Naturschutz liegen sie oft innerhalb von Natur- oder Landschaftsschutzgebieten.

Literaturtipps: CARSTENSEN (1985), GÖTTLICH (1990), SUCCOW & JESCHKE (1990).

Abb. 55: *Ehemaliger Steinhauerplatz bei Vehrte, Ldkr. Osnabrück.* (Foto: Wiegand)

Werkstätten

Merkmale, Morphologie, Typologie:

Einrichtungen zum Betreiben eines Handwerks. Von den vielen verschiedenen Werkstatttypen seien hier *Töpfereien*, *Schmieden* und *Steinhauerplätze* herausgegriffen, die wegen der gewünschten Nähe zum Rohstoff oder der von ihnen ausgehenden Brandgefahr oft am Ortsrand oder in der freien Landschaft angesiedelt waren und daher die Kulturlandschaft in besonderer Weise prägen können.

Kulturgeschichte:

Töpfern war schon in der Steinzeit verbreitet, vor allem zur Herstellung von Gefäßen. Das Handwerk ist abhängig vom Vorkommen geeigneter Lagerstätten (→ *Kuhle*), was zur Ausbildung lokaler Töpfereihochburgen führte. In der zweiten Hälfte des 19. Jahrhunderts begann mit der Industrialisierung der Rückgang der Töpfereibetriebe. Ebenso wie das Töpfern wird das Behauen von Steinen von der Urgeschichte bis heute ausgeübt. Bis Mitte des 20. Jh. sind dabei Werkstätten unter freiem Himmel in unmittelbarer Nähe zu Gesteinsvorkommen durchaus üblich gewesen.

Das Schmieden hatte im ländlichen Raum eine große Bedeutung, vor allem seit Verbreitung des Hufeisens im 9. und 10. Jahrhundert. Oft versorgte ein Betrieb mehrere Dörfer. Mit dem Rückgang von Pferden in der Landwirtschaft sind viele Schmieden aufgegeben oder in Reparaturwerkstätten umgewandelt worden.

Vorkommen/Verbreitung:
Töpfereien konzentrierten sich auf Gebiete mit lokal günstigen Tonvorkommen, Schmieden waren landesweit verbreitet, für die Energieversorgung waren waldreiche Gebieten besonders geeignet (→ *Köhlerei*).

Erfassung/Gesetzlicher Schutz:
Werkstätten aller Art innerhalb von Siedlungen werden von der Denkmalpflege zuverlässig erfasst. Gebäude bzw. deren Relikte in der freien Landschaft können übersehen worden sein und sollten dem NHB gemeldet werden.

Literaturtipps: Zu Schmieden: VOGTHERR (1979); zu Töpfereien: STEPHAN (1981), SEGSCHNEIDER (1983).

Windmühle

Merkmale, Morphologie, Typologie:
Mit Windkraft betriebene Anlage zum Mahlen von Getreide oder zum Antrieb anderer Anlagen (vgl. → *Wassermühle*). Die beiden wichtigsten Windmühlentypen sind die Bock- und die Holländerwindmühle. Bei der *Bockwindmühle* ist die gesamte Mühle auf einem Gelenk (Bock) drehbar, bei der *Holländerwindmühle* nur die Kappe mit den Flügeln. Nach ihrer Funktion sind z. B. zu unterscheiden: *Getreidemühlen*, *Ölmühlen*, *Schrot-* und *Häckselmühlen*, *Gipsmühlen*, *Lohmühlen* (Lederverarbeitung), *Walkmühlen* (Tuchverarbeitung), *Papiermühlen*, *Pulvermühlen*, *Mergelmühlen*, *Knochenmühlen*, *Elektromühlen* u. v. a.

Kulturgeschichte:
Bockwindmühlen gab es in Niedersachsen vermutlich sei dem 12. Jahrhundert. Seit Mitte des 18. Jahrhunderts wurden sie allmählich von Holländerwindmühlen abgelöst, die in den Niederlanden zum Antrieb von Entwässerungspumpen entwickelt worden waren. Zur Kulturgeschichte von Windmühlen siehe auch → *Wassermühle*.

Vorkommen/Verbreitung:
Windmühlen waren im windreichen niedersächsischen Flachland weit verbreitet. Im Hügelland konzentrierten sie sich besonders auf gewässerarme Gebiete, wo die An-

Abb. 56: *Bockwindmühle in Wenden, Ldkr. Nienburg.* *(Foto: Wiegand)*

lage von Wassermühlen nicht möglich war, und nahmen dort v. a. exponierte Kuppen ein. Gemessen an ihrer früheren Häufigkeit sind sie selten geworden, vielerorts aber noch vorhanden, wenn auch in unterschiedlich gutem Erhaltungszustand.

Erfassung/Gesetzlicher Schutz:
Windmühlen werden von der Baudenkmalpflege systematisch erfasst und i. d. R. ins Verzeichnis der Kulturdenkmale aufgenommen.

Literaturtipps: KLEEBERG (1978), LANDSCHAFTSVERBAND WESER-HUNTE E. V. (1998), MÖLLER (1984), WEßLING (2000).

Ziegelei

Merkmale, Morphologie, Typologie:
Anlage zur Fertigung von Ziegelsteinen, bestehend aus einem Brennofen mit Schornstein sowie Anlagen zur Formung, Trocknung (*Freiluftschuppen*) und Lagerung der Steine. Benachbart sind häufig → *Ton-* bzw. *Lehmkuhlen*, evtl. auch → *Seilbahnen* zur Belieferung aus entfernt liegenden Vorkommen.

Kulturgeschichte:
Ziegel werden seit etwa 6.000 Jahren gebrannt, zunächst in Mesopotamien und in der Nilebene. Die Römer verbreiteten die Ziegelherstellung nördlich der Alpen. Bis zum 19. Jh. wurde bei uns meist in kleinem Stil in temporären Meiler- und Feldbrandöfen gebrannt, ab dann in ortsfesten Ziegeleien. Zeitgleich stieg die Nachfrage nach Ziegeln an, u. a. weil Fachwerkhäuser aus Mangel an Bauholz und aus Brandschutzgründen unpopulär wurden. Einen weiteren Boom löste die rege Bautätigkeit der Gründerzeit (ab 1870) aus. Besonders vielen Veränderungen war der Brennofen unterworfen, der sich vom Ein- und Zweikammerofen über den Zickzack- und Ringofen zum heutigen Tunnelofen entwickelte.

Vorkommen/Verbreitung:
Standorte von Ziegeleien sind abhängig von Lagerstätten (Lehm mit ausreichenden Tonanteilen), Brennmaterial (örtlich z. B. Torf) und Absatzmärkten. Schwerpunkte sind z. B. die Kleivorkommen in See- und Flussmarschgebieten und Vorkommen des Lauenburger Tons (nördlich der Linie Groningen-Bremen-Hamburg). Während zu Beginn des 19. Jh. eine bemerkenswerte Ziegeleiendichte zu verzeichnen war, konzentriert sich die Herstellung heute auf wenige Werke.

Erfassung/Gesetzlicher Schutz:
Von den Denkmalbehörden werden Ziegeleien innerhalb von Siedlungen i. d. R. erfasst. Sichtbare Relikte von Meiler- oder Feldbrandöfen sowie historische Ziegeleien in der freien Landschaft oder ihre Einrichtungen sollten dem NHB gemeldet werden. Einen Hinweis auf historische Ziegeleien und deren Tonvorkommen gibt der Niedersächsische Lagerstättenatlas (NAFLS 1952). Die Landschaftsplanung sollte Ziegeleien als regionaltypische Landschaftsbestandteile, die zusammen mit Ziegelbauten und Lehm- bzw. Tonkuhlen die Eigenart einer Landschaft prägen können, berücksichtigten.

Literaturtipps: NAFLS (1952), RUPP & FRIEDRICH (1988), SCHYIA (2000).

Zuckerfabrik

Merkmale, Morphologie, Typologie:
Anlage zur Zuckerherstellung aus Zuckerrüben.

Kulturgeschichte:
Die Möglichkeit der Zuckergewinnung aus Zuckerrüben hatte zwar schon 1747 Andreas Sigismund Marggraf entdeckt. Die erste niedersächsische Zuckerfabrik

entstand aber erst 1836 in Braunschweig. Mitte des 19. Jahrhunderts erlangte die Zuckerrübe in den fruchtbaren Lössregionen Niedersachsens immer größerer Bedeutung und war dort zusammen mit Kalidünger Ursache eines großen landwirtschaftlichen Aufschwungs. Ausdruck des neuen Wohlstandes waren »Rübenburgen«, repräsentative bäuerliche Wohngebäude. Die Zahl der niedersächsischen Zuckerfabriken ist von ursprünglich 80 auf 10 zurückgegangen.

Vorkommen/Verbreitung:
Schwerpunkte des Zuckerrübenanbaus und damit auch von Zuckerfabriken sind die fruchtbaren Lössregionen zwischen Helmstedt und dem Steinhuder Meer, die lössbedeckten Becken und Täler des niedersächsischen Hügellandes und das Uelzener Becken.

Erfassung/Gesetzlicher Schutz:
Historische Zuckerfabriken werden i. d. R. von den Denkmalbehörden erfasst.

Literaturtipps: KÜSTER (1995), KUFFERATH-SIEBERIN (1955), PAES (1968).

2.7 Gewässerbau und -nutzung

Brunnen

Merkmale, Morphologie, Typologie:
Künstliche Einrichtung zur Gewinnung von Trink-, Tränk-, Lösch- und Brauchwasser; auch *Pütt, Sod* oder *Born* genannt (v. a. bei Laufbrunnen). Nach der Herkunft des Wassers lassen sich drei Brunnentypen unterscheiden:
1. *Grundwasserbrunnen,* bei denen Wasser aus wasserführenden Bodenschichten gewonnen wird. Während heute verschiedene Verfahren in Gebrauch sind, kannte man früher nur den *Schachtbrunnen,* dessen Wandung aus verschiedenem Material bestehen konnte (Holzbohlen, Feld- und Ziegelsteine, Fässer, Torfsoden, Flechtwerk oder ausgehöhlte Baumstämme). Nach Art der Förderung gliedert man Schachtbrunnen in
   - *Zieh-* oder *Galgenbrunnen,* bei denen ein Eimer an einem schwenkbaren Balken befestigt ist,
   - *Schöpf-* oder *Hebebrunnen,* deren Eimer an einem Seil über eine Rolle oder über eine Haspel mit Kurbel hinabgelassen wird, und
   - *Pump-* oder *Schuckebrunnen,* bei denen das Wasser mit *Schwengelpumpen* (auch *Schucken* oder *Zucken*) gehoben wird.

Abb. 57: *Aus Sandstein gearbeiteter Grundwasserbrunnen in Hiddensen, Ldkr. Schaumburg.* *(Foto: Oelkers)*

2. Permanent Wasser fördernde *Laufbrunnen*, bei denen ständig Wasser aus Quellen, aus höher gelegenen Gewässern oder aus Flüssen über Wasserkünste in Röhren herbeigeführt wird. Früheste Laufbrunnen heißen regional *Röhren-*, *Wasser-* oder *Pipenpfosten* bzw. *Pipenbome*, später kamen sie v. a. als *Marktbrunnen* zum Einsatz.
3. *Zisternenbrunnen*, in denen Regenwasser gesammelt und mit Pumpen, Eimern o. ä. nach oben befördert wird; früher z. B. auf Burgen gebräuchlich.

Kulturgeschichte:
Brunnen sind Zeugen der Besiedlungs- und Technikgeschichte. Sie wurden in Deutschland bereits Ende des 6. Jahrtausends v. Chr. angelegt, der älteste niedersächsische ist ein 2000jähriger Holzkastenbrunnen bei Algermissen, Ldkr. Hildesheim. Die Entwicklung der Hebevorrichtungen beim Grundwasserbrunnen verlief vom per Hand bedienten Eimer über Ziehbrunnen zu Schöpf- oder Hebebrunnen, bis im 18. Jahrhundert Pump- oder Schuckebrunnen aufkamen, zunächst aus Holz, dann aus Gußeisen. Laufbrunnen sind seit dem 13. Jh. verstärkt entstanden. Eine immer prunkvollere Gestaltung erhielten sie als Marktbrunnen in den Stadtzentren, denen sich seit dem 15. und 16. Jh. frisches Wasser in Wasserkünsten zuleiten ließ.

Zisternenbrunnen entstanden in Gebieten mit ungünstiger Grund- und Oberflächenwasserqualität.

Vorkommen/Verbreitung:
Grundwasserbrunnen waren und sind weit verbreitet in Gebieten mit hoch anstehendem Grundwasser, v. a. im mittleren und nördlichen Niedersachsen. Laufbrunnen waren in Niedersachsen zunächst auf das Hügelland beschränkt, hielten mit Erfindung der Wasserkünste auch in den Städten des übrigen Landes Einzug (z. B. Hildesheim, Celle, Einbeck, Braunschweig, Hannover, Hameln, Lüneburg). Zisternenbrunnen entstanden v. a. in Gebieten mit versalztem oder anmoorigem Grundwasser.

Erfassung/Gesetzlicher Schutz:
Historische Brunnen im ländlichen Raum werden von den Denkmalbehörden nur in Einzelfällen erfasst und sollten daher dem NHB gemeldet werden.

Literaturtipps: GREWE (1991), VEH & RAPSCH (1998).

Buhne

Merkmale, Morphologie, Typologie:
Buhnen sind rechtwinklig zur Uferlinie ins Gewässer gebaute Steinwälle.

Kulturgeschichte:
An der Küste soll sich zwischen Buhnen Sediment fangen, um Neuland zu gewinnen. An Fließgewässern verstärken die quer zur Fließrichtung angeordneten Buhnen (*Querwerke*) die Strömung in der Flussmitte, wodurch die Fahrrinne vertieft und der Fluss schiffbar wird.

Vorkommen/Verbreitung:
An der Nordseeküste und an Flüssen, v. a. im Tiefland

Erfassung/Gesetzlicher Schutz:
Buhnen sind i. d. R. neueren Datums und werden von den Behörden nicht erfasst. Relikte historischer Buhnen an ehemals für die Schifffahrt genutzten Fließgewässern sollten dem NHB gemeldet werden. Sie können als Zeugnis historischer Schifffahrt von Bedeutung sein. Einen Hinweis darauf geben historische Landkarten wie die Preuß. Landesaufnahme (um 1900), in denen Buhnen verzeichnet sind.

Abb. 58: Buhnen an der Weser bei Fürstenberg, Ldkr. Holzminden. (Foto: Küster)

Literaturtipps: KRAMER (1989), KRAMER & ROHDE (1992), KÜSTER (1995), LÜDERS & LÜCK (1976).

Damm

Merkmale, Morphologie, Typologie:
Wall zum Aufstauen von Wasser (*Staudamm*, vgl. → *Deich*) oder als Straßen- oder Gleiskörper, früher i. d. R. aus Erde gebildet, seltener aus Baumstämmen (→ *Flößteich*), heute auch aus Beton (→ *Stausee*). In Fließgewässern sind ehemalige Dämme z. T. an Stromschnellen zu erkennen.

Kulturgeschichte:
Dämme können bedeutende Zeugnisse der Wasserbau-, Energiegewinnungs-, Transport- und Verkehrsgeschichte sein. Dämme wurden gebaut, um z. B. → *Mühl-*, → *Fisch-* oder → *Flößteiche* aufzustauen, um → *Polder* anzulegen oder um Wasser mittels → *Stauwehr* auf → *Rieselwiesen* umzuleiten. Sie können auch Relikte historischer → *Chausseen* oder → *Bahnlinien* sein.

Vorkommen/Verbreitung:
Historische Dämme sind in allen Teilen Niedersachsens zu erwarten.

Erfassung/Gesetzlicher Schutz:
Historische Dämme werden i. d. R. nicht von den Denkmal- oder Naturschutzbehörden erfasst und sollten sie dem NHB gemeldet werden.

Literaturtipps: GROTH (1944), KÜSTER (1995).

Deich

Merkmale, Morphologie, Typologie:
Langgestreckter wall- bzw. dammartiger Erdkörper entlang einer aktuellen oder – bei *Schlafdeichen* – einer früheren Uferlinie. Früher bestanden Deiche ausschließlich aus Klei, der in → *Pütten* gewonnen wurde, heute besitzen sie einen Sandkern mit Kleimantel und sind teilweise durch eine Steinpackung o. ä. befestigt. Deiche an der Meeresküste sind *Seedeiche*, solche an Flüssen heißen *Flussdeiche*. *Schlafdeiche* sind historische Deiche, die durch die seewärtige Anlage eines neuen Deiches ihre Funktion weitgehend verloren haben (s. Abb. 4). *Achterdeiche* schützen tiefliegendes Marschland vor Überflutungen aus der höhergelegenen Geest oder gegen das Hochwasser eines anderen Wasserlaufes. *Schardeiche* sind Deiche ohne Vorland, d. h. sie liegen unmittelbar am Watt oder am Wasser und sind mit Steinpackungen befestigt. Ein Wasserlauf kreuzt den Deich durch ein → *Siel*, eine Straße durch einen *Deichschart* (auch *Stöpe*), dessen Stirnseiten i. d. R. durch Mauern aus Beton oder Ziegelsteinen gesichert sind.

Kulturgeschichte:
Die ersten Deiche waren ab 1100 n. Chr. sog. Ringdeiche, die mehrere → *Wurten* miteinander verbanden und das dazwischen liegende Land umschlossen. Indem abschnittsweise eingedeichte Gebiete miteinander verbunden wurden, entstand im 13. Jahrhundert allmählich die *Seedeichlinie*, die die gesamten Marschgebiete der Nordseeküste schützte. Da Deiche die natürliche Entwässerung des eingedeichten Landes bei Hochwasser unterbinden, musste man → *Siele*, → *Gräben* und → *Schöpfwerke* anlegen. Außerhalb der Deichlinie wurden durch Landgewinnung immer wieder neue Flächen hinzugewonnen, die durch neue Deiche zu schützen waren. Die alten Deiche fielen dabei oft der Gewinnung von Kleimaterial zum Opfer.

Vorkommen/Verbreitung:
Deiche prägen die Landschaft entlang der Nordseeküste und an den Auen der großen Flüsse Elbe, Weser und Ems sowie an deren Nebengewässer.

Gewässerbau und -nutzung

Abb. 59: *Achterdeiche müssen nicht der Brandung standhalten und können daher steiler sein (bei Rosenweide, Ldkr. Lüneburg).* *(Foto: NLD – Archäologisches Archiv, Phototek)*

Erfassung/Gesetzlicher Schutz:
Historische Deiche sind vielerorts von den archäologischen Denkmalbehörden erfasst und vom NLD ins Verzeichnis der Kulturdenkmale aufgenommen. Einzelne Deiche und Deichscharts können dabei übersehen worden sein und sollten dem NHB gemeldet werden.

Literaturtipps: Janßen (1992), Kramer (1989), Kramer & Rohde (1992), Lüders & Lück (1976), Ohling (1963), Rast (1996).

Flößereirelikte

Merkmale, Morphologie, Typologie:
Flößerei ist der Transport von zusammengebundenen Baumstämmen auf einem Fluss. Sichtbare Relikte können *Flößteiche (Schwellweiher)* sein, in denen Wasser mit Hilfe von → *Wehren* gestaut wurde, um die gefällten Stämme bei Bedarf auf einer Flutwelle in einem Bach oder *Flößgraben* zu Tal zu schwemmen. Am Ufer eines größeren Flusses wurden sie an *Holzsammelplätzen* gelagert, an *Floß(binde)plätzen* im

Abb. 60: *Floßbindeplatz an der Örtze bei Basen, Ldkr. Celle.*
(Foto: Friedrich)

seichten Wasser zu Flößen gebunden und so zu den Absatzmärkten flussabwärts befördert.

Kulturgeschichte:

Die Flößerei diente in erster Linie der Versorgung der Städte und Schiffswerften im baumarmen Tiefland mit Holz aus den waldreichen Mittelgebirgen. Neben Holz wurden allerlei Waren auf dem Floß zu Tal befördert und am Zielort verkauft. Auf der Weser kam die gewerbsmäßige Flößerei erst 1965 zum Erliegen. Zusammen mit dem Rückweg von Bremen waren die Flößer früher rund drei Wochen unterwegs.

Vorkommen/Verbreitung:

In Niedersachsen war die Flößerei besonders an Weser und Elbe verbreitet.

Erfassung/Gesetzlicher Schutz:

Flößteiche und -gräben sowie Holzsammel- und Floßbindeplätze werden kaum von den Denkmal- oder Naturschutzbehörden erfasst. Als Relikte eines ehemals regionaltypischen Wirtschaftszweiges sollten sie dem NHB gemeldet werden.

Literaturtipps: DELFS (1952).

Abb. 61: *Furt eines Wirtschaftsweges im Weserbergland.*
(Foto: Wiegand)

Furt

Merkmale, Morphologie, Typologie:
Furten sind flache Stellen eines Fließgewässers, die natürlich vorhanden oder künstlich durch Aufweitung des Bach- oder Flußbettes geschaffen wurden. Sie stehen oder standen immer in direktem Zusammenhang mit einer Wegeverbindung.

Kulturgeschichte:
Furten sind die ältesten Möglichkeiten zur Überquerung von Fließgewässern und waren nicht selten Ausgangspunkt wichtiger Siedlungsgründungen an größeren Flüssen. Sie wurden später vielerorts durch Brücken oder Fähren ersetzt.

Vorkommen/Verbreitung:
Furten sind selbst an untergeordneten Wegen infolge zunehmender Verrohrung von Fließgewässern selten geworden.

Erfassung/Gesetzlicher Schutz:
Furten sollten dem NHB gemeldet werden. In Einzelfällen können sie die Voraussetzungen eines Kultur- oder Naturdenkmals erfüllen. Einen Hinweis auf Furten geben historische Landkarten wie die Preuß. Landesaufnahme (um 1900), in denen sie verzeichnet sind.

Literaturtipps: KÜSTER (1995).

Abb. 62: *Ehemaliger Grenzgraben in der Eilenriede, Hannover.* (Foto: Knoll)

Graben

Merkmale, Morphologie, Typologie:

Gegrabene, linienförmige Vertiefung zur Ab- oder Zuleitung von Wasser. Je nach Funktion unterscheidet man *Bewässerungsgräben* zur Wasserzuführung (→ *Rieselwiese*) und *Entwässerungs-* bzw. *Drainagegräben* (*Vorfluter*, in der Marsch: *Tief* oder *Leide*) zur Entwässerung feuchter Gebiete. Daneben gibt es *Mühlgräben* (→ *Wassermühle*), *Pochgräben* (→ *Bergbaurelikte*) und andere Gräben zur Versorgung von Wasserkraftanlagen, → *Flößgräben* zum Transport gefällter Baumstämme, *Grenzgräben* (auch in Verbindung mit → *Landwehren*) zur Abgrenzung von Herrschaftsbereichen oder *Gräften* als Wassergraben rings um Schlösser und Parkanlagen.

Kulturgeschichte:

Die kulturgeschichtliche Bedeutung eines Grabens hängt ab von Art und Alter der früheren Nutzung. Gräben können z. B. Relikte historischer Wirtschaftsweisen (z. B. Wiesenberieselung, Flößerei) oder Zeugnisse der Kultivierung von Hoch- und Niedermooren sein (→ *Hochmoorkultur*). Besondere Beachtung verdient das Oberharzer Wasserregal, ein System aus 500 km Gräben und über 120 Teichen zur Versorgung der wasserradgetriebenen Pumpen, Eisenhämmer u. v. m.

Vorkommen/Verbreitung:
Entwässerungsgräben zählen v. a. in Feuchtgebieten zu den prägenden Landschaftselementen. Bewässerungsgräben, Mühlgräben, Grenzgräben und Flößgräben haben ihre Funktion vielerorts verloren und sind überprägt, verlandet oder zugeschüttet.

Erfassung/Gesetzlicher Schutz:
Gräben mit Bedeutung für den Naturschutz werden i. d. R. durch die Naturschutzbehörden erfasst. Kulturgeschichtliche Bedeutungen von Gräben sind den Denkmal- oder Naturschutzbehörden nur in Einzelfällen bekannt und sollten daher dem NHB gemeldet werden.

Literaturtipps: GROTH (1944), KÜSTER (1995), SCHMIDT (1989), SCHRÖDER (1950).

Hafen

Merkmale, Morphologie, Typologie:
Anlage zum Liegen, Beladen und Löschen von Schiffen. In der Regel gehört zu einem Hafen ein natürliches oder künstlich geschaffenes *Hafenbecken* oder ein von Natur aus sehr flaches Ufer, auf das die Schiffe gezogen werden konnten. Man unterscheidet a) an der Meeresküste gelegene *Seehäfen*, b) *Binnenhäfen* an Flüssen und Seen und c) *Sielhäfen* an → *Sielen* als Umschlagplatz zwischen Binnen- und Seeschifffahrt.

Kulturgeschichte:
Natürliche Häfen hatten vielerorts eine große Bedeutung für die Entwicklung einer Siedlung. Meist wurden wichtige Häfen weiterentwickelt zu modernen Anlagen, die weiterhin in Betrieb sind.

Vorkommen/Verbreitung:
Historische, aufgegebene Häfen in der unbesiedelten Landschaft sind selten. Oft sind sie an ihrem Hafenbecken samt ehemaligen Hafengebäuden oder auch nur an einer einfachen Verbreiterung des Flusslaufes zu erkennen.

Erfassung/Gesetzlicher Schutz:
Historische Häfen, von denen noch bedeutende Bausubstanz erhalten ist, werden i. d. R. von den Denkmalbehörden erfasst. Historische Häfen, die nur noch an Gelände- bzw. Uferformen in der Landschaft erkennbar sind, bleiben meist unberücksichtigt und sollten dem NHB gemeldet werden.

Literaturtipps: KÜSTER (1995), SCHULTZE (1962).

Kanal

Merkmale, Morphologie, Typologie:
Verkehrsweg für Schiffe zwischen natürlichen Gewässern. Kanäle können auch zur Ent- oder Bewässerung dienen oder als *Flutkanal* durch Umleitung von Fließgewässern zum Hochwasserschutz. Ein Kanal als Schifffahrtsweg muss ausreichend breit sein oder Ausweichstellen aufweisen, damit zwei Schiffe einander passieren können. Höhenunterschiede im Gelände werden mit Hilfe von → *Schleusen* oder Schiffshebewerken überbrückt. *Fleete* sind schiffbare Kanäle innerhalb von Städten (niederländisch *Gracht*) oder größere Entwässerungsgräben im Marschland. Ein *Fehnkanal* (auch *Wiek*) dient der Erschließung einer Moorkolonie. Ein den Kanal kreuzendes Fließgewässer wird in einem *Düker*, eine unterirdische Rohrleitung, unter dem Kanal hindurch geführt (Prinzip der kommunizierenden Röhren).

Kulturgeschichte:
Vor allem in ebenen Marschgebieten gehören Kanäle und → *Tiefs* zu den häufigsten und prägendsten Landschaftselementen. Seit dem Mittelalter oder der frühen Neuzeit dienen sie dort nicht nur der Entwässerung, sondern ermöglichen auch einen küstenparallelen Schiffsverkehr. Die bedeutendsten niedersächsischen Kanäle der jüngeren Geschichte sind der Ems-Jade-Kanal (1880–87), der Dortmund-Ems-Kanal (1892–99), der Mittellandkanal (1906–16 und 1918–38) und der Elbeseitenkanal (1976). Historische Flutkanäle sollten vor allem Stadtzentren vor Überschwemmungen schützen, z. B. der Schnelle Graben in Hannover (1651) oder der Fuhsekanal bei Celle (1766–69). Ein bedeutender Bewässerungskanal ist z. B. der Meliorationskanal bei Bruchhausen-Vilsen (1882–89), mit dem fruchtbares Weserhochwasser zur Düngung herbeigeführt wurde.

Abb. 63: *Der 1766–69 erbaute Fuhsekanal leitete Fuhsehochwasser an Celle vorbei in die Aller.* (Foto: Wiegand)

Vorkommen/Verbreitung:
Kanäle sind in Niedersachsen v. a. in ebenen Gebieten der norddeutschen Tiefebene verbreitet.

Erfassung/Gesetzlicher Schutz:
Historische Kanäle und deren Einrichtungen (Wehre, Schleusen) werden nur in Einzelfällen von den Denkmalbehörden erfasst. Sie sollten dem NHB gemeldet werden.

Literaturtipps: GROTH (1944), KÜSTER (1995), OHLING (1963).

Kolk

Merkmale, Morphologie, Typologie:
Ein Kolk (regional auch *Brack*, *Brake*, *Heete* oder *Wehl* genannt) ist eine tiefe Auswaschung der Sohle eines Wasserlaufs oder des gewachsenen Bodens durch strömendes Wasser infolge eines Deichbruchs. Als Kolk wird aber auch ein im Zentrum eines Hochmoores gelegener See bezeichnet.
Kolke sind i. d. R. an historischen Deichlinien als (wassergefüllte) Senken zu erkennen oder an Vertiefungen und Verbreiterungen in → *Tiefs* oder anderen Vorflutern. Gegenüber → *Pütten* unterscheiden sich Kolke dadurch, dass der notwendig gewordene neue Deich oft im Bogen herum herumgeführt wurde.

Abb. 64: Durch Deichbruch entstandener und danach wieder eingedeichter Kolk am Westerburer Polder, Ldkr. Wittmund. *(Foto: Heinze)*

Kulturgeschichte:
Kolke sind so alt wie Deiche und gehen auf das Hochmittelalter zurück. Die berüchtigtsten Sturmfluten mit Deichbrüchen und Kolken waren die Marcellusflut (16.1.1362), die Antoniflut (17.1.1511) und die Weihnachtsflut (25.12.1717). Dagegen hielten die Seedeiche den Sturmfluten 1962 und 1976 stand.

Vorkommen/Verbreitung:
Kolke liegen immer in der Nähe von (historischen) Deichlinien.

Erfassung/Gesetzlicher Schutz:
Kolke werden i. d. R. nicht von den Denkmal- oder Naturschutzbehörden erfasst. Sie sind als Relikte des historischen Küstenschutzes von kulturgeschichtlicher Bedeutung und sollten dem NHB gemeldet werden.

Literaturtipps: DVWK (1992), KRAMER (1989), LÜDERS & LÜCK (1976), OHLING (1963), RAST (1996).

Polder

Merkmale, Morphologie, Typologie:
Polder (*Binnendeichsland*, *Koog*, *Groden*) sind eingedeichte (→ *Deich*) ehemalige Gewässerböden, die bei Überflutung durch Meeres- oder Flussablagerungen erhöht wurden. Vor der Eindeichung kann der Landanwachs durch *Lahnungen* gefördert werden, das sind quer oder schräg zur Abflussrichtung des Wassers angebrachte, mit Buschwerk gestopfte Pfahlreihen. Zusammen mit *Grüppen* bzw. *Schloten* (parallele Entwässerungsgräben), deren Aushub den Landanwachs ebenfalls fördert, verleihen Lahnungen dem Polder eine beetartige Oberflächenstruktur. Nach der Eindeichung wurden bzw. werden Polder besiedelt und landwirtschaftlich genutzt. Sie müssen in der Regel durch → *Schöpfwerke* und → *Siele* entwässert werden. Weil sich der Boden in Folge dessen zusammenzieht und senkt, ist in Poldern das Bodenniveau gegenüber dem Deichvorland oft niedriger.

Kulturgeschichte:
Polder sind ein kulturgeschichtliches Zeugnis der Landgewinnung und prägen zusammen mit ihren Lahnungen und Grüppen, den Deichen, Sielen und Schöpfwerken die Küstenlandschaft. Die Fruchtbarkeit der mit Sand vermischten Schlickablagerungen spiegelt sich in großen Hofanlagen und prächtigen Bauernhäusern wider.

Abb. 65: Polder bei Varel, Ldkr. Friesland. Deutlich wird der Höhenunterschied zwischen dem Polder (rechts) und dem Deichvorland (links des Deiches). *(Foto: Küster)*

Vorkommen/Verbreitung:
Im gesamten Marschgebiet

Erfassung/Gesetzlicher Schutz:
Historische Polder werden zusammen mit historischen Deichen von den archäologischen Denkmalbehörden erfasst und sollten im Zweifelsfall den Behörden gemeldet werden.

Literaturtipps: LÜDERS & LÜCK (1976), OHLING (1963), RAST (1996).

Pütte

Merkmale, Morphologie, Typologie:
Eine Pütte (*Püttloch*) ist eine meist außendeichs, seltener binnendeichs gelegene wassergefüllte Senke (vgl. → *Kolk*), die durch die Entnahme von Klei zum Deichbau entstanden ist (auch *Saarteich*, in Schleswig-Holstein *Späthing*). Eine andere Bedeutung von Pütte ist ein durch → *Torfstich* entstandenes Gewässer.

Kulturgeschichte:
Um das fruchtbare Grodenland zu schonen, wurde Kleierde wenn möglich außendeichs gewonnen. Dort, wo dies nicht möglich war (z. B. hinter → *Schardeichen)*, mussten die Pütten zur Vermeidung längerer Transportwege binnendeichs angelegt werden. Sie verlanden nur sehr langsam und sind so schon seit Jahrhunderten charakteristische Kulturlandschaftselemente.

Vorkommen/Verbreitung:
Entlang der bedeichten Küstenlinie

Erfassung/Gesetzlicher Schutz:
Historische Pütten bzw. Saarteiche sollten dem NHB gemeldet werden.

Literaturtipps: LANDMANN (1997), LÜDERS & LÜCK (1976), OHLING (1963).

Rottekuhle

Merkmale, Morphologie, Typologie:
Eine Rottekuhle (auch *Flachsteich*, *Flachsröste*) ist ein kleinflächiges (20–100 m^2) und i. d. R. flachgründiges Gewässer. Gebräuchlich waren kleine Teiche und Kuhlen, Bäche, Gräben oder aus mehreren aneinandergereihten Rottekuhlen bestehende Gemeinschaftsanlagen.

Kulturgeschichte:
Die Herstellung von Leinen hatte in weiten Teilen Niedersachsens jahrhundertelang große Bedeutung. Ein wichtiger Arbeitsschritt war Rotten oder Rösten der Flachs- bzw. Leinpflanzen. Dabei wurden die Stängel entweder auf Wiesen ausgebreitet (Tauröste) oder zum Aufweichen in Rottekuhlen gelegt. Bei beiden Methoden ließen sich die langen Leinfasern nach einigen Wochen leicht vom Stängel lösen und wurden in zahlreichen weiteren Arbeitsgängen zu Leinen weiterverarbeitet. Ein Arbeitsgang war das Bleichen, wobei das Leinen tagelang auf einer Wiese (*Bleiche*) ausgelegt wurde. In einer → *Bleichhütte* wohnte ein Knecht, der die Leinenstücke zu bewachen und mit Wasser zu benetzen hatte. Je nach Güte wurde Leinen eingeteilt in Tisch-, Haushalts- oder Sackleinen. Wegen erheblicher Geruchs- und Gewässerverunreinigungen sind bereits aus dem 17. Jh. Edikte zum Schutz der Gewässer vor den Schäden des Flachsrottens bekannt, die u. a. zum Schutz der Fischereinutzung erlassen wurden.

Gewässerbau und -nutzung

Abb. 66: *Bauern beim Bestücken einer Rottekuhle in Wibbecke, Ldkr. Göttingen: Die Flachsstengel werden mit Holzgerüsten und Steinen beschwert und unter Wasser gehalten.*
(Foto: Fotoarchiv Quentin)

Vorkommen/Verbreitung:
Die Leinenherstellung erfordert neben Wasservorkommen zur Aufbereitung recht gute Bodenverhältnisse für den Anbau von Lein und war in Niedersachsen v. a. in Börden, im Hügelland oder in fruchtbaren Gebieten der Geest verbreitet. Rottekuhlen gab es dort an fast jedem Hof bzw. in jedem Dorf. Nach Aufgabe der historischen Nutzung sind viele verlandet oder wurden verfüllt. Heute sind sie, gemessen an ihrer früheren Häufigkeit, sehr selten geworden.

Erfassung/Gesetzlicher Schutz:
Rottekuhlen werden i. d. R. nicht erfasst und sollten dem NHB gemeldet werden. Als Kleingewässer können sie bei entsprechender Ausprägung die Merkmale eines besonders geschützten Biotops nach § 28a NNatG erfüllen.

Literaturtipps: BAUER (1999), FRECKMANN et al. (1979), HERMANN (o. J.), KÜSTER (1995), KRÜGER (1986).

Abb. 67: *Historische Schleuse in Haskerland, Niederlande.*   *(Foto: Heinze)*

Schleuse

Merkmale, Morphologie, Typologie:

Anlage zur Überwindung von Höhenunterschieden in → *Kanälen* oder kanalisierten Flüssen. Eine Schleuse besteht aus einer beidseitig durch zwei Schleusentore befahrbaren Schleusenkammer. Durch Einströmen bzw. Abpumpen des Wassers wird der Wasserstand der Schleusenkammer und das darin liegende Schiff gehoben bzw. gesenkt. Die Bezeichnung Stauschleuse kann auch → *Wehr* meinen.

Kulturgeschichte:

Historische Schleusen sind Zeugnisse der Erschließung des Landes für den Wasserverkehr.

Vorkommen/Verbreitung:

Schleusen sind in bestimmten Abständen notwendig, um das unterschiedliche Bodenniveau zwischen Kanal und Umgebung auszugleichen. Sie kommen daher an allen Wasserstraßen mehr oder weniger häufig vor.

Erfassung/Gesetzlicher Schutz:
Historische Schleusen werden von den Baudenkmalbehörden erfasst und bei entsprechender Bedeutung in die Liste der Kulturdenkmale aufgenommen, z. B. die Hindenburgschleuse am Mittellandkanal in Hannover-Anderten. Kleinere historische Schleusen an unbedeutenderen Kanälen bleiben dabei oft unberücksichtigt und sollten dem NHB oder den Behörden gemeldet werden.

Literaturtipps: LÜDERS & LÜCK (1976), OHLING (1963).

Schöpfwerk

Merkmale, Morphologie, Typologie:
Einrichtungen an der Küste oder in Flusslandschaften zur Entwässerung tief liegender Flächen (z. B. → *Polder*). Schöpfwerke dienen dazu, Grabenwasser auf höheres Niveau zu befördern, von wo aus es auf natürliche Weise durch → *Siele* ins Meer abfließen kann. Neben großen Mündungsschöpfwerken gibt es auch Binnenschöpfwerke, die in → *Tiefs* entwässern.

Kulturgeschichte:
Historische Schöpfwerke hatten mit Windkraft angetriebene archimedische Schrauben (*Wasserschöpfmühlen*). Im 19. Jh. kamen Schöpfwerke auf, die das Wasser unabhängig von Ebbe und Flut abpumpen können (*Pumpwerk*). Anfangs wurden sie mit Dampfkraft betrieben, später mit Elektromotoren.

Vorkommen/Verbreitung:
Schöpfwerke sind entlang der gesamten Nordseeküste zu finden. Allein in Ostfriesland gab es im 19. Jh. weit über 100 Exemplare. Heute sind die meisten verschwunden.

Erfassung/Gesetzlicher Schutz:
Historische Schöpfwerke sind von der Baudenkmalpflege erfasst. Pumpwerke werden weniger systematisch und nur in Einzelfällen erfasst. Erhaltenswerte Exemplare sollten dem NHB oder den Denkmalbehörden gemeldet werden.

Literaturtipps: BRUNE (1987), LÜDERS & LÜCK (1976), OHLING (1963), RAST (1996).

Glossar historischer Kulturlandschaftsteile

Seezeichen

Merkmale, Morphologie, Typologie:
Gut sichtbare und unterschiedlich gekennzeichnete Anlagen zur Ortsbestimmung und Kursweisung für Schiffe. Man unterscheidet schwimmende (Tonnen und Feuerschiffe) und feste Seezeichen: *Leuchttürme*, *Baken* (vierbeiniges, hölzernes Gerüst zur Peilung), *Dalben* (im Wasser eingerammte Pfahlgruppe), *Stangen* und *Pricken* (fest im Wattboden steckende Bäumchen). Außerdem dienten Hauben auf Kirchtürmen zur Orientierung.

Kulturgeschichte:
Der älteste bekannte Leuchtturm der Antike war der Pharos von Alexandria (277 v. Chr. erbaut). Der älteste deutsche Leuchtturm ist der von Travemünde (1539 bis 1972 in Betrieb). Die Hansestädte Bremen und Hamburg kennzeichneten mit Tonnen und Baken ihre Hafenzufahrten durch Weser und Elbe. Mitte des 19. Jh. entwickelte sich mit aufkommender Dampfschifffahrt ein geordnetes Seezeichenwesen mit starker Zunahme an Seezeichen entlang der gesamten Küste. Heute sind Leuchttürme und andere Seezeichen typische Wahrzeichen der Küstenlandschaft.

Vorkommen/Verbreitung:
Auf See, an allen Küstengewässern, Flussmündungen und Hafeneinfahrten.

Abb. 68: Das Ostfeuer an der Kaiserschleuse in Bremerhaven. *(Foto: Peters)*

Erfassung/Gesetzlicher Schutz:
Historische Leuchttürme und Baken werden von den Denkmalbehörden erfasst und i. d. R. als Baudenkmal in das Verzeichnis der Kulturdenkmale aufgenommen.

Literaturtipps: LÜDERS & Lück (1976).

Siel

Merkmale, Morphologie, Typologie:
Verschließbarer Durchlass im Deich zur Entwässerung des eingedeichten Landes. Bei Ebbe öffnen sich die Sieltore durch die Strömung, und das Wasser fließt aus dem Hauptvorfluter (*Tief, Sieltief,* siehe auch → *Graben*) ins Meer. Bei Flut werden die Tore durch den Druck des auflaufenden Wassers automatisch geschlossen. In der Regel fließt das Wasser durch eine Art Tunnel, offene Siele sind selten, sie kommen am ehesten in Zusammenhang mit Häfen vor.

Kulturgeschichte:
Siele wurden im Zuge der Eindeichung (13. Jh.) notwendig. Die ersten Siele waren provisorisch verschließbare Röhren, sie wurden im 14. Jh. durch Klappensiele, im

Abb. 69: *Ehemaliges Siel in der Provinz Groningen, Niederlande.* (Foto: Heinze)

15. Jh. durch Torsiele ersetzt. Seit dem 17. Jh. wird der bis dahin mit einer Holzkonstruktion gesicherte Durchlass gemauert. An neuzeitlichen Sielen entstanden als Umschlagplatz von der See- zur Binnenschiffahrt *Sielhäfen*.

Vorkommen/Verbreitung:
Im gesamten küstennahen Marschgebiet. In Flussmarschen kommen noch zahlreiche kleinere Siele der direkt in den Fluss mündenden kleineren Wasserläufe vor.

Erfassung/Gesetzlicher Schutz:
Historische Siele werden von der Denkmalpflege erfasst (BRETTSCHNEIDER & NIEẞE 1982). Kleinere Siele in der zweiten Deichlinie oder in den Flussmarschen können dabei unberücksichtigt geblieben sein und sollten dem NHB oder den Denkmalbehörden gemeldet werden.

Literaturtipps: LÜDERS & LÜCK (1976), OHLING (1963), RAST (1996).

Teich

Merkmale, Morphologie, Typologie:
Künstliches Stillgewässer (auch *Weiher*) zur Ansammlung von Wasser. In der Regel verhindert eine Staueinrichtung in Form eines → *Dammes* oder eines → *Wehres* den Abfluss. Dagegen ist ein *See* ein natürliches Gewässer (Ausnahme: *Stausee*). Je nach Funktion unterscheidet man: *Mühlteiche* als Energiespeicher für → *Wassermühlen*, *Stau-* oder *Bergwerksteiche* zum Antrieb von Wasserrädern im Bergbau, *Schwellweiher* oder *Flößteiche* (→ *Flößereirelikte*), *Feuerlöschteiche* zum Vorhalten von Löschwasser, *Färberteiche* zum Färben von Textilien, *Salinenteiche* zum Sammeln der Sole (→ *Saline*), *Winterlaken* als Kleingewässer zur Eisgewinnung, *Talsperren* zur großräumigen Wasserversorgung, *Hülben* zur lokalen Wasserversorgung einer Siedlung (vor allem in Kalkgebieten), → *Fischteiche* zur Fischzucht, → *Entenfänge*, → *Rottekuhlen* u. v. m. Oft sind Teiche auch für *Badeanstalten* genutzt oder gezielt ausgebaut worden. Je nach Alter und Erhaltungszustand können historische Teichanlagen vollständig oder nur in Relikten erhalten sein.

Kulturgeschichte:
Teiche und Weiher wurden und werden seit Jahrhunderten und für vielfältige Zwecke angelegt. Zur Fischzucht und zum Antrieb von Wassermühlen waren sie z. B. schon im Mittelalter bekannt. Im Harz und anderen Montanregionen gehören sie zu den charakteristischen landschaftlichen Zeugnissen des historischen Bergbaus.

Hier speicherten sie Wasser zur Erzwäsche oder dienten als Energievorrat für Wasserräder, z. B. um Blasebalge eines Schmelzofens oder Hämmer eines Hammerwerkes anzutreiben.

Vorkommen/Verbreitung:
Teiche und Kleingewässer waren – wie historische Landkarten beweisen – früher viel häufiger als heute. Nach Aufgabe ihrer Nutzung sind viele Teiche aufgegeben worden. Einige wurden verfüllt, andere sind auf natürliche Weise verlandet.

Erfassung/Gesetzlicher Schutz:
Historische Teiche werden in Niedersachsen nicht systematisch erfasst (außer Bergbaugewässer im Harz). Den Naturschutzbehörden sind zwar i. d. R. Gewässerbiotope bekannt, oft jedoch nicht in ihrer kulturgeschichtlichen Bedeutung. Daher sollten Teiche mit kulturgeschichtlicher Bedeutung bzw. deren Relikte dem NHB gemeldet werden. In naturnaher Ausprägung können sie die Bedingungen eines nach § 28a NNatG besonders geschützten Biotops erfüllen.

Literaturtipps: KONOLD (1987), KÜSTER (1995), SCHMIDT (1989).

Wassermühle

Merkmale, Morphologie, Typologie:
Mit Wasserkraft betriebene Anlage zum Mahlen von Getreide oder zum Antrieb technischer Anlagen (z. B. Sägewerk, Erzwäsche, Pochhammer). Man unterscheidet Mühlen, bei denen das Wasser über das Mühlrad läuft (oberschlächtig) von mittel- und unterschlächtigen Mühlen, bei denen das Wasser in der Mitte bzw. unterhalb der Mitte auf das Wasserrad trifft. Mögliche Nebenanlagen einer Wassermühle sind:
- *Mühlteich* zur Wasserspeicherung
- → *Stauwehr* zur Regulierung des Wasserstandes
- *Mühlgraben* zur Wasserzuleitung (s. Abb. 9). In Tälern folgen Mühlgräben nicht dem steilsten Gefälle, sondern verlaufen am Talrand, um so eine große Fallhöhe des Wassers auf das Mühlrad zu erzielen. In der Ebene kann der Mühlgraben auf einem künstlichen Damm der Mühle zugeführt werden, der sich allmählich »erhebt«, um auf diese Weise die gewünschte Fallhöhe zu erzielen (s. Abb. 70).
- *Mühlgang* oder *Gerenne*, eine hölzerne oder steinerne Rinne, die das Wasser von oben auf das Mühlrad fallen lässt,
- ein künstlich aufgebänkter Mühlgraben, in dem das Wasser über einen Damm o. ä. der Mühle zugeleitet wurde, um eine ausreichende Fallhöhe zu erhalten (v. a. in der Ebene, bei unzureichendem Gefälle).

Kulturgeschichte:
Wassermühlen wurden in Niedersachsen im 8. und 9. Jh. zum ersten Mal urkundlich erwähnt und sind stellenweise noch heute in Betrieb. Besonders günstig waren wasserreiche Gebiete mit hinreichendem Gefälle. Die schweren Mühlräder wurden seit Mitte des 19. Jahrhunderts oft gegen Turbinen getauscht, die eine höhere Energieausnutzung ermöglichen. Dienten Wasserräder zunächst nur zum Mahlen von Getreide, wurden mit ihnen später auch Blasebälge, *Schmiedehämmer* und *Hammerwerke* zur Eisenverhüttung betrieben. Außerdem gab es *Sägemühlen*, *Walkmühlen* (Filzherstellung), *Lohmühlen* (Gerbstoffgewinnung), *Ölmühlen*, *Schrot-* und *Häckselmühlen*, *Papiermühlen*, *Pulvermühlen*, *Mergelmühlen*, *Gipsmühlen* und *Knochenmühlen* u. v. a.

In Mühlregalen war das spezielle Recht von Wasser- und Windmühlen Jahrhunderte lang verankert. Danach oblag es dem Landesherrn den Bau einer Mühle zu genehmigen. Er konnte auch Zwangsmühlen festlegen, deren Benutzung für alle Bauern eines Gebietes obligatorisch war. Erst im 19. Jh. wurden die Beschränkungen aufgehoben (Gewerbefreiheit, Aufhebung der Zwangsmühlen), Wind- und Wassermühlen

Abb. 70: *Der Mühlgraben der Grimsmühle bei Barsinghausen (Ldkr. Hannover) wird durch den von links kommenden Damm aus der Ebene »angehoben«, was für eine große Fallhöhe des Wassers auf das Mühlrad sorgt.* (Foto: Wiegand)

nahmen an Zahl stark zu. In den 1950er und 1960er Jahren sind dann die meisten Betriebe still gelegt worden, u. a. begünstigt durch staatliche Prämien (Mühlenstilllegungsgesetz von 1957).

Vorkommen/Verbreitung:
Wassermühlen und ihre wasserbaulichen Anlage sind gemessen an ihrer früheren Häufigkeit selten geworden. Vielerorts sind sie aber noch vorhanden, wenn auch in unterschiedlich gutem Erhaltungszustand.

Erfassung/Gesetzlicher Schutz:
Wassermühlen werden von den Baudenkmalbehörden systematisch erfasst. Oft bleiben dabei ihre wasserbaulichen Anlagen unberücksichtigt. Historische Mühlwehre, Dämme, Mühlteiche, Mühlgräben, Mühlgänge und Gerenne sollten daher dem NHB gemeldet werden.

Literaturtipps: KLEEBERG (1978), MÖLLER (1984), WEßLING (2000).

Wehr

Merkmale, Morphologie, Typologie:
Ein Wehr (auch *Stauwehr*) ist ein Bauwerk zur Regulierung des Wasserstandes in einem Fließgewässer, einem → *Kanal* oder einem → *Teich*. Mehrere Wehre bilden eine *Stauanlage*. In der Regel weist ein Wehr an den Ufern und der Sohle des Gewässers Fundamente auf, an denen feste oder beweglichen Verschlüsse zur Regulierung des Wasserstandes angebracht sind. Mit einem *Pegel*, einer Messleiste, lässt sich der Wasserstand ermitteln. Der verbreitetste Wehrtyp war bis in die 1920er Jahre das *Schützenwehr*, bei dem mit Zahnstangen betriebene Tafeln den Wasserstand regulierten. Beim *Walzenwehr* waren die Tafeln später durch bewegliche Rollen ersetzt. Bei einem *Streichwehr* ließ man das Wasser über eine schiefe Ebene abwärts fließen, um das Wehrfundament zu schonen. Spezielle Wehrtypen sind z. B. das *Nadelwehr*, bei dem zum Aufstauen zahlreiche Kanthölzer senkrecht in eine Metallvorrichtung gestellt wurden, und der im Teufelsmoor verbreitete *Klappstau*, der sich unter einem vorbeifahrenden Boot nach unten klappen ließ.

Abb. 71: *Etwa 300 Jahre altes Schützenwehr einer Wassermühle bei Vehlen, Ldkr. Schaumburg, mit kaskadenartigen Fallstufen.* *(Foto: Thielemann)*

Kulturgeschichte:

Wehre und Stauanlage können als Relikte des historischen Gewässerbaus von Bedeutung sein, z. B. als Bestandteile einer → *Wassermühle* oder einer → *Bewässerungswiese*.

Vorkommen/Verbreitung: landesweit

Erfassung/Gesetzlicher Schutz:

Hinweise auf historische Wehre und Stauanlagen können historische Karten wie die Preußische Landesaufnahme geben. Von den Denkmalbehörden werden sie nur in Einzelfällen erfasst. Historische Wehre und Stauanlagen sollten daher dem NHB gemeldet werden.

Literaturtipps: KONOLD (1987), KÜSTER (1995).

Abb. 72: Ehemalige Kirchwurt bei Potshausen, Ldkr. Leer. (Foto: Bürjes)

Wurt

Merkmale, Morphologie, Typologie:
Eine Wurt (*Wührde*, *Wierde* im Land Wursten, *Warft* in Schl.-H., *Terpe* in NL) ist ein künstlich aus Klei gebauter Hügel, auf dem Gebäude vor Hochwasser geschützt sind. In einem kleinen auf der Wurt angelegten Teich (in Schleswig-Holstein *Fething*) wurde Trinkwasser für Mensch und Vieh gespeichert. Stellenweise ist an Wurten Erdmaterial nachträglich wieder abgebaut worden.

Kulturgeschichte:
Wurten waren die ersten Einrichtung zum Hochwasserschutz von Siedlungen. Einige Wurten entstanden bereits in der Römischen Kaiserzeit, die meisten stammen aus dem Mittelalter. Erst später gingen die Menschen daran, die gesamte Küstenlinie durch zusammenhängende → *Deiche* zu schützen.

Vorkommen/Verbreitung: In Marschgebieten, auch in Flussmarschen.

Erfassung/Gesetzlicher Schutz:
Sowohl bewohnte als auch verlassene Wurten werden von den archäologischen Denkmalbehörden erfasst und vom NLD ins Verzeichnis der Kulturdenkmale aufgenommen. Historische Abgrabungsstellen und Fethinge bleiben hierbei oft unberücksichtigt und sollten dem NHB gemeldet werden.

Literaturtipps: LÜDERS & LÜCK (1976), RAST (1996).

2.8 Verkehr

Allee

Merkmale, Morphologie, Typologie:
Ein- oder beidseitig von Bäumen gesäumte Straße oder Weg. Im Idealfall besteht eine Allee aus Bäumen gleicher Art und gleichen Alters, bei alten Alleen kann die Einheitlichkeit durch Nachpflanzungen beeinträchtigt sein.

Kulturgeschichte:
Alleen fanden v. a. in der barocken Gartenkunst Frankreichs Verwendung und setzten sich auch in den Gärten und Parkanlagen Deutschlands durch. Besonders starke Verbreitung als Begleitung öffentlicher Straßen erfuhren sie seit Ende des 18. Jahrhunderts durch die Anlage von *Chausseen*. Nach französischem Vorbild wurde dadurch die Straße, die früher oft als paralleler Spurstrang quer durch die Landschaft verlief, in ihrem Verlauf festgelegt. Zugleich dienten die Alleebäume zur Beschattung und Entwässerung der Fahrbahn. Ab 1800 waren Alleen außerdem wichtige Elemente der Landschaftsverschönerung, wodurch Landesherren das Erscheinungsbild ihrer Territorien aufzuwerten versuchten, Außerdem sollten Alleen wichtige Orte wie Schlösser, herrschaftliche Güter oder bedeutende Bauernhöfe in der Landschaft betonen. Die Wahl der Baumart orientierte sich an gestalterischen und funktionalen Gesichtspunkten (z. B. Obstbäume zur Versorgung), passte sich aber auch den standörtlichen Gegebenheiten an (z. B. Linden in Bördegebieten, Birken in der Geest).

Abb. 73: Kastanienallee eines historischen Gutsparks in Watzum, Ldkr. Wolfenbüttel. (Foto: Jürgens)

Vorkommen/Verbreitung:
Viele historische Alleen sind dem Ausbau ehemaliger Chausseen und Landstraßen zum Opfer gefallen.

Erfassung/Gesetzlicher Schutz:
Besonders markante Alleen werden in Einzelfällen von den Naturschutzbehörden erfasst und ggf. unter Schutz gestellt, z. B. als Naturdenkmal oder als geschützter Landschaftsbestandteil. Auch die Denkmalbehörden können einzelne Alleen von besonderer kulturgeschichtlicher Bedeutung ins Verzeichnis der Kulturdenkmale aufnehmen, v. a. in Verbindung mit denkmalgeschützten Gebäuden. Daneben bleiben viele historische Alleen unberücksichtigt. Sie sollten mit Angabe ihrer kulturgeschichtlichen Bedeutung dem NHB gemeldet werden.

Literaturtipps: KÜSTER (1995), SDW (o. J.).

Bahnhof

Merkmale, Morphologie, Typologie:
Bahnhöfe mit ihren Empfangsgebäuden dienen Eisenbahnreisenden zum Ein- und Aussteigen bzw. als Aufenthaltsort bei Wartezeiten. Sie zeigen unterschiedliche Größenordnungen und typologischen Formen, abhängig von den zu erschließenden Orten, der Trassenführung und der Gleisanlage. Sehr kleine Bahnhöfe, bei denen ein Empfangsgebäude fehlt, werden als Haltepunkte bezeichnet.

Kulturgeschichte:
Bahnhöfe werden seit Beginn des Eisenbahnwesens entlang der Strecken in oder in der Nähe von Ortschaften errichtet. Die ältesten Exemplare stammen aus den 1830er Jahren, ein Großteil der Bauten aus dem weiteren Verlauf des 19. und frühen 20. Jahrhunderts. In der Nachkriegszeit sind nur noch wenige Bahnhöfe (50er/60er Jahre) neu errichtet worden. Weil sie neben funktionalen auch repräsentative Zwecke zu erfüllen hatten, sind sie oft eindrucksvolle Zeugnisse der Baugeschichte. Beispiele verschiedener Baustile sind die Bahnhöfe in Vienenburg (Klassizismus), Wunstorf (Rundbogenstil), Nordstemmen (Neogotik/Hannoversche Schule), Hannover (Historismus), Oldenburg (Jugendstil) und Sande (20er/30er Jahre).

Vorkommen/Verbreitung:
Landesweit entlang aktueller oder historischer Bahnlinien

Erfassung/Gesetzlicher Schutz:
Empfangsgebäude an Bahnhöfen werden i. d. R. von der Baudenkmalpflege erfasst und sind als wesentliche Elemente des Eisenbahnwesens vielfach unter Schutz gestellt.

Literaturtipps: BAUMGART & KNOTZ (1983).

Abb. 74: *Eine 1744 erbaute Brücke einer historischen Poststraße bei Blyinghausen, Ldkr. Schaumburg.* *(Foto: Thielemann)*

Brücke

Merkmale, Morphologie, Typologie:

Brücken sind Bauwerke, die einen Verkehrsweg o. ä. (z. B. Eisenbahn, Weg, Straße, Rohrleitung) über ein Hindernis führen, z. B. ein Gewässer, eine Talniederung oder einen anderen Verkehrsweg. Nach ihrem Baumaterial lassen sie sich in *Holz-, Stein-, Stahl-* und *Betonbrücken* gliedern, nach ihrem Konstruktionsprinzip z. B. in *Bogen-, Balken-, Platten-, Hänge-* oder *Rahmenbrücken*. Neben festen Brücken gibt es bewegliche wie *Dreh-, Hub-, Zug-, Klapp-, Roll-* oder *Schiebebrücken*.

Zu unterscheiden sind Brücken von ehemals gemauerten, heute aus Betonrohren bestehenden *Durchlässen*, durch die Gräben o. ä. unter Verkehrswegen hindurchgeleitet werden.

Kulturgeschichte:

Während → *Furten* und → *Fähren* als früheste Hilfsmittel zum Überqueren eines Gewässers wegen schlechter Witterung zeitweilig unbrauchbar waren, ermöglichen Brücken eine ganzjährige Benutzung. Sie sind wertvolle Zeugnisse der Verkehrsgeschichte und spiegeln die Entwicklung der Ingenieurbaukunst wider.

Vorkommen/Verbreitung:
Brücken sind landesweit verbreitet. Besondere Beachtung verdienen regionale Brückentypen (z. B. die ostfriesische *Lohne*, ein Steg über einen Graben zwischen zwei Häusern), die aufgrund ihrer speziellen Bauart zur Eigenart einer Landschaft beitragen können.

Erfassung/Gesetzlicher Schutz:
Historische Brücken werden in vielen Fällen von der Baudenkmalpflege erfasst und ins Verzeichnis der Kulturdenkmale aufgenommen. Vor allem Brücken in der freien Landschaft oder an unbedeutenden Verkehrswegen sowie Relikte von Brücken (z. B. Brückenköpfe) können dabei übersehen werden und sollten dem NHB gemeldet werden.

Einrichtungen an Straßen

Merkmale, Morphologie, Typologie:
Hier werden alle historischen Gebäude und Anlagen zusammengefasst, die in direkter Nähe zu einer Straße liegen und zu ihr in unmittelbarem funktionalen Zusammenhang stehen, Beispiele siehe Kulturgeschichte.

Kulturgeschichte:
Nach Funktion und Bauart unterscheidet man z. B.:
- *Zollhaus, Wegezollhaus* oder *Grenzzoll* zur Einnahme von Straßenbenutzungs- und Zollgebühren; i. d. R. nahe einer (historischen) Grenze gelegen.
- *Gasthaus, Raststätte, Krug* oder *Ausspann* zur Bewirtung Reisender, ggf. auch zur Versorgung der Pferde.
- *Posthof, -station, Post-* bzw. *Pferdehalterei* oder *Relaisstation* zum Vorhalten und Wechseln von Pferden, ggf. auch zur Bewirtung Reisender; i. d. R. in regelmäßigem Abstand von rund 20 km zueinander gelegen.
- *Straßenwärterhaus* als Unterkunft für Personal und zur Lagerung von Material zur Straßenwartung, oft mit einem zur Straße hin ausragenden Erker.
- *Tankstelle* zur Versorgung mit Treibstoff.
- *Ruhebank* aus Holz oder behauenem Stein als Rastplatz.
- *Wegweiser, Stundenkreuze, Meilensteine* oder *Leitpfosten* zur Angabe der Fahrt- oder Gehrichtung bzw. -zeit. Separat beschrieben sind → *Kreuzsteine* bzw. *Steinkreuze*.

Vorkommen/Verbreitung:
Landesweit entlang von Straßen, die früher überörtliche Bedeutung hatten.

Erfassung/Gesetzlicher Schutz:
Historische straßenbegleitende Gebäude und Anlagen sind oft in historischen Karten verzeichnet. Hervorragende Gebäude werden von der Baudenkmalpflege i. d. R. erfasst; abseitige und unscheinbarere Gebäude und kleinere Einrichtungen jedoch oft übersehen. Objekte mit kulturgeschichtlicher Bedeutung sollten dem NHB gemeldet werden. Rund 80 Meilensteine hat die *Forschungsgruppe Meilensteine* (Adresse im Anhang) in Niedersachsen erfasst.

Literaturtipps: Möller (1984).

Abb. 75: Restaurierter Meilenstein der ehemaligen Chaussee von Hannover nach Hameln. (Foto: Wiegand)

Eisenbahngebäude

Merkmale, Morphologie, Typologie und Kulturgeschichte:
Hier werden solche Gebäude zusammengefasst, die in unmittelbarem Zusammenhang mit dem Eisenbahnbetrieb stehen (außer → *Bahnhof*). Nach Funktion und Bauweise lassen sich unterscheiden:

- *Lokschuppen*: Gebäude zum Abstellen und Warten von Lokomotiven. Ihre Größe reicht vom kleinen Gebäude für eine Lokomotive über die mehrständige rechteckige Anlage bis zum großen Ringlokschuppen mit einer in der Mitte gelegenen Drehscheibe. Lokschuppen sind i. d. R. zusammen mit der gesamten Eisenbahnanlage (seit 1830er Jahre) entstanden.
- *Güterschuppen*: Anlage zum Umschlag bzw. zur Lagerung von Gütern, die auf der Eisenbahn transportiert werden. Meist sind Güterschuppen Teile oder Nebengebäude von (Güter-)Bahnhöfen. Die ältesten Anlagen stammen aus der Mitte des 19. Jahrhunderts.
- *Stellwerk:* Auf freier Strecke oder an Bahnhöfen gelegene Gebäude zur ferngesteuerten Bedienung von Signalanlagen und Weichen. Meist sind Stellwerke zweigeschossig, wobei im Obergeschoss das Bedienpersonal und im Untergeschoss die

Abb. 76: *Schrankenwärterhäuschen an der Hauptstrecke Münster – Bremen.*
(Foto: Wiegand)

Steuerungstechnik untergebracht ist. Stellwerke fanden erstmals in England zum Beginn der zweiten Hälfte des 19. Jahrhunderts Anwendung und verbreiteten sich danach im übrigen Europa. Das erste Stellwerk in Niedersachsen ist im Bereich des Bahnhofs Börßum im Landkreis Wolfenbüttel um 1870 nachzuweisen. Die heute noch erhaltenen ältesten Stellwerke stammen aus der Zeit der Jahrhundertwende und arbeiten noch mit einer rein mechanischen Technik (Hebelwerke mit Gegengewichtseinrichtungen). Die Nachfolgegeneration der 1920er und 1930er Jahre benutzt bereits die elektromechanische Schalttechnik, während moderne Stellwerke rein elektrisch bzw. elektronisch funktionieren.

- *Bahn-/Schrankenwärterhaus:* In der Regel kleinere Gebäude (»Häuschen«), die in regelmäßigen Abständen entlang der Eisenbahnstrecke bzw. an Bahnübergängen errichtet wurden. Bahn- bzw. Schrankenwärterhäuser dienten der Sicherung von Streckenabschnitten bzw. von Übergängen und waren während des Bahnbetriebes ständig mit Personal besetzt. Sie zählen mit zu den ersten Eisenbahnbauten, weil sie für die Sicherheit entlang der Strecke wichtig waren. Mit Weiterentwicklung der Eisenbahntechnik (Telegraphie, Elektrizität) sind sie in vielen Fällen überflüssig geworden.

Kulturgeschichte: siehe Merkmale

Vorkommen/Verbreitung:
Stellwerke, Lok- und Güterschuppen sind in ihrem Bestand i. d. R. Regel landesweit verbreitet. Die Zahl der Bahn- und Schrankenwärterhäuser geht deutlich zurück.

Erfassung/Gesetzlicher Schutz:
Eisenbahnbetriebsgebäude sind in vielen Fällen von der Baudenkmalpflege erfasst worden, v. a. innerhalb von Siedlungen. Abseitige Gebäude (v. a. Bahn- und Schrankenwärterhäuser, in Einzelfällen auch Stellwerke) an Neben-, Klein- oder stillgelegten Bahnstrecken können dabei übersehen worden sein und sollten dem NHB gemeldet werden.

Literaturtipps: zu Stellwerken: Preuß (1996).

Eisenbahntrasse

Merkmale, Morphologie, Typologie:
Anlage zur Aufnahme des Schienenstranges für die Eisenbahn. Trassen können in unterschiedlichen Geländetopographien verlaufen (Flachland, Gebirge). Weil bevorzugt gerade verlaufende Abschnitte, sehr große Kurvenradien ohne große Steigungen angelegt werden, sind die Trassen z. T. mit künstlichen *Taleinschnitten, Dammaufschüttungen,* → *Brücken* bzw. *Viadukten* und → *Tunneln* verbunden. Diese Elemente sind gleichzeitig die landschaftsprägenden Teile einer Eisenbahntrasse.

Abb. 77: *Trasse einer ehemaligen Waldbahn bei Gartow, Ldkr. Lüchow-Dannenberg, 1884 bis ca. 1930 in Betrieb.*
(Foto: Hentschel)

Kulturgeschichte:
Eisenbahntrassen und die damit verbundenen Elemente (s. o.) gibt es seit Beginn der Eisenbahnanlage in den 1830er Jahren. Bis zum Beginn des 20. Jahrhunderts wurde das Eisenbahnnetz so weit verdichtet, dass die wichtigsten Strecken eingerichtet waren, nur vereinzelt kamen in den 1920er, 1930er und 1950er Jahren weitere Strecken hinzu. Verstärkt seit den 1960er und 1970er Jahren begann bereits der Abbau historischer Eisenbahntrassen, die z. T. nur

noch in Rudimenten vorhanden sind. Es gab auch separate, nicht mit dem Streckennetz in Verbindung stehende Eisenbahntrassen (*Klein-* und *Feldbahnen*), z. B. zum Gütertransport beim Bodenabbau oder zum Holztransport (*Waldbahn*).

Vorkommen/Verbreitung:
Eisenbahntrassen sind im gesamten niedersächsischen Raum, jedoch in unterschiedlicher Dichte anzutreffen.

Erfassung/Gesetzlicher Schutz:
Historische Eisenbahntrassen werden in Gänze nur vereinzelt von der Baudenkmalpflege erfasst. Als Zeugnis der Technikgeschichte sowie der Orts- und Regionalgeschichte sollten stillgelegte Strecken und ihre sichtbaren Relikte dem NHB gemeldet werden.

Literaturtipps: MEYER (1993).

Fähre

Merkmale, Morphologie, Typologie:
Schwimmende Verbindung zum Überqueren eines Flusses. Dauerhafte Fähreinrichtungen in der Landschaft sind *Anlegestellen* (flach ins Wasser auslaufende Wege) und *Fährhäuser*. Je nach Antriebsart unterscheidet man *Motorfähren* und Fähren, die gesegelt, gerudert oder an einem Drahtseil befestigt mit Hilfe der Strömung *(Kabel-, Schwebe-* oder *Gierfähren)* den Fluss überqueren.

Kulturgeschichte:
Die ersten Flussfähren sind bereits aus dem Altertum bekannt. Bei Eisgang, Sturm und Hochwasser musste der Fährverkehr zeitweilig eingestellt werden, bei zugefrorener Eisdecke stellte der Fährmann eine befahrbare Eisbahn her. Im 20. Jahrhundert wurden die meisten durch Motorfähren und Brücken ersetzt. Eine Besonderheit ist die 1909 erbaute *Schwebefähre* über die Oste bei Osten (Landkreis Cuxhaven), eine 30 Meter hohe Stahlkonstruktion mit elektrisch betriebenem Fährkorb.

Vorkommen/Verbreitung:
Fähren wurden häufig auf breiteren Flüssen und Strömen eingesetzt, wo die Anlage von Brücken zu kostspielig war. In Betrieb befindliche Anlagen bzw. Relikte sind an Weser und Elbe bekannt.

Abb. 78: *Kabelfähre über die Weser in Daspe, Ldkr. Holzminden.* *(Foto: Wiegand)*

Erfassung/Gesetzlicher Schutz:
Historische Fährhäuser und Anlegestellen sind nur in Einzelfällen von den Denkmalbehörden erfasst und sollten dem NHB gemeldet werden.

Literaturtipps: BRANDT (1993), Historische Zeitschrift DER FÄHRMANN.

Flugplatz

Merkmale, Morphologie, Typologie:
Anlage zum Verkehr von Flugzeugen. Sichtbare Relikte historischer Flugplätze können *Rollbahnen* (Betonfundamente oder Schneisen) und *Gebäude* (Ruinen) sein.

Kulturgeschichte:
Flugplätze sind zu zivilen und zu militärischen Zwecken angelegt worden. Insbesondere Anlagen aus dem I. und II. Weltkrieg können aufgegeben und verfallen sein. Historische Flugplätze erlangen als Zeugen der Technik- und der Militärgeschichte zunehmend Bedeutung.

Vorkommen/Verbreitung: landesweit

Verkehr

Erfassung/Gesetzlicher Schutz:
Historische Flugplätze bzw. ihre Relikte wurden bislang nur in Einzelfällen von der Baudenkmalpflege erfasst und sollten dem NHB gemeldet werden.

Literaturtipps: DEUTSCHE LUFTFAHRT ZEITUNG (1914), RIES, K. & DIERICH, W. (1993).

Seilbahn

Merkmale, Morphologie, Typologie:
Beförderungsmittel für Menschen oder Güter, bei dem Gondeln oder Loren an Drahtseilen frei in der Luft hängend (*Luft-Seilbahn*) oder von Drahtseilen auf Schienen gezogen werden (*Stand-Seilbahn*). Die wesentlichen landschaftlichen Bestandteile einer Seilbahn sind *Stationsgebäude, Gleise, Pfeiler* und *Schneisen*.

Kulturgeschichte:
Die erste deutsche Seilbahn war eine mit Naturseilen betriebene Gondelbahn in Danzig (1644). Bedeutung erlangten Seilbahnen aber erst mit Erfindung des Drahtseils zu Beginn des 19. Jahrhunderts. Am bekanntesten ist ihre touristische Funktion als Verkehrsmittel im Bergland, z. B. am Burgberg in Bad Harzburg. Häufiger kamen jedoch Transportseilbahnen zum Einsatz, v. a. beim Abbau von Rohstoffen wie Bruchstein, Lehm oder Ton. Wenn die Beladestation oberhalb der Entladestation lag, kam die Seilbahn mit einem schwachen Motor aus. Viele Transportseilbahnen sind in der zweiten Hälfte des 20. Jahrhunderts stillgelegt worden.

Vorkommen/Verbreitung:
Seilbahnen sind v. a. in Lagerstättenabbau- oder in Tourismusgebieten zu erwarten.

Erfassung/Gesetzlicher Schutz:
Historische Seilbahnen werden nur in Einzelfällen von der Baudenkmalpflege erfasst. Als Zeugnis der Technikgeschichte oder als Hinweis auf historischen Lagerstättenabbau sollten sie bzw. ihre Relikte dem NHB gemeldet werden.

Straße

Merkmale, Morphologie, Typologie:
Verkehrsverbindung; im Gegensatz zum → *Weg* ist die Straße i. d. R. befestigt und von höherer Bedeutung. Historische Straßen lassen sich anhand ihrer Funktion (siehe Kulturgeschichte) oder anhand ihres Materials (*Natur-, Ziegel-* oder *Kopf-*

Abb. 79: *Damm der ehemaligen Heer- und Poststraße (18. Jahrhundert) von Hannover nach Peine.* *(Foto: Wiegand)*

steinpflasterstraßen, s. Abb. 10) gliedern. Sie können in aktuell genutzte und modern gestaltete Straßen übergegangen sein oder als Relikte in der Landschaft erhalten sein (z. B. als → *Hohlwege)*.

Kulturgeschichte:

Historische Straßen des Mittelalters muss man sich weniger als befestigte Wege sondern eher als Trasse paralleler Wegespuren vorstellen. Erst in der Neuzeit wurden die Fahrbahnen allmählich befestigt und die Straßenverläufe festgelegt. Straßen lassen sich nach ihrer Entstehungsgeschichte und Funktion gliedern in:
- *Handelsstraße,* z. B. der *Ochsenweg* zum Transport von Rindern von Jütland über Schleswig-Holstein und Niedersachsen nach Flandern und in die Niederlande, der *Hellweg* von Köln über Soest, Hildesheim, Magdeburg nach Berlin (die heutige Bundesstraße 1) oder der *Hellweg up de Sandforde* von Minden nach Hildesheim
- *Post-* und *Heerstraße* als neuzeitliche Straßenverbindung bedeutender Städte
- *Chaussee* (in Frankreich entwickelte, geradlinig und in Dammlage gebaute und zumindest teilweise gepflasterte und von einer → *Allee* gesäumte Hauptverkehrsstraße des 18. und 19. Jahrhunderts)

Vorkommen/Verbreitung:

Historische Straßen sind landesweit verbreitet.

Erfassung/Gesetzlicher Schutz:
Historische Straßen im ländlichen Raum, die in ihrem Trassenverlauf, ihrer Gestalt (z. B. Chaussee, Hohlweg) und ihrem Material dem historischen Bild weitgehend entsprechen, sollten dem NHB gemeldet werden. Sie werden bislang nur in Einzelfällen von den archäologischen Denkmalbehörden erfasst und vom NLD ins Verzeichnis der Kulturdenkmale aufgenommen. Historische Straßen innerhalb geschlossener Siedlungen (z. B. *Promenaden*) sind dagegen Gegenstand der Baudenkmalpflege.

Literaturtipps: DENECKE (1969).

Tunnel

Merkmale, Morphologie, Typologie:
Tunnel sind künstlich hergestellte Hohlräume von größerem, in der Regel röhrenförmigem Querschnitt, die unter der Erdoberfläche horizontal oder leicht geneigt angelegt sind und der sicheren und ungehinderten Durchführung von Verkehrswegen oder Leitungen (z. B. in Steinbrüchen) dienen. Zur Stützung der Frontböschungen der Voreinschnitte und zum Schutz gegen Steinschlag sind an den Mundlöchern in der Regel Portale ausgebildet, die insbesondere bei Eisenbahntunneln aufwändige Architekturformen aufweisen können.

Abb. 80: *Tunnelportal einer stillgelegten Eisenbahnstrecke bei Hann. Münden, Ldkr. Göttingen.* (Foto: Wiegand)

Kulturgeschichte:
Schon mit Beginn des Eisenbahnwesens waren zumindest in gebirgigen Abschnitten Tunnel erforderlich. In Niedersachsen treten aufgrund der Topographie nur in Teilbereichen (Harz, Solling, Weserbergland) historische Eisenbahntunnel auf, die aus der jeweiligen Zeit dieser Streckenanlagen stammen (etwa 1870er/80er Jahre).

Vorkommen/Verbreitung:
Tunnel kommen naturgemäß nur im Bergland vor, in Niedersachsen also nur vereinzelt.

Erfassung/Gesetzlicher Schutz:
Die in Niedersachsen vorhandenen Tunnel an Eisenbahnstrecken sind in der Regel von der Baudenkmalpflege erfasst.

Weg

Merkmale, Morphologie, Typologie:
Ein Weg (auch *Pfad, Specken* oder *Pad*, in Ostfriesland auch *Wedel*) ist eine Verkehrsverbindung, die im Gegensatz zur → *Straße* eher dem untergeordneten, nicht motorisierten Verkehr dient. Wege lassen sich anhand äußerer Merkmale wie Lage, Verlauf, Befestigungsmaterial oder Ausprägung gliedern:
- *Hohlweg:* eine vertiefte Wegespur, die sich durch fortwährende Benutzung und Erosion v. a. in bergigem Gelände bildet. Die Steilheit und Höhe der Seitenwände hängen ab vom Alter und von der Bindigkeit des Bodens. Hohlwege oder Wegespuren *(Wagengeleise)* können im parallel verlaufenden Verband auftreten *(Hohlwegbündel, Spurenstrang)* und sind dann häufig Relikte besonders alter Wegeverbindungen.
- *Höhen-, First-* bzw. *Fastweg:* mittelalterlicher überörtlicher Verbindungs- oder Handelsweg, der zum Schutz vor Überfällen und zur Umgehung feuchter Niederungen über Höhenrücken verlief.
- *Bohlenweg:* im Moorboden konservierter, mit Holzbohlen befestigter Weg durch ein Moor (Jungsteinzeit bis Spätmittelalter).
- *Sommerweg:* aus Gründen der Sparsamkeit unbefestigt belassene Hälfte einer Straße, die nur bei gutem Wetter befahrbar ist; Vorkommen v. a. in den Geestgebieten.
- *Gasse:* Fußweg innerhalb einer Siedlung

Abb. 81: *Hohlweg bei Börry, Ldkr. Hameln-Pyrmont.* (Foto: Wiegand)

Kulturgeschichte:
Abhängig von ihrer (historischen) Funktion unterscheidet man z. B.
- *Treidelpfade* bzw. *Treppelwege* an Flussufern, um Schiffe zu treideln, d. h. flussaufwärts zu ziehen,
- → *Kirchwege* und → *Kreuzwege*,
- Heer- oder *Kolonnenwege* für militärische Zwecke,
- *Helmer*, eine ostfriesische Bezeichnung für einen Weg, der von einer am Geestrand hinziehenden Straße abzweigt und quer dazu ins Moor oder in die Marsch führt.
- Wege zum Transport von Gütern oder Vieh (z. B. *Salz-*, *Erz-* oder *Ochsenweg*).

Viele historischen Wege wurden im 18. und 19. Jh. in → *Chausseen* oder → *Straßen* überführt oder durch diese ersetzt.

Vorkommen/Verbreitung:
Historische Wege sind v. a. in Wäldern noch relikthaft erhalten.

Erfassung/Gesetzlicher Schutz:
Von den oben genannten Wegetypen werden Bohlenwege systematisch von den archäologischen Denkmalbehörden erfasst. Andere historische Wege sind bei den Behörden nur in Einzelfällen bekannt. Exemplare mit kulturgeschichtlicher Bedeu-

tung, die in Gestalt, Material, Wegeführung oder -verlauf eine weitgehend historische Ausprägung aufweisen, sollten dem NHB gemeldet werden.

Literaturtipps: DENECKE (1969).

Wrack

Merkmale, Morphologie, Typologie:
Gesunkenes, gestrandetes oder auf andere Weise unbrauchbar gewordenes Schiff.

Kulturgeschichte:
Wracks sind seltene Zeugnisse der Schifffahrtsgeschichte. Sie können örtlich die Eigenart der Küstenlandschaft prägen, z. B. das Wrack an der Ostspitze von Norderney.

Vorkommen/Verbreitung:
Dort, wo Wracks eine Gefahr für die Schifffahrt darstellen, werden sie geborgen. An sicherer Stelle oder als bewusste Markierung von Gefahrenstellen können einzelne Wracks an der Nordseeküste und an Flussufern zu finden sein.

Erfassung/Gesetzlicher Schutz:
Wracks sind den Behörden möglicherweise nicht in allen Fällen bekannt und sollten deshalb dem NHB gemeldet werden.

Abb. 82: *Schiffswrack auf Spiekeroog, Ldkr. Wittmund.* (Foto: Heinze)

2.9 Bestattung, Religion, Kult, Gedenkstätten

Bildstock

Merkmale, Morphologie, Typologie:
Freistehende Säule in der Feldmark aus Stein oder Holz mit gemalten oder plastischen religiösen Darstellungen, z. T. mit Inschriften oder aufgesetzter Heiligenfigur.

Kulturgeschichte:
Bildstöcke sind Zeugen katholischen Brauchtums. Frühe Bildstöcke entstanden bereits im 14. Jh., die meisten jedoch erst im Barock (ca. 1600–1770). Bildstöcke wurden zur Verehrung Marias (*Mariensäule*), als Erinnerung an Verstorbene, zum Dank für eine Errettung, am Ort eines Unfalls oder einer Untat (→ *Kreuzstein*) oder als Ausdruck zur Bitte um Hilfe errichtet.

Vorkommen/Verbreitung:
Bildstöcke sind v. a. in katholischen Gebieten verbreitet. Im Untereichsfeld sind z. B. 22 Bildstöcke erhalten.

Erfassung/Gesetzlicher Schutz:
Bildstöcke werden nur in Einzelfällen von den Denkmalbehörden erfasst und sollten daher dem NHB gemeldet werden.

Literaturtipps: Hauff (1990), Reuther (1961).

Denkmal

Merkmale, Morphologie, Typologie:
Der Begriff Denkmal beschränkt sich hier auf Denkmale i. e. S., meint also nicht automatisch Kultur- oder Naturdenkmale.
Denkmale sind plastische Bildungen wie Statuen oder *Gedenksteine*, die sich zur Erinnerung an ein bedeutendes Ereignis oder mit einer ideellen Botschaft an die Öffentlichkeit wenden, z. B. *Pestsäulen* zur Erinnerung und Abwendung von Epidemien, *Kriegerdenkmale* oder *Mahnmale*.

Kulturgeschichte:
Frühe Denkmale stammen aus dem 16. Jh., besonders viele Denkmale wurden im 19. Jh. errichtet, v. a. im Anschluss an den deutsch-französischen Krieg.

Vorkommen/Verbreitung:

landesweit

Erfassung/Gesetzlicher Schutz:

Denkmale werden von den Denkmalbehörden nur in seltenen Fällen erfasst, v. a. innerhalb von Siedlungen. Besondere, vor allem in der freien Landschaft gelegene Exemplare sollten dem NHB gemeldet werden.

Literaturtipps: SCHARF (1984).

Abb. 83: *»Luchsstein« im Harz.*
(Foto: Knoll)

Friedhof

Merkmale, Morphologie, Typologie:

Friedhöfe, auch *Kirchhof* (*Kerkhoff*), *Totenacker* oder *Gottesacker* genannt, sind Orte zur Bestattung. Kennzeichnend war der Ausschluss von Selbstmördern, ungetauften Kindern und Andersgläubigen. Entsprechend bestand eine Trennung zwischen katholischen, evangelischen und jüdischen Friedhöfen. Friedhöfe außerhalb von Siedlungen hatten oft *Friedhofskapellen*, die im Mittelalter auch als *Beinhaus* (Karner, Ossarium) dienten; seit dem 19. Jh. sind *Leichenhallen* obligatorisch. *Pestfriedhöfe* dienten ausschließlich der Bestattung von Pestopfern; Kriegsopfer ruhen auf *Kriegsgräberfriedhöfen*. Der jüdische Friedhof kennt keinen Grabschmuck und hat ursprünglich liegende *Grabsteine*. Ein Bestattungsort besonderen Rechts ist das *Familien-* oder *Erbbegräbnis*, das oft in besonderen Bereichen der Kirch- und Friedhöfe, aber auch in der freien Landschaft und mitunter in Verbindung mit einem → *Mausoleum* auftritt.

Kulturgeschichte:

Seit der Steinzeit bestatteten Menschen ihre Angehörigen in einem besonderen Bezirk. Der christliche Friedhof befand sich zunächst in oder an der Kirche, erst seit

Abb. 84: Jüdischer Friedhof in einem Wald bei Steinhude, Ldkr. Hannover. (Foto: Wiegand)

Ende des 18. Jahrhunderts liegen Friedhöfe mit zunehmendem Hygienebewusstsein außerhalb von Siedlungen. Parkähnlich gestaltet werden sie i. d. R. seit Mitte des 19. Jahrhunderts. Familienbegräbnisse adeliger oder großbäuerlicher Anwesen in der freien Landschaft sind v. a. vom Beginn des 19. bis Mitte des 20. Jahrhunderts bekannt.

Vorkommen/Verbreitung:
Pestfriedhöfe lagen i. d. R. außerhalb von Ortschaften, ebenso jüdische Friedhöfe, die meist auf unfruchtbarem Boden am Rande oder außerhalb von Siedlungen platziert wurden. Familienbegräbnisse befinden sich häufig in Wäldern.

Erfassung/Gesetzlicher Schutz:
Historische Friedhöfe sind in vielen Fällen von den Denkmalbehörden erfasst worden. Abseitige oder aufgegebene Friedhöfe im unbesiedelten Bereich oder deren Relikte (z. B. Einfriedungen, Grabsteine) können dabei übersehen oder als zu unbedeutend angesehen worden sein und sollten dem NHB gemeldet werden. Jüdische Friedhöfe sind in den meisten Fällen dem Landesverband Jüdischer Gemeinden Niedersachsen bekannt. Im Zweifelsfall sollten sie dem NHB gemeldet werden.

Literaturtipps: BOEHLKE (1984), BÖHME & PREISLER-HOLL (1996).

Grabhügel

Merkmale, Morphologie, Typologie:

Ein Grabhügel (auch *Hügelgrab*) ist eine flach aufgewölbte runde Kuppe zur Bestattung. Er misst 0,2–2 m in der Höhe und 4–30 m im Durchmesser und tritt oft vergesellschaftet mit mehreren Grabhügeln in Grabhügelfeldern auf. Vom Laien sind Grabhügel kaum von natürlichen Hügeln (z. B. Dünen) zu unterscheiden.

Kulturgeschichte:

Grabhügel sind von der Jungsteinzeit (ab 3. Jahrtausend v. Chr.) bis ins Mittelalter angelegt worden, wobei Grabhügel aus der Bronzezeit und Eisenzeit überwiegen. Im Gegensatz zu → *Großsteingräbern* dienten Grabhügel i. d. R. der Einzelbestattung. Die überwiegende Bestattungsart entwickelte sich von der bloßen Leichenbestattung (bis ca. 1800 v. Chr.) über die Beisetzung in Eichensärgen (oft nach Ost-West ausgerichtet) zur Urnenbestattung (ab ca. 1200 v. Chr.).

Vorkommen/Verbreitung: In ganz Niedersachsen

Abb. 85: Grasbewachsener Grabhügel am Silberberg, Ldkr. Osnabrück.   *(Foto: Wiegand)*

Erfassung/Gesetzlicher Schutz:
Grabhügel werden von den archäologischen Denkmalbehörden erfasst und vom NLD ins Verzeichnis der Kulturdenkmale aufgenommen.

Literaturtipps: Hässler (1991), Möller (1984).

Großsteingrab

Merkmale, Morphologie, Typologie:
Aus Steinplatten oder -blöcken errichtete Grabkammer. Das gemeinsame Konstruktionsprinzip aller Großsteingräber besteht darin, dass auf jeweils zwei aufgerichteten Trägersteinen ein Deckstein ruht. Man unterscheidet drei Typen: *Dolmen*, *Ganggrab* und *Galeriegrab*. Dolmen und Ganggrab waren meist auf der Erdoberfläche errichtet und ursprünglich mit Erde bedeckt. Dabei hat das Ganggrab einen seitlichen Zugang durch einen rechtwinklig auf die Kammer mündenden Gang. Galeriegräber haben in die Erde eingelassen Grabkammern. Großsteingräber können von wenigen Metern bis zu über 100 Meter lang sein (*Lang-* oder *Hünenbett* bzw. *-grab*).

Abb. 86: Großsteingrab bei Stöckse, Ldkr. Nienburg. (Foto: Wiegand)

Kulturgeschichte:
Großsteingräber wurden in der Jungsteinzeit, v. a. in der Trichterbecherkultur (3. Jahrtausend v. Chr.), angelegt, aber auch noch von den Menschen der Bronze- und Eisenzeit für Nachbestattungen genutzt.

Vorkommen/Verbreitung:
Landesweit, v. a. in eiszeitlich geprägten Gebieten mit Vorkommen geeigneter Steine.

Erfassung/Gesetzlicher Schutz:
Großsteingräber werden von den archäologischen Denkmalbehörden erfasst und vom NLD ins Verzeichnis der Kulturdenkmale aufgenommen.

Literaturtipps: Hässler (1991), Möller (1984).

Kirche

Merkmale, Morphologie, Typologie:
Eine Kirche ist ein geweihtes Gebäude zur christlichen Gottesverehrung. Nach Funktion und Rang unterscheidet man *Bischofskirchen* (*Dom, Münster, Kathedrale*), *Pfarr-, Kloster-, Stifts-, Wallfahrts-* und *Taufkirchen, Kapellen* und *Oratorien* (Bethäuser). Zur Umgebung einer Kirche gehören oft *Pastorate, Pastoren-, Pfarr-* und *Küsterhäuser*. Eine Besonderheit stellen *Kirchhofsiedlungen* dar, bei der Wohnhäuser im Kreis um einen Kirchvorplatz gruppiert sind. Das jüdische Gotteshaus ist die *Synagoge*.

Kulturgeschichte:
Kirchen nehmen eine herausragende Stellung in der Baugeschichte ein. Die ältesten erhaltenen niedersächsischen Kirchen entstanden im 10. und 11. Jahrhundert. Sie traten an die Stelle der bis dahin üblichen Holzbauten und wurden im romanischen Stil errichtet. In der Folgezeit spiegeln Kirchen die Entwicklung der Architektur wider, die sich von der Romanik über die Gotik, die Renaissance, den Barock, den Klassizismus und den Historismus bis zur Moderne entwickelte.

Vorkommen/Verbreitung: Kirchen sind landesweit verbreitet.

Erfassung/Gesetzlicher Schutz:
Kirchen aller Art, ihre Nebengebäude und Kirchhofsiedlungen sowie Synagogen sind von den Denkmalbehörden landesweit systematisch erfasst.

Literaturtipps: Dehio (1992), Möller (1984).

Bestattung, Religion, Kult, Gedenkstätten

Kirchweg

Merkmale, Morphologie, Typologie:
Kirchwege (*Kirchstiege, Richtewege*) sind zu einer Kirche führende Fußwege.

Kulturgeschichte:
Bis zum 19. Jh. hatten viele Dörfer keine eigenen Kirchen, sondern gehörten Kirchspielen an. Dort mussten die Menschen auf Kirchwegen ins Kirchdorf gehen. Kirchwege sind oft von → *Gedenksteinen* gesäumt und können zugleich als → *Kreuzweg* dienen.

Vorkommen/Verbreitung: In ganz Niedersachsen

Erfassung/Gesetzlicher Schutz:
Kirchwege, die in ihrer historischen Ausprägung als Fußweg erhalten sind, sollten dem NHB gemeldet werden.

Kloster

Merkmale, Morphologie, Typologie:
Ein Kloster ist ein mehr oder weniger deutlich von der Umgebung abgeschirmter Gebäudekomplex einer Ordensgemeinschaft von Frauen oder Männern, bestehend aus Kirche, Kreuzgang, Kapitel-, Schlaf- und Speisesaal und anderen Teilen. In der Regel gehören zu einem Kloster auch landwirtschaftliche oder gewerbliche Einrichtungen (z. B. *Klostergut,* → *Mühle,* → *Fischteich*).

Kulturgeschichte:
In Niedersachsen wurden die ersten Klöster in karolingischer Zeit zur Christianisierung gegründet. Aus landschaftsgeschichtlicher Sicht machten sich seit dem 12. Jh. v. a. die Zisterzienserklöster beim Ausbau und bei der Kultur des Landes verdient, z. B. durch Trockenlegung von Sümpfen, Anlage von Fischteichen, Anbau und Zucht von Getreide- und Obstsorten u. v. m.

Vorkommen/Verbreitung:
Klöster und ihre Einrichtung sind landesweit verbreitet.

Erfassung/Gesetzlicher Schutz:
Klostergebäude sind von den Denkmalbehörden landesweit erfasst. In Zusammenhang mit Klöstern stehende landschaftliche Zeugnisse wie → *Furten,* → *Fischteiche* → *Brücken* usw. bleiben dabei oft unberücksichtigt und sollten dem NHB gemeldet werden.

Literaturtipps: Dehio (1992), Möller (1984), Roth (1986).

Kreuzstein

Merkmale, Morphologie, Typologie:
Steine, die ein Kreuz darstellen, z. T. mit eingemeißelten Inschriften oder Abbildungen. Man unterscheidet *Kreuzsteine* i. e. S. (Stein, auf dem ein Kreuz abgebildet ist), *Steinkreuze* (Stein, der als Kreuz geformt ist) und *Scheibenkreuzsteine* (Steine, die in der oberen Hälfte als runde Scheibe geformt sind, auf der ein Kreuz abgebildet ist).

Kulturgeschichte:
Kreuzsteine sind Rechtsdenkmale des Mittelalters (v. a. 13.–16. Jh.), die für erschlagene oder verunglückte Personen aufgestellt wurden, die ohne Sterbesakramente umgekommen sind; bei Gewaltverbrechen oft vom Täter.

Vorkommen/Verbreitung:
In ganz Niedersachsen

Erfassung/Gesetzlicher Schutz:
Das Vorkommen von Kreuzsteinen und deren geschichtliche Hintergründe sind in ganz Niedersachsen erfasst und in einem Verzeichnis veröffentlicht (Müller & Baumann 1988). Darüber hinaus gehende Exemplare sollten dem NHB gemeldet werden.

Abb. 87: *Scheibenkreuzstein von 1397 in Salzhemmendorf, Ldkr. Hameln-Pyrmont. (Foto: Wiegand)*

Literaturtipps: Müller & Baumann (1988).

Kreuzweg

Merkmale, Morphologie, Typologie:
Ein aus 14 Stationen bestehender Weg zur Betrachtung der Leiden Christi. Die Stationen bestehen aus Wegkreuzen, Gedenksteinen, Figuren oder Bildern, den Abschluss bildet häufig eine Anhöhe (*Kalvarienberg*).

Kulturgeschichte:
Kreuzwege bzw. *Pilgerwege* dienen Prozessionen oder Wallfahrten. Die Kreuzweg-Andacht wurde durch den in Jerusalem üblichen Brauch, zur Osterzeit den Leidensweg Christi nachzugehen, und durch die im Mittelalter beliebten Wallfahrten nach Palästina angeregt.

Vorkommen/Verbreitung:
V. a. in katholischen Gebieten

Erfassung/Gesetzlicher Schutz:
Kreuzwege in historischer Ausprägung werden von Denkmalbehörden i. d. R. nicht erfasst und sollten dem NHB gemeldet werden.

Mausoleum

Merkmale, Morphologie, Typologie:
Oft prächtiges Gebäude zur Familienbestattung. Mausoleen können Bestandteil eines → *Friedhofs* sein oder sie gehören zu einem → *Erbbegräbnis* und liegen damit in der freien Landschaft bzw. innerhalb einer Parkanlage.

Kulturgeschichte:
Der Begriff Mausoleum geht auf das von Mausolos begonnene und seiner Gattin Artemisia 350 v. Chr. vollendete marmorne Mausoleum von Halikarnassos (heute SW-Türkei) zurück, eines der Sieben Weltwunder. In der Regel sind Mausoleen prächtige Gebäude, die die gehobene Stellung der in ihnen bestatteten Personen widerspiegeln sollen.

Abb. 88: Ehemaliges Mausoleum des Grafen C. von Alten im Sundern bei Hemmingen, Ldkr. Hannover. (Foto: Wiegand)

Vorkommen / Verbreitung: Mausoleen sind landesweit verbreitet.

Erfassung/Gesetzlicher Schutz:
Mausoleen werden von den Denkmalbehörden erfasst. Exemplare in der freien Landschaft können dabei übersehen werden und sollten den Behörden oder dem NHB gemeldet werden.

Steinmal

Merkmale, Morphologie, Typologie:
Steinmale sind Steine, die in vorgeschichtlicher oder mittelalterlicher Zeit von Menschen in ihrer Lage oder Form verändert wurden.

Kulturgeschichte:
Nach Aussehen und Funktion unterscheidet man *Menhire*, die unbearbeitet blieben und vermutlich während der Jungsteinzeit zur Grabmarkierung oder aus kultischen Zwecken aufgerichtet wurden, von bearbeiteten Schälchen- und Rillensteinen. *Schälchensteine* sind größere Steine, in die vermutlich zu kultischen Zwecken eine schälchenförmige Vertiefung eingraviert wurde. *Rillensteine* weisen auffällige Rillen auf

Abb. 89: Schälchenstein bei Vehrte, Ldkr. Osnabrück. *(Foto: Wiegand)*

und sind oft an Kirchenportalen, Klosteraufgängen oder anderen exponierten Stellen zu finden. Zu Steinmalen lassen sich auch → *Kreuzsteine* und → *Steinkreuze* zählen.

Vorkommen/Verbreitung:
Während Menhire und Schälchensteine vor allem in der freien Landschaft, meist im Wald zu finden sind, treten Rillensteine i. d. R. in Siedlungen als Teile von Gemäuern auf.

Erfassung/Gesetzlicher Schutz:
Steinmale werden von den archäologischen Denkmalbehörden erfasst und vom NLD ins Verzeichnis der Kulturdenkmale aufgenommen.

Literaturtipps: MÖLLER (1984).

2.10 Verteidigung, Militär

Burg

Merkmale, Morphologie, Typologie:
Burgen sind Bauwerke zur militärischen Verteidigung. Je nach ihrer Lage unterscheidet man *Höhenburgen* an exponierter Stelle in Mittelgebirgen und *Niederungsburgen* (*Wasserburgen*) im Tiefland. Insbesondere bei Höhenburgen wurden landschaftliche Gegebenheiten (z. B. Bergsporne) einbezogen. Je nach Alter und Bauart der Burg sind oft nur noch → *Wälle* (*Rund-*, *Ring-* oder *Abschnittswälle*), → *Mauern* oder → *Gräben* erhalten, bei jüngeren Burgen auch ganze Gebäudekomplexe. Ein spezieller Burgentyp ist die *Motte*, ein von einem Wassergraben umgebener, künstlicher Hügel mit hölzernem oder steinernem Turm, meist mit Vorburg oder Wirtschaftshof. Wo der Hügel fehlt, spricht man von einer Turmburg.

Kulturgeschichte:
Burgen sind für die Zeiten der Ur- und Frühgeschichte bis ins frühe Mittelalter die Hauptrelikte politischen Handelns. Neben ihrer Verteidigungs- haben sie vor allem machtpolitisch-offensive und repräsentative Funktion. Im Mittelalter sind sie Ausdruck der Adelsgesellschaft, die in ihnen gleichzeitig Wohnung und Schutz suchte. Die älteste Befestigung Niedersachsens, das Erdwerk auf dem Nachtwiesenberg bei Esbeck, Landkreis Helmstedt, stammt aus der ältesten Epoche der Jungsteinzeit, der Bandkeramik (6./5. Jahrtausend v. Chr.). Erst in der späten Bronzezeit und Eisen-

Abb. 90: *Burggraben der Gehrdener Burg, Ldkr. Hannover.* *(Foto: Wiegand)*

zeit entstanden im Mittelgebirgsraum Burgen im engeren Sinne, die schon besiedelt waren oder als Fluchtburgen und Stützpunkte in Kriegszeiten dienten.

Aus karolingischer und ottonischer Zeit ist wiederum eine größere Zahl Burgen bekannt. Teilweise waren sie, wie z. B. die befestigten Königspfalzen, ständig besiedelt und Elemente des herrschaftlichen Landesausbaus. Seit dem hohen Mittelalter stellten sie die befestigten Wohn- und Herrschaftssitze der Territorialherren sowie des hohen und niederen Adels dar (Bischofs-, Herzogs-, Grafen-, Ministerialen- oder Ritterburgen). Sie konnten auch zur Kontrolle strategisch wichtiger Straßen, Flussübergänge, Grenzen und Wirtschaftszentren dienen.

Vorkommen/Verbreitung:
Burgen sind landesweit verbreitet, besonders im Mittelgebirge.

Erfassung/Gesetzlicher Schutz:
Burgen und ihre Relikte werden von den Denkmalbehörden erfasst und in das Verzeichnis der Kulturdenkmale aufgenommen. Dabei beschränkt sich die Baudenkmalpflege auf die als Gebäude erhaltenen Burgen, die Archäologische Denkmalpflege erfasst alle übrigen, z. T. nur in Wällen oder Gräben erhaltenen Anlagen.

Literaturtipps: DEUTSCHE BURGENVEREINIGUNG E. V. (1999: 126–134), HÄSSLER (1991), HEINE (1995 UND 2000), MÖLLER (1984).

Verteidigung, Militär

Abb. 91: Landwehr bei Holte, Ldkr. Osnabrück. (Foto: Wiegand)

Landwehr

Merkmale, Morphologie, Typologie:
Einrichtung zur Sicherung und Markierung von Grenzen, bestehend aus einem oder mehreren parallelen Wällen und Gräben. Der Höhenunterschied zwischen der ehemals wassergefüllten Grabensohle und der früher mit Dornenhecken bepflanzten Wallkrone betrug i. d. R. mehrere Meter, kann sich aber im Lauf der Jahrhunderte durch Erosion verringert haben. Häufig verliefen Landwehren nicht exakt auf der tatsächlichen Grenze, sondern nutzen die Gunst des vorhandenen Geländes, indem unwegsame Gebiete durch eine Landwehr miteinander verbunden wurden. Durchlässe einer Landwehr waren mit *Warten* gesichert, das sind Beobachtungstürme aus Holz oder Bruchstein auf erhöhten Stellen. In Niederungsbereichen konnten Landwehren bisweilen nur aus → *Gräben* und → *Kanälen* bestehen, in unwegsamen Mooren und Flußniederungen auch aus einfachen → *Wallhecken*.

Kulturgeschichte:
Landwehren wurden v. a. im 14. und 15. Jh. angelegt, um in dieser von kriegerischen Auseinandersetzungen geprägten Zeit Territorien, Siedlungsräume und Städte vor feindlichen Angriffen zu schützen. Zugleich ermöglichten sie, den aufkommenden Handelsverkehr mit Wegezöllen zu belegen. Spätestens im 19. Jh. wurden Landwehren und Warten funktionslos.

Vorkommen/Verbreitung:
Landwehren sind vielerorts durch Abtrag oder Überbauung verschwunden. Meist sind nur kleinere Teilabschnitte erhalten, häufig in Wäldern.

Erfassung/Gesetzlicher Schutz:
Landwehren und Warten werden von den archäologischen Denkmalbehörden erfasst und vom NLD ins Verzeichnis der Kulturdenkmale aufgenommen. Erhaltene Warten sind Gegenstand der Baudenkmalpflege.

Literaturtipps: MÖLLER (1984).

Militärische Einrichtungen

Merkmale, Morphologie, Typologie:
Anlagen, die militärischen Zwecken dienten (*Übungsgelände, Flakstellung, Exerzierplatz* usw.) oder durch Kriegshandlungen entstanden sind (z. B. *Bombentrichter*).

Kulturgeschichte:
Zur Kulturgeschichte militärischer Anlagen des Mittelalters und der frühen Neuzeit siehe → *Burgen* und → *Schanzen*. Daneben erlangen mit zunehmendem Alter auch Anlagen des Ersten und Zweiten Weltkriegs kulturhistorische Bedeutung.

Vorkommen/Verbreitung:
Historische militärische Einrichtungen sind landesweit verbreitet.

Erfassung/Gesetzlicher Schutz:
Historische militärische Anlagen stehen seit jeher im Blickfeld archäologischer Denkmalbehörden und werden dort systematisch erfasst. Einrichtungen des 19. und 20. Jahrhunderts sollten dem NHB gemeldet werden.

Schanze

Merkmale, Morphologie, Typologie:
Befestigungsanlage aus hohen Erdwällen an topographisch beherrschender Lage. Die → *Wälle* bilden meist einen Rhombus oder ein Vieleck, es gibt auch sternförmige, ovale oder unregelmäßige Formen. Die Bezeichnung *Schanze* für wallartige Befestigungsanlagen ist gebräuchlich, aber nicht immer zutreffend. Tatsächlich kann es sich um → *Burgen* o. a. handeln.

Kulturgeschichte:
Die frühesten Schanzen stammen aus dem späten Mittelalter (v. a. 15. Jh.), die meisten sind jünger (16.–18. Jh.). Schanzen dienten v. a. als militärische Lager in strategisch wichtiger Lage. Von hier sollten Straßen und Fluss- oder Gebirgsübergänge gesichert werden. Dabei diente die Anlage als temporäres Lager und bot Schutz vor Artilleriefeuer.

Vorkommen/Verbreitung:
Die meisten Schanzen wurden in späteren Zeiten überpflügt. Erhaltene Anlagen liegen meist in Wäldern.

Erfassung/Gesetzlicher Schutz:
Schanzen werden von den archäologischen Denkmalbehörden erfasst und vom NLD ins Verzeichnis der Kulturdenkmale aufgenommen.

Literaturtipps: HÄSSLER (1991), MÖLLER (1984).

Turm

Merkmale, Morphologie, Typologie:
Türme sind Bauwerke, deren Höhe ihre Grundfläche um ein mehrfaches übertrifft. Sie stehen frei oder lehnen sich an andere Bauwerke an, diese dann i. d. R. überragend, oder sitzen anderen Bauwerken auf. Türme wurden früher vor allem aus Natur- oder Kunststeinen errichtet, in oberen Geschossen auch aus Holz oder Fachwerk, in jüngerer Zeit auch aus Eisen oder Beton. Sie dienen verschiedensten Zwecken, z. B. als *Kirch-, Wehr-* oder *Wachturm*, als → *Seezeichen* oder als *Wasser-* oder *Förderturm*.

Kulturgeschichte:
Als vertikale Landmarken, freistehend oder ihre Umgebung überragend, prägen Türme markant die Kulturlandschaft. Aus dem Mittelalter gibt es *Kirchtürme*, feudale *Wohntürme* und *Bergfriede*, aber auch bürgerliche und großbäuerliche → *Steinwerke*, *Mauer-* und *Tortürme* von Stadtbefestigungen, schließlich *Warttürme*, oft in Verbindung mit → *Landwehren*. Häufig verbinden sich zum Turmbau mehrere Motive: Der Wehrbau etwa will auch repräsentieren und Respekt einflößen, bei Kirchen wird die zur Glockenaufhängung nötige Konstruktion symbolisch überhöht, kann aber gleichzeitig auch Wehrfunktion besitzen oder – an der Küste – als Seezeichen dienen.

Türme neuer Funktion bringt das 19. Jahrhundert: seit seinem Beginn → *Leuchttürme*, seit seiner Mitte *Aussichtstürme*, seit seinem Ausgang (nun auch in neuen Eisen- oder Betonkonstruktionen) Türme mit technischen Aufgaben, etwa → *Wasser-* oder *Fördertürme*. Auch die wenigen erhaltenen *Grenztürme* der ehemaligen DDR sind als Mahnmale von Bedeutung.

Vorkommen/Verbreitung:
Türme sind landesweit verbreitet; nur bestimmte Funktionen sind an Regionen gebunden: Leuchttürme an die Küste, Fördertürme an Bergbaugebiete, Aussichtstürme vornehmlich an Mittelgebirgslandschaften.

Erfassung/Gesetzlicher Schutz:
Früheste Turmformen wie die Turmhügelburgen oder mehr oder weniger abgetragene Türme werden von den archäologischen Denkmalbehörden erfasst und vom NLD ins Verzeichnis der Kulturdenkmale aufgenommen. Alle übrigen Türme sind klassischer Gegenstand der Baudenkmalpflege und werden von ihr i. d. R. systematisch berücksichtigt. Erfassungslücken gibt es – aufgrund ihrer zuweilen abseitigen Lage oder unscheinbaren Konstruktion – v. a. bei den Aussichtstürmen. Sie sollten dem NHB oder den Denkmalbehörden gemeldet werden.

Literaturtipps: HEINLE & LEONHARD (1988), KOEPF (1999).

Wall

Merkmale, Morphologie, Typologie:
Wälle (vgl. auch → *Wallhecke*) dienten i. d. R. zur Markierung und ggf. zur Sicherung von Grenzen (*Grenzwall*). Sie bestehen aus aufgeworfener Erde, z. T. mit aufgeschichteten Steinen oder einer Holzkonstruktion durchsetzt. Sie konnten z. B. Bestandteile einer → *Burg* oder einer → *Landwehr* sein oder ehemalige → *Triften* oder → *Gemeinheiten* begrenzen. Ihre Höhe liegt zwischen wenigen Dezimetern und mehreren Metern und hängt von der Funktion und den topographischen Erfordernissen ab. Die nach außen weisende Seite des Walls kann steiler als die innere sein, oft ist ihr ein Graben vorgelagert.

Kulturgeschichte:
Wälle zählen zu den ältesten Einfriedungen. Früher waren sie häufig mit dornigen Hecken bepflanzt. Bis zur Einführung des Drahtzaunes stellten sie neben → *Gräben* und → *Grenzbäumen* die gängigen Grenzmarkierungen dar. Einzelne Wälle dienten

auch als → *Sandfang*. Besonders häufig kamen Wälle im Anschluss an die Gemeinheitsteilungen zum Einsatz, um z. B. Aufforstungen (*Pflanzkämpe*, meist rechtwinklig angeordnete Wälle) oder Koppeln (→ *Blockflur*) einzufrieden.

Vorkommen/Verbreitung:
Vor allem in Wäldern sind Wälle landesweit verbreitet.

Erfassung/Gesetzlicher Schutz:
Wälle werden nur bei besonderer Bedeutung von den archäologischen Denkmalbehörden erfasst und vom NLD ins Verzeichnis der Kulturdenkmale aufgenommen, z. B. Stadtwälle oder Wälle von Landwehren bzw. Burgen. Wälle der Forst- und Agrargeschichte (z. B. Pflanzkämpe, Sandfänge) oder andere Umwallungen jüngeren Datums werden von den Behörden nur in Einzelfällen erfasst. Sofern sie gut erhalten und zumindest aus lokaler Sicht von kulturgeschichtlicher Bedeutung sind, sollten sie dem NHB gemeldet werden.

Abb. 92: *Wall eines Pflanzkampes bei Bramsche, Ldkr. Osnabrück.* (Foto: Wiegand)

2.11 Herrschaft, Verwaltung, Recht, Versorgung

Grenzstein

Merkmale, Morphologie, Typologie:
Aus Naturstein behauener oder aus Beton hergestellter Stein zur Markierung einer Grenze, oft mit Buchstaben oder Symbolen zur Kennzeichnung der beiden aneinandergrenzenden Territorien. Historische Grenzsteine können bis zu 1 m hoch und mit ihrem unteren Teil fast ebenso tief in die Erde eingelassen sein und in Verbindung mit → *Landwehren* oder → *Grenzgräben* stehen.

Kulturgeschichte:
Historische Grenzsteine dienten zur Markierung größerer Herrschaftsbereiche, konnten aber auch Jagdreviere (*Jagdstein*), Allmendeflächen oder private Gebiete kenn-

zeichnen (v. a. nach der Markenteilung als *Verkoppelungsstein*). Grenzsteine im Harzer Bergbau zur Markierung unterirdischer Grubenfelder heißen *Lochsteine*. Im Unterschied zu → *Grenzbäumen* und → *Grenzwällen* sind Grenzsteine bis in die Gegenwart gebräuchlich.

Vorkommen/Verbreitung:
Historische Grenzsteine sind vielerorts noch erhalten, können aber im Unterholz oder unter Erde versteckt und dadurch schwer zu entdecken sein.

Erfassung/Gesetzlicher Schutz:
Historische Grenzsteine werden von den Behörden nur in Einzelfällen erfasst. Exemplare mit kulturgeschichtlicher Bedeutung (i. d. R. aus dem 19. Jh. oder früher) sollten dem NHB gemeldet werden.

Abb. 93: *Grenzstein von 1837 zwischen den Königreichen Hannover und Preußen in Wiedensahl, Ldkr. Schaumburg.*
(Foto: Klose)

Herrschaftliche Gebäude

Merkmale, Morphologie, Typologie:

Unter herrschaftlichen Gebäuden werden hier *Schlösser, Güter, Amtshöfe, Rittergüter, Herrensitze, Drosteien, Vogteien, Residenzen, Vorwerke, Domänen* u. v. m. sowie ihre Nebengebäude (z. B. *Fasanerie*) zusammengefasst. → *Burgen* werden in einem separaten Kapitel behandelt. Oft stehen sie in direktem Zusammenhang mit → *Parkanlagen,* → *Alleen, Sichtachsen, Torhäusern, Zu-* und *Durchfahrten, Reitbahnen* (dem Reiten vorbehaltene Freiflächen) o. a.

Kulturgeschichte:

Hervorgegangen sind herrschaftliche Gebäude oft aus einstigen Burgen. Durch Umoder Neubau traten an ihre Stelle seit dem 15. und 16. Jahrhundert repräsentative Bauten, weil Burgen und Wehranlagen mit Vervollkommnung der Feuerwaffen und zunehmendem Sicherheit der sich festigenden Territorien allmählich wertlos geworden waren. Entsprechend der Zeit ihrer Erbauung sind sie bedeutende Zeugnisse der Renaissance, des Barock, des Klassizismus oder des Historismus. Von landschaftsprägender und kulturhistorischer Bedeutung sind häufig auch ihre Nebenanlagen. Domänen und Vorwerke dienen der Landwirtschaft und ähneln in ihrem Erscheinungsbild dem → *Bauernhaus* und seinen → *landwirtschaftlichen Nebengebäuden*.

Vorkommen/Verbreitung:
Herrschaftliche Gebäude sind landesweit verbreitet, besonders in den Mittelgebirgsregionen und im Lössvorland.

Erfassung/Gesetzlicher Schutz:
Herrschaftliche Anlagen und ihre Nebengebäude sind von der Baudenkmalpflege systematisch erfasst und ins Verzeichnis der Kulturdenkmale aufgenommen. Versteckt in der Landschaft liegende, dazugehörende Anlagen wie Alleen, Zu- und Durchfahrten, Sichtschneisen o. a. können dabei übersehen worden sein und sollten dem NHB gemeldet werden.

Literaturtipps: Dehio (1992), Möller (1984).

Thing

Merkmale, Morphologie, Typologie:
Ein Platz, an dem in historischer Zeit unter freiem Himmel ein Gericht tagte, oftmals durch Linden (→ *Gerichtslinde*) markiert. Weil die letzten Thingstätten spätestens im 18. Jh. aufgelöst wurden, sind sie äußerlich allenfalls an ihrer platzartigen Gestaltung mit Bäumen oder Steinen zu erkennen. Das Thing ist nicht zu verwechseln mit dem → *Tie*.

Kulturgeschichte:
Auf dem Thing (auch *Ding, Tageding* oder *Schrannengericht*) wurden in germanischer Zeit Gerichtsverfahren abgehalten und Stammesangelegenheiten besprochen. Unter den Franken wandelte es sich zu einer Gerichtsversammlung des Grafen. Obwohl das Thing in einzelnen Fällen bis ins 18. Jh. bestand, verlor es bereits im Mittelalter an Bedeutung; an seine Stelle trat die Gerichtsverfassung der Städte und Territorien. Gerichtsplätze können zugleich Hinrichtungsstätten (*Richtplätze*, z. B. *Galgenberg*) gewesen sein.

Vorkommen/Verbreitung:
Ehemals waren Thingstätten landesweit verbreitet. Sichtbare Relikte ehemaliger Thingstätten sind selten.

Erfassung/Gesetzlicher Schutz:
Zur Deutung eines Platzes als Thingstätte genügen keine platzartig angeordneten Baumpflanzungen oder Steine. Historische Flurnamen und andere Quellen sind unbedingt hinzuzuziehen. Thingstätten werden von den archäologischen Denkmalbehörden nur selten erfasst und vom NLD ins Verzeichnis der Kulturdenkmale aufgenommen. Thingstätten, Richtplätze oder Galgenberge mit sichtbaren Relikten sollten daher dem NHB gemeldet werden.

Literaturtipps: Hässler (1991).

Versorgungseinrichtungen

Merkmale, Morphologie, Typologie:
Öffentliche Einrichtungen sowie Gebäude zur Nachrichtenübermittlung, zur Gesundheits-, Trinkwasser-, oder Elektrizitätsversorgung u. a.

Kulturgeschichte:
Nach ihrer historischen Funktion und Bauweise unterscheidet man verschiedene Typen:
- *Transformatorenhäuschen* wurden v. a. nach der Jahrhundertwende errichtet, zunächst aus Holz, später in Form hoher schlanker Häuschen oder Türme. Sie dienen zur Umwandlung von Hoch- in vom Verbraucher benötigte Niedrigspannung und werden zunehmend durch unterirdische Anlagen ersetzt.
- *Telegrafenstationen, Funktürme* und *Sendemasten* zur Nachrichtenübermittlung, *Türme* zur Leitung des Nachtflugverkehrs, *Strommasten* und andere technische Einrichtungen unterliegen einem raschen Wandel. Historische Exemplare bzw. ihre Relikte stellen oft wertvolle Zeugnisse der Technikgeschichte dar.
- *Feuerwehrhäuser* dienen der Aufbewahrung von Fahrzeugen und Ausrüstungsgegenständen zur Brandbekämpfung. Auffälligstes Merkmal sind schmale hohe *Schlauchtürme* zum Aufhängen der Schläuche.
- *Dorfschulen* sind in den ländlichen Gemeinden v. a. im 19. Jahrhundert entstanden, oft in Ortsrandlage und typischer Bauweise.
- *Wasserwerke* dienen der lokalen oder regionalen Versorgung mit Trink- oder Brauchwasser. Zur Gewährleistung des Wasserdrucks liegen sie i. d. R. an erhöh-

ter Stelle oder verfügen über dazugehörige Anlagen (z. B. *Wasserbehälter, Wasserturm, Pumpwerk*).
- *Siechenhäuser* (z. B. Pest- oder *Leprosenhaus*) oder Armenhäuser zur Unterbringung von Kranken bzw. Mittellosen. Typisch ist ihre meist abseitige Lage (Ansteckungsgefahr).

Vorkommen/Verbreitung:
Versorgungseinrichtungen unterliegen einem raschen Wandel. Erhaltene historische Anlagen bzw. ihre Relikte konzentrieren sich v. a. auf ländliche, strukturschwache Räume.

Erfassung/Gesetzlicher Schutz:
Historische Versorgungseinrichtungen werden von der Baudenkmalpflege i. d. R. erfasst (z. B. Dorfschulen oder Feuerwehrhäuser). Abseitige Anlagen außerhalb von Siedlungen bzw. deren Relikte können unentdeckt geblieben sein und sollten bei kulturgeschichtlicher oder landschaftsprägender Bedeutung dem NHB gemeldet werden.

Abb. 94: *Trafohäuschen in Esens, Ldkr. Wittmund.* (Foto: Heinze)

Anhang

4 Beispiele ausgefüllter Meldebögen
Literatur
Adressen
Abkürzungsverzeichnis
Bildnachweis

Beispiel-Meldebogen 1

MELDEBOGEN FÜR HISTORISCHE KULTURLANDSCHAFTSTEILE

Name des Objektes Stauanlage am Leedener Mühlenbach

Landkreis:	Gemeinde:	Ortsteil/ Gemarkung:	Datum der Erfassung:
Osnabrück	Hagen a. T. W.	Natrup-Hagen	23.11.2000

Erfasser / in: (Name, Anschrift, Tel.- / Fax-Nr. und ggf. e-mail-Adresse)
Anton Mustermann, Dorfstr. 1, 12345 Musterdorf, Tel. (01234) 5678

Die grau hinterlegten Felder sind vom NHB auszufüllen!

Datenbanknummer: .... **Typen-Kürzel:** .... **Melder-Nr.:** ....

Rechtswert (G.-K.): von _ _ _ _ _ _ _ bis _ _ _ _ _ _ _   **Hochwert:** von _ _ _ _ _ _ _ bis _ _ _ _ _ _ _

ermittelt aus: ☐ Karteneintrag des Melders in TK / DGK .... ☐ ....

1) **Beschreibung des Objektes:**
   - **Sichtbare Bestandteile:** (bauliche und / oder pflanzliche) 3 Stauwehre am Mühlenbach (aus Ziegel, Beton u. Sandstein, Seitenteile erhalten), ein davon abgehender trockengefallener Graben, 2 Teiche u. eine bewässerbare Wiese

   - **Größe:** (Abmessungen) Stauwehr A: Seitenteile 240x80 cm, andere kleiner
   - **Umgebung:** westlich des Mühlbaches: Buchenwald, östlich: Gründland

2) **Nutzung:**
   Wann ist das Objekt geschaffen worden / entstanden? 1865 – 1880 .... ☐ weiß nicht
   - Worauf stützen Sie Ihre Angabe? Auskunft d. Besitzers, preuß. Landesaufnahme von 1896
   - Durch wen? Hofbesitzer: Herr. B. Sitzer .... ☐ weiß nicht
   - Zu welchem Zweck / wodurch? zur Wiesenbewässerung u. Düngung, und evtl. zur Speisung eines Teiches .... ☐ weiß nicht
   - Wie wird das Objekt heute genutzt?   ☐ in historischer Weise
     ☐ teilweise in historischer Weise, außerdem ....
     ☒ bis ca.1950 in historischer Weise, seitdem: fließt der Bach ungehindert

3) **Wie gut ist das Objekt erhalten?**
   ☐ gut erhalten / typisch ausgeprägt
   ☐ verändert / beeinträchtigt ....
   ☒ weitgehend zerstört / verfallen / verformt, aufgrund von Nutzungsaufgabe
   ....

4) **Kennen Sie weitere solcher Objekte?** ☐ nein ☒ ja wieviele: 2 wo: am Stürzelbach

5) **Ihre Meinung:** Das Objekt ist   ☒ erhaltenswürdig   ☐ nicht erhaltenswürdig
   Begründung: Es ist ein gut erhaltenes Ensemble, an dem die historische Landnutzung gut nachvollzogen werden kann.

6) **Pflege-, Nutzungs-, Schutz- oder Reparaturvorschläge:** prüfen, ob die Bausubstanz dauerhaft gesichert ist

Beispiel-Meldebogen 1

| **MELDEBOGEN FÜR HISTORISCHE KULTURLANDSCHAFTSTEILE** |

7) Aktuelles Foto des Objektes: aufgenommen am...**15.04.1998**......

8) **Bitte legen Sie diesem Meldebogen eine Karte bei (Kopie der TK 25 beim NHB erhältlich) und tragen Sie die Lage des Objektes exakt darin ein! Orientieren Sie sich hierzu bitte am Beispiel des Mustermeldebogens und an folgenden Hinweisen:**

- Verwenden Sie einen Kartenausschnitt, der einem Ortsfremden die Orientierung ermöglicht!
- Bitte geben Sie die genaue Lage des Objektes an:
  - bei punktuellen Objekten: ein farbiges Kreuz
  - bei linearen Objekten: eine farbige Linie
  - bei flächigen Objekten: eine dünne Schraffur mit farbiger Umgrenzung
- Falls Sie zwischen aktuellen und ehemaligen oder zwischen schlecht und gut erhaltenen Bestandteilen unterscheiden möchten, verwenden Sie bitte verschiedene Farben, Signaturen oder Schraffuren (**mit Zeichenerklärung!**)!
- Bitte markieren Sie die Blickrichtung des Fotografen mit einem spitzen Dreieck!

9) Weitere Quellen / Literatur zum Objekt: **Hinz & Kunz: Wiesenbewässerungsanlagen d. 19. Jhds., Heimatjahrbuch Musterdorf**

10) Wer kann außer Ihnen Auskunft zum Objekt geben? ....
Förster Müller, Tel. 0 12 34 / 98 76

11) Bemerkungen / Sonstiges (evtl. separates Blatt): ....

Mit der Weitergabe (nach EG-Richtlinie Informationen über die Umwelt [90/313/EWG]) der von mir ehrenamtlich erhobenen Daten bin ich einverstanden ☒

209

Beispiel-Meldebogen 1

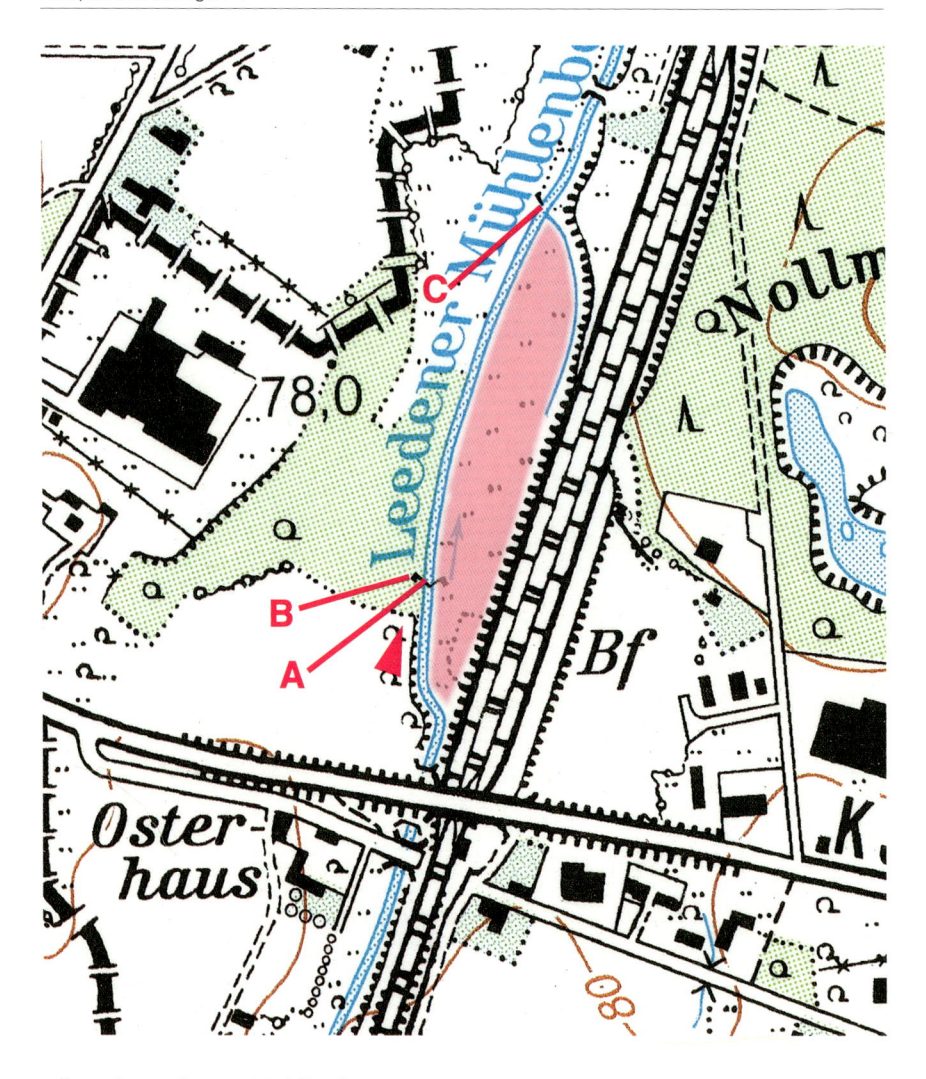

- **A** Stauwehr am Mühlbach
- **B** Stauwehr zu Beginn des Grabens
- **C** Stauwehr am Ende des Grabens
- ◀ Blickrichtung Foto
- ▮ Bewässerbare Wiese

MELDEBOGEN FÜR HISTORISCHE KULTURLANDSCHAFTSTEILE

Name des Objektes: Schneitelbaumbestand im Schaumburger Wald

Landkreis:	Gemeinde:	Ortsteil/ Gemarkung:	Datum der Erfassung:
Schaumburg	Bückeburg	Rusbend	05.03.2000

Erfasser / in: (Name, Anschrift, Tel.- / Fax-Nr. und ggf. e-mail-Adresse)
Anton Mustermann, Dorfstr. 1, 12345 Musterdorf, Tel. (01234) 5678

Die grau hinterlegten Felder sind vom NHB auszufüllen!

Datenbanknummer: .... **Typen-Kürzel:** .... **Melder-Nr.:** ....

Rechtswert (G.-K.): von _ _ _ _ _ _ _ bis _ _ _ _ _ _ _ **Hochwert**: von _ _ _ _ _ _ _ bis _ _ _ _ _ _ _

ermittelt aus: ☐ Karteneintrag des Melders in TK / DGK .... ☐ ....

1) Beschreibung des Objektes:
- **Sichtbare Bestandteile:** (bauliche und / oder pflanzliche) Etwa 30 Hainbuchen, die sich in ca. 3 m Höhe in mehrere Stämme verzweigen
- **Größe:** (Abmessungen) etwa 100 x 200 Meter
- **Umgebung:** Buchenwald

2) Nutzung:
Wann ist das Objekt geschaffen worden / entstanden? 19.Jh. bis Jh.-wende ☐ weiß nicht
- Worauf stützen Sie Ihre Angabe? geschätztes Alter der Bäume
- Durch wen? .... ☒ weiß nicht
- Zu welchem Zweck / wodurch? vermutl. Gewinnung von Laubheu und Brennholz .... ☐ weiß nicht
- Wie wird das Objekt heute genutzt? ☐ in historischer Weise
  ☐ teilweise in historischer Weise, außerdem ....
  ☒ bis ...?... in historischer Weise, seitdem: normale forstliche Nutzung

3) Wie gut ist das Objekt erhalten?
☐ gut erhalten / typisch ausgeprägt
☒ verändert / beeinträchtigt Aufgabe der ursprünglichen Nutzung
☐ weitgehend zerstört / verfallen / verformt, aufgrund ....

4) Kennen Sie weitere solcher Objekte? ☐ nein ☒ ja wieviele: ? wo: Schaumburger Wald

5) Ihre Meinung: Das Objekt ist ☒ erhaltenswürdig ☐ nicht erhaltenswürdig
Begründung: Objekt ist in seiner Ausdehnung u. Geschlossenheit im Schaumburger Wald einzigartig, guter Zeuge einer urspgl. typischen Nutzungsform.

6) Pflege-, Nutzungs-, Schutz- oder Reparaturvorschläge: Schneitelbäume erhalten

Beispiel-Meldebogen 2

MELDEBOGEN FÜR HISTORISCHE KULTURLANDSCHAFTSTEILE

7) **Aktuelles Foto des Objektes:** aufgenommen am... **18.02.2000**

8) **Bitte legen Sie diesem Meldebogen eine Karte bei (Kopie der TK 25 beim NHB erhältlich) und tragen Sie die Lage des Objektes exakt darin ein! Orientieren Sie sich hierzu bitte am Beispiel des Mustermeldebogens und an folgenden Hinweisen:**

- ☞ Verwenden Sie einen Kartenausschnitt, der einem Ortsfremden die Orientierung ermöglicht!
- ☞ Bitte geben Sie die genaue Lage des Objektes an:
  - bei punktuellen Objekten: ein farbiges Kreuz
  - bei linearen Objekten: eine farbige Linie
  - bei flächigen Objekten: eine dünne Schraffur mit farbiger Umgrenzung
- ☞ Falls Sie zwischen aktuellen und ehemaligen oder zwischen schlecht und gut erhaltenen Bestandteilen unterscheiden möchten, verwenden Sie bitte verschiedene Farben, Signaturen oder Schraffuren (**mit Zeichenerklärung!**)!
- ☞ Bitte markieren Sie die Blickrichtung des Fotografen mit einem spitzen Dreieck!

9) Weitere Quellen / Literatur zum Objekt: ....

....

10) Wer kann außer Ihnen Auskunft zum Objekt geben? ....
    Forstverwaltung zu Bückeburg

11) Bemerkungen / Sonstiges (evtl. separates Blatt): ....

....

Mit der Weitergabe (nach EG-Richtlinie Informationen über die Umwelt [90/313/EWG]) der von mir ehrenamtlich erhobenen Daten bin ich einverstanden 📌

Beispiel-Meldebogen 2

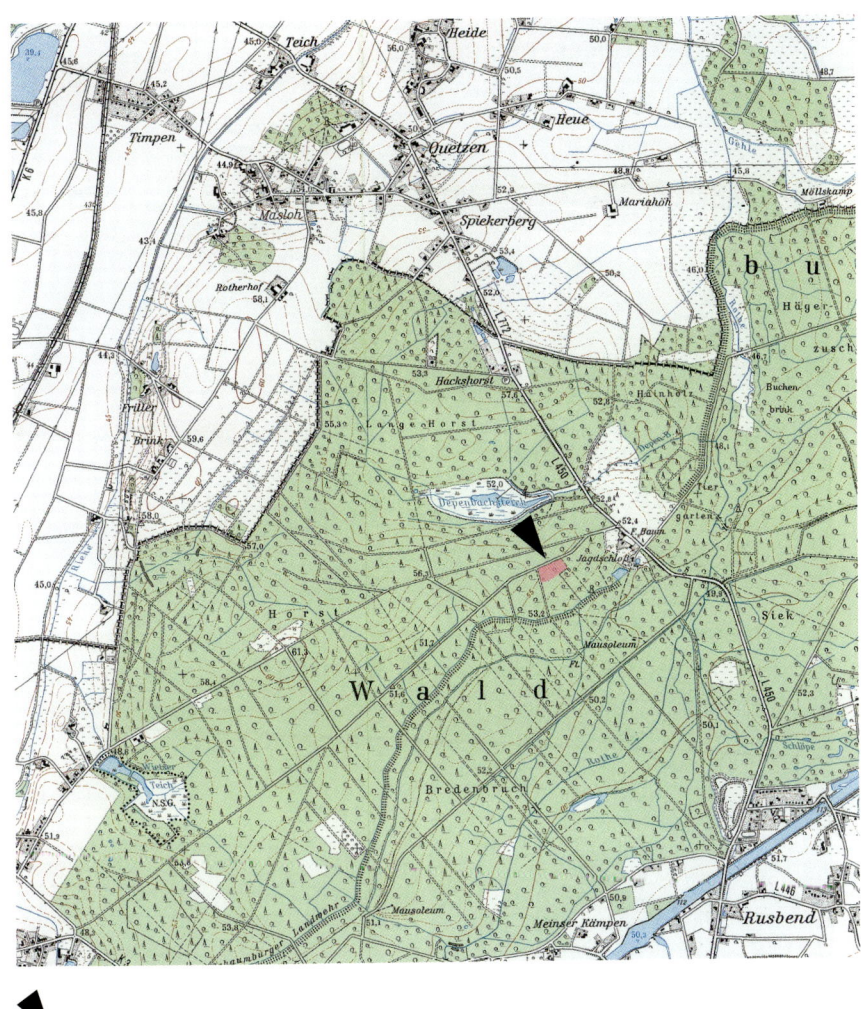

◀ Blickrichtung Foto
▬ Schneitelbaumbestand

Beispiel-Meldebogen 3

MELDEBOGEN FÜR HISTORISCHE KULTURLANDSCHAFTSTEILE

Name des Objektes: Kohlepingen bei Dröper

Landkreis:	Gemeinde:	Ortsteil/ Gemarkung:	Datum der Erfassung:
Osnabrück	Georgsmarienhütte	Kloster Oesede	28.10.2000

Erfasser / in: (Name, Anschrift, Tel.- / Fax-Nr. und ggf. e-mail-Adresse)
Anton Mustermann, Dorfstr. 1, 12345 Musterdorf, Tel. (01234) 5678

Die grau hinterlegten Felder sind vom NHB auszufüllen!

Datenbanknummer: .... **Typen-Kürzel:** .... **Melder-Nr.:** ....

Rechtswert (G.-K.): von _ _ _ _ _ _ bis _ _ _ _ _ _ _ **Hochwert:** von _ _ _ _ _ _ bis _ _ _ _ _ _ _

ermittelt aus: ☐ Karteneintrag des Melders in TK / DGK .... ☐ ....

1) **Beschreibung des Objektes:**
   - **Sichtbare Bestandteile:** (bauliche und / oder pflanzliche) mehrere trichterförmige Vertiefungen mit aufgewölbten Rändern, kreisförmig
   - **Größe:** (Abmessungen) unterschiedl., bis zu 8 m Durchmesser u. 3 m Tiefe
   - **Umgebung:** Laubwald (überwiegend Buchen und Birken)

2) **Nutzung:**
   Wann ist das Objekt geschaffen worden / entstanden? Ende 16.-Mitte 17. Jh. ☐ weiß nicht
   - Worauf stützen Sie Ihre Angabe? Mitteil. d. histor. Vereins Osnabrücks, 27. Bd. 1902
   - Durch wen? zunächst Kloster Oesede als Grundherr, dann von versch. Pächtern aus der Umgebung ☐ weiß nicht
   - Zu welchem Zweck / wodurch? Gewinnung von Steinkohle aus den hier ausstreichenden Kohleflözen .... ☐ weiß nicht
   - Wie wird das Objekt heute genutzt? ☐ in historischer Weise
      ☐ teilweise in historischer Weise, außerdem ....
      Anf.
      ☒ bis 18. Jh. in historischer Weise, seitdem: nicht mehr (Laubwald)

3) **Wie gut ist das Objekt erhalten?**
   ☐ gut erhalten / typisch ausgeprägt
   ☒ verändert / beeinträchtigt durch Laubeintrag; Pingen verflachen allmählich
   ☐ weitgehend zerstört / verfallen / verformt, aufgrund ....

4) **Kennen Sie weitere solcher Objekte?** ☐ nein ☒ ja wieviele: 2 wo: in der Gemeinde

5) **Ihre Meinung:** Das Objekt ist ☒ erhaltenswürdig ☐ nicht erhaltenswürdig
   Begründung: sehr gut erkennbares Relikt der Kohlegewinnung

6) **Pflege-, Nutzungs-, Schutz- oder Reparaturvorschläge:** Nutzung als Wald beibehalten, ggf. Laub entfernen

Beispiel-Meldebogen 3

MELDEBOGEN FÜR HISTORISCHE KULTURLANDSCHAFTSTEILE

7) Aktuelles Foto des Objektes: aufgenommen am **Feb. 1985**

8) Bitte legen Sie diesem Meldebogen eine Karte bei (Kopie der TK 25 beim NHB erhältlich) und tragen Sie die Lage des Objektes exakt darin ein! Orientieren Sie sich hierzu bitte am Beispiel des Mustermeldebogens und an folgenden Hinweisen:

- Verwenden Sie einen Kartenausschnitt, der einem Ortsfremden die Orientierung ermöglicht!
- Bitte geben Sie die genaue Lage des Objektes an:
  - bei punktuellen Objekten: ein farbiges Kreuz
  - bei linearen Objekten: eine farbige Linie
  - bei flächigen Objekten: eine dünne Schraffur mit farbiger Umgrenzung
- Falls Sie zwischen aktuellen und ehemaligen oder zwischen schlecht und gut erhaltenen Bestandteilen unterscheiden möchten, verwenden Sie bitte verschiedene Farben, Signaturen oder Schraffuren (**mit Zeichenerklärung!**)!
- Bitte markieren Sie die Blickrichtung des Fotografen mit einem spitzen Dreieck!

9) Weitere Quellen / Literatur zum Objekt: *Geschichte der Steinkohlenförderung im Amt Iburg, von Paul Rohde, Iserlohn 1902*

10) Wer kann außer Ihnen Auskunft zum Objekt geben? *Besitzer des Objektes Landwirt Ostermann*

11) Bemerkungen / Sonstiges (evtl. separates Blatt): ....

Mit der Weitergabe (nach EG-Richtlinie Informationen über die Umwelt [90/313/EWG]) der von mir ehrenamtlich erhobenen Daten bin ich einverstanden ☒

Beispiel-Meldebogen 3

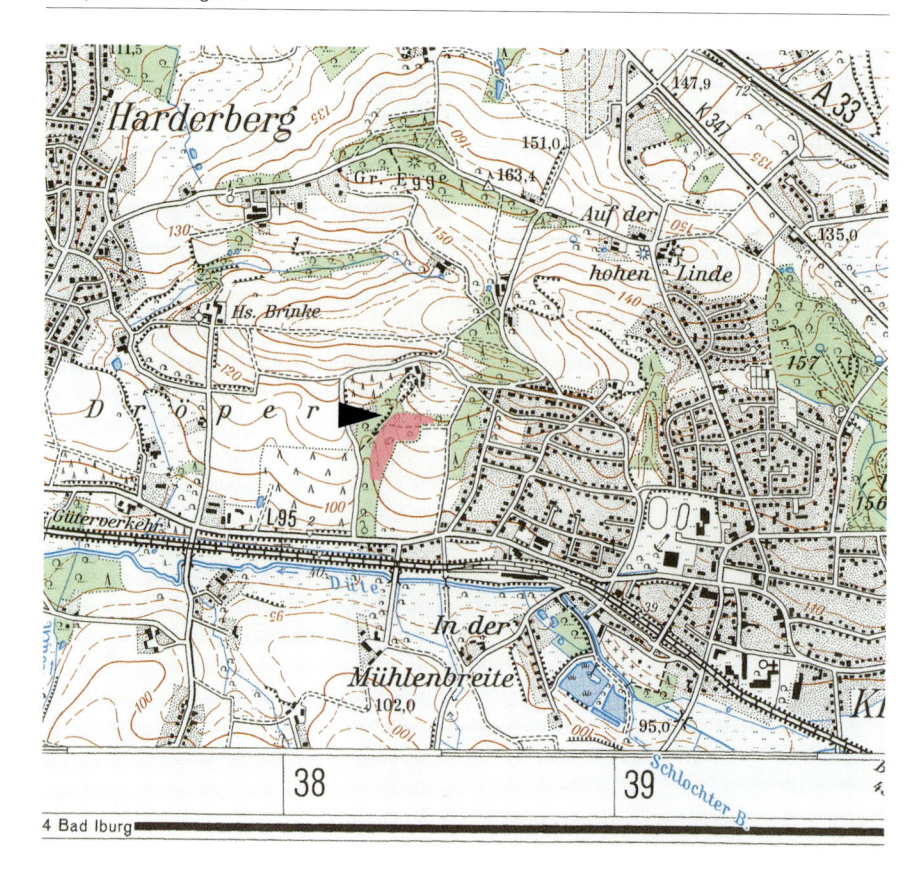

▶ Blickrichtung Foto
Pingengebiet

MELDEBOGEN FÜR HISTORISCHE KULTURLANDSCHAFTSTEILE

Name des Objektes: Wölbäcker bei Gorleben

Landkreis:	Gemeinde:	Ortsteil/ Gemarkung:	Datum der Erfassung:
Lüchow-Dannenberg	SG Gartow	Gorleben	Sept.-Nov. 2000

Erfasser / in: (Name, Anschrift, Tel.- / Fax-Nr. und ggf. e-mail-Adresse)

Anton Mustermann, Dorfstr. 1, 12345 Musterdorf, Tel. (01234) 5678

Die grau hinterlegten Felder sind vom NHB auszufüllen!

Datenbanknummer: .... **Typen-Kürzel**: .... **Melder-Nr.**: ....

Rechtswert (G.-K.): von _ _ _ _ _ _ _ bis _ _ _ _ _ _ _ **Hochwert**: von _ _ _ _ _ _ _ bis _ _ _ _ _ _ _

ermittelt aus: ☐ Karteneintrag des Melders in TK / DGK .... ☐ ....

1) **Beschreibung des Objektes:**
   - **Sichtbare Bestandteile**: (bauliche und / oder pflanzliche) überwiegend unter Nadelwald, Furchen u. Kuppen gut erkennbar, Höhenunterschiede ca. 70-80 cm, Abstand zwischen den einzelnen Furchen etwa 12-13 m
   - **Größe**: (Abmessungen) unterschiedl. Ausdehnungen (siehe Karte)
   - **Umgebung**: überwiegend Nadelwald

2) **Nutzung:**
   Wann ist das Objekt geschaffen worden / entstanden? .... ☒ weiß nicht
   - Worauf stützen Sie Ihre Angabe? ....
   - Durch wen? damalige Bauern .... ☐ weiß nicht
   - Zu welchem Zweck / wodurch? meist zum Anbau von Buchweizen; in trockenen Jahren in der Furche, in nassen auf dem Rücken .... ☐ weiß nicht
   - Wie wird das Objekt heute genutzt?   ☐ in historischer Weise
     ☐ teilweise in historischer Weise, außerdem ....
     ☒ bis......?...... in historischer Weise, seltdem.. überwiegend forstliche Nutzung

3) **Wie gut ist das Objekt erhalten?**
   ☐ gut erhalten / typisch ausgeprägt
   ☒ verändert / beeinträchtigt   Aufgabe der ursprünglichen Nutzung
   ☐ weitgehend zerstört / verfallen / verformt, aufgrund ....

4) **Kennen Sie weitere solcher Objekte?** ☐ nein ☒ ja wieviele: ca. 30 wo: ges. Landkreis

5) **Ihre Meinung**: Das Objekt ist   ☒ erhaltenswürdig   ☐ nicht erhaltenswürdig
   Begründung: z. T. sehr gut sichtbar u. wenig beeinträchtigt, daher gute Beispiele einer ursprünglich typischen Nutzungsform

6) **Pflege-, Nutzungs-, Schutz- oder Reparaturvorschläge**:
   schonende Waldbewirtschaftung

Beispiel-Meldebogen 4

MELDEBOGEN FÜR HISTORISCHE KULTURLANDSCHAFTSTEILE

7) **Aktuelles Foto des Objektes:** aufgenommen am 13.02.2001

8) Bitte legen Sie diesem Meldebogen eine Karte bei (Kopie der TK 25 beim NHB erhältlich) und tragen Sie die Lage des Objektes exakt darin ein! Orientieren Sie sich hierzu bitte am Beispiel des Mustermeldebogens und an folgenden Hinweisen:

- Verwenden Sie einen Kartenausschnitt, der einem Ortsfremden die Orientierung ermöglicht!
- Bitte geben Sie die genaue Lage des Objektes an:
  - bei punktuellen Objekten: ein farbiges Kreuz
  - bei linearen Objekten: eine farbige Linie
  - bei flächigen Objekten: eine dünne Schraffur mit farbiger Umgrenzung
- Falls Sie zwischen aktuellen und ehemaligen oder zwischen schlecht und gut erhaltenen Bestandteilen unterscheiden möchten, verwenden Sie bitte verschiedene Farben, Signaturen oder Schraffuren (**mit Zeichenerklärung!**)!
- Bitte markieren Sie die Blickrichtung des Fotografen mit einem spitzen Dreieck!

9) **Weitere Quellen / Literatur zum Objekt:** W. Meibeyer: Über den Profilaufbau des Pflughorizontes in Wölbäckern; G. A. Kittler: Das Problem der Hochäcker

10) **Wer kann außer Ihnen Auskunft zum Objekt geben?** ?

11) **Bemerkungen / Sonstiges (evtl. separates Blatt):**

Mit der Weitergabe (nach EG-Richtlinie Informationen über die Umwelt [90/313/EWG]) der von mir ehrenamtlich erhobenen Daten bin ich einverstanden ☒

Meldebogen, Seite 2 (Stand Aug. 2001). Bitte senden an den Niedersächsischen Heimatbund e. V., Landschaftstraße 6A, 30159 Hannover, Tel. (0511) 3 06 90 87, Fax (0511) 3 63 27 80, nhbev@t-online.de

Beispiel-Meldebogen 4

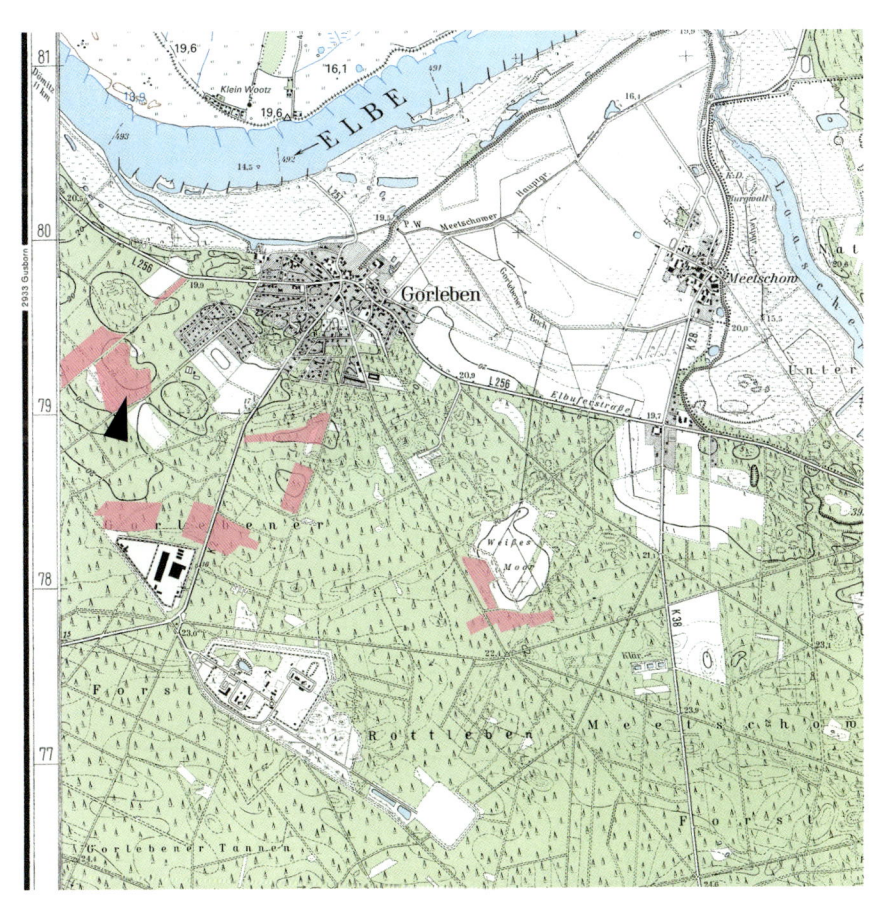

◀ Blickrichtung Foto
▬ Wölbäcker

219

Literatur

ABEL, W. (1962): Geschichte der deutschen Landwirtschaft vom frühen Mittelalter bis zum 19. Jahrhundert. Deutsche Agrargeschichte Band 2. – Stuttgart

ABEL, W. (1976): Die Wüstungen des ausgehenden Mittelalters. 3. Auflage. – Stuttgart

AFA AMT FÜR AGRARSTRUKTUR OLDENBURG (1997): Wallhecken. Ein Lehrpfad im Flurneuordnungsgebiet Cleverns. – Hannover

AGRICOLA, G. (1977): Vom Berg- und Hüttenwesen. Lateinisches Original 1556. DTV-Bibliothek Nr. 6086. – München

ALDAG, R., BECKER, K.-W., FREDE, H.-G., HEGENROTH, P., KLAGES, F.-W., MEYER, B., WILDHAGEN, H. (1983): Bodenkunde. Aspekte und Grundlagen. 12. Auflage. – Göttingen

BALDERMANN, U. (1960): Die Entwicklung der Straßen in Niedersachsen von 1768–1960. – o. O.

BAUER, S. (1999): Umweltschutz vor 300 Jahren. In: Mitteilungen des Naturwissenschaftlichen Vereins Goslar 6, S. 247–253. – Goslar

BAUMGART, S. & KNOTZ, J. (1983): Die Bauwerke der Eisenbahn in Niedersachsen; als Manuskript vervielfältigt im Selbstverlag, Institut für Bau- und Kunstgeschichte, Uni Hannover

BECKER, M. (1999): Historische Kulturlandschaften in Schleswig-Holstein. Ein Führer und Leitfaden zum Planen, Gestalten und Entdecken, herausgegeben vom Schleswig-Holsteinischen Heimatbund e. V. – Neumünster

BECKER, W. (1998): Die Eigenart der Kulturlandschaft. Bedeutung und Strategien für die Landschaftsplanung. – Berlin

BEI DER WIEDEN, B. & BORGEMEISTER, B. (1993): Niedersächsisches Waldwörterbuch. Eine Sammlung von Quellenbegriffen des 11. bis 19. Jahrhunderts. Bausteine zur Heimat- und Regionalgeschichte, Bd. 7, herausgegeben vom Niedersächsischen Heimatbund. – Melle

BMU BUNDESMINISTERIUM FÜR UMWELT, NATURSCHUTZ UND REAKTORSICHERHEIT (1995): Allgemeine Verwaltungsvorschrift zur Ausführung des Gesetzes zur Umweltverträglichkeitsprüfung (UVPGwV) vom 18.9.1995. GMBL, Nr. 32, S. 671–694

BISCHOFF, K. (1971): Der Tie. Abhandlungen d. Akademie d. Wissenschaft und d. Literatur, Geistes- und Sozialwissenschaft, 1971, Nr. 9

BLOSS, O. (1977): Die ältesten Glashütten in Südniedersachsen. Veröffentlichungen des Instituts für historische Landesforschung der Universität Göttingen, Band 9. – Hildesheim

BLÜCHEL, K. G. (1996): Die Jagd. – Köln

BOEHLKE, H.-K. (1984): Vom Kirchhof zum Friedhof. – Kassel

BÖHME, C. & PREISLER-HOLL, L. (1996): Historisches Grün als Aufgabe des Denkmal- und Naturschutzes. Deutsches Institut für Urbanistik. Difu-Beiträge zur Stadtforschung, 18. – Berlin

BOMANN, W. (1929): Bäuerliches Hauswesen und Tagewerk im alten Niedersachsen. – Weimar

BORN, M. (1989): Die Entwicklung der deutschen Agrarlandschaft. Erträge der Forschung Band 29. – Darmstadt

BRANDT, F. W. (1993): Fähren der Unterweser. – Oldenburg

BRETTSCHNEIDER, C. & NIEßE, B (1982): Inventarium alter Sielanlagen. Ostfriesland, westlicher Jadebusen und Wesermarsch. Als Manuskript gedruckt vorliegend im NLD. – Hannover

BRINK, A. & WÖBSE, H. H. (1989): Die Erhaltung der historischen Kulturlandschaften in der Bundesrepublik Deutschland. Untersuchung zur Bedeutung und Handhabung von § 2, Grundsatz 13, des Bundesnaturschutzgesetzes im Auftrag des Bundesministers für Umwelt, Naturschutz und Reaktorsicherheit. Universität Hannover

BRINKMANN, M: (1956): Die Wiesenbewässerung in der Hase-Niederung des Kreises Bersenbrück mit besonderer Berücksichtigung der Verhältnisse des Artlandes. Dissertation. – Bonn

BROSIUS, D. (1993): Niedersachsen. Geschichte im Überblick. Herausgegeben von der Niedersächsischen Landeszentrale für politische Bildung. – Hannover

BRÜNE, F. (1952): Die niedersächsischen Moore und ihre landwirtschaftliche Nutzung. Veröffentlichungen des Niedersächsischen Amtes für Landesplanung und Statistik, Band 38. – Bremen-Horn

BRUNE, W. (1987): Wilhelmshavener Heimatlexikon, 3 Bände. – Wilhelmshaven

BRUNS, H. & VAUK, G. (1984): Das Wasserwildvogelreservat „Entenfang Boye" – Celle. In: Jordsand-Buch Nr. 4, herausgegeben vom Verein Jordsand zum Schutz der Seevögel und der Natur e. V. und der Landesjägerschaft Niedersachsen. – Otterndorf/ Niederelbe

BURRICHTER, E. (1986): Baumformen als Relikte ehemaliger Extensivwirtschaft in Nordwestdeutschland. In: Westf. Geogr. Studien, H. 42, S. 157–171

CARSTENSEN, J. (1985): Torf. Gewinnung, Erschließung und Bedeutung in Schleswig-Holstein. – Osnabrück

DEHIO, G. (1992): Handbuch der deutschen Kunstdenkmäler: Bremen, Niedersachsen. – Berlin

DELFS, J. (1952): Die Flößerei im Stromgebiet der Weser. Schriften der Wirtschaftswiss. Ges. z. Stud. Niedersachsens. – Bremen-Horn

DENECKE, D. (1969): Methodische Untersuchungen zur historisch-geographischen Wegeforschung im Raum zwischen Solling und Harz. Göttinger Geogr. Abh., Heft 54. – Göttingen

DENECKE, R. (1979): Zur Terminologie ur- und frühgeschichtlicher Flurparzellierungen und Flurbegrenzungen sowie im Gelände ausgeprägter Flurrelikte. In: Beck, H, Denecke, R. & Jankuhn, H. (Hrsg.) (1979): Untersuchungen zur eisenzeitlichen und frühmittelalterlichen Flur in Mitteleuropa und ihrer Nutzung. Abhandlungen der Akademie der Wissenschaften in Göttingen. – Göttingen

DEUTSCHE BURGENVEREINIGUNG E. V. (Hrsg.) (1999): Burgen in Mitteleuropa, Band I und II. – Stuttgart

DEUTSCHE LUFTFAHRT ZEITUNG (1914): Verzeichnis der Landungsgelände mit Schuppen in Deutschland

DER FÄHRMANN. Zeitschrift der Arbeitsgemeinschaft Binnenfähren in Deutschland. Deutsches Schifffahrtsmuseum Bremerhaven

DRACHENFELS, O. v. (1996): Rote Liste der gefährdeten Biotoptypen in Niedersachsen. In: Naturschutz und Landschaftspflege Niedersachsen, Heft 34, S. 1–146. – Hannover

DVWK DEUTSCHER VERBAND FÜR WASSERWIRTSCHAFT UND KULTURBAU E. V. (Hrsg.): Historische Talsperren. – Stuttgart

ECKELMANN, W. (1980): Plaggenesche aus Sanden, Schluffen und Lehmen sowie Oberflächenveränderungen als Folge der Plaggenwirtschaft in den Landschaften des Landkreises Osnabrück. In: Geologisches Jahrbuch Reihe F, Heft 10, herausgegeben von der Bundesanstalt für Geowissenschaften und Rohstoffe und den Geologischen Landesämtern in der Bundesrepublik Deutschland. – Hannover

ELLENBERG, H. (1978): Vegetation Mitteleuropas mit den Alpen in ökologischer Sicht. – Stuttgart

ELLENBERG, H. (1990): Bauernhaus und Landschaft in ökologischer und historischer Sicht. – Stuttgart

Literatur

EMONS, H. H. & WALTER, H. H. (1986): Mit dem Salz durch die Jahrtausende. – Leipzig

EMONS, H. H. & WALTER, H. H. (1988): Alte Salinen in Mitteleuropa. – Leipzig

ENGELBRECHT, T. (1899): Deutschlands Apfelsorten. Illustrierte, systematische Darstellung der im Gebiete des Deutschen Pomologen-Vereins gebaueten Apfelsorten. – Braunschweig

EWALD, K. C. (1994). Traditionelle Kulturlandschaften. In: Landeszentrale für politische Bildung (Hrsg.): Der Bürger im Staat – Naturlandschaft – Kulturlandschaft 44 (1), S. 37–42

EWALD, K. 0. (1996): Traditionelle Kulturlandschaften. In: KONOLD (Hrsg.): Naturlandschaft – Kulturlandschaft. Die Veränderung der Landschaften nach der Nutzbarmachung durch den Menschen, S. 99–119. – Landsberg

FRECKMANN, K. et al. (1979): Flachs im Rheinland. Anbau und Verarbeitung. – Köln.

GASSNER, E. (1987): Geschichtliche Entwicklung und Bedeutung des Kleingartenwesens im Städtebau. Schriftenreihe des Bundesverbandes Deutscher Gartenfreunde e. V., Heft 45. – Bonn

GEMEINDE FAßBERG (Hrsg.) (1999): Kieselgur. Begleitbroschüre zum Kieselgur-Rundwanderweg in Neuohe. – Faßberg

GLÄNTZER, V., LUFEN, P. & STIEWE, H. (1992): Ländliche Bauten und Siedlungsformen. In DEHIO (1992)

GLOCKER, W. (1992): Glastechnik. – München

GOLKOWSKY, R. (1966): Die Gemeinheitsteilungen im nordwestdeutschen Raum. Schriften der Wirtschaftswiss. Ges. z. Studium Niedersachsens, A1, B1. – Hannover

GÖTTLICH, K. (Hrsg.) (1990): Moor- und Torfkunde. – Stuttgart

GRAUBNER, A. (1982): Raseneisenstein in Niedersachsen. Forschungen zur niedersächsischen Landeskunde, 118, Göttingen – Hannover

GREWE, K. (1991): Die Wasserversorgung im Mittelalter. – Mainz

GRÖLL, W. (1991). Bauerngärten im Naturschutzpark Lüneburger Heide. In: Naturschutz und Naturparke, H. 140, S. 6–11

GROTE, K. (1988): Die Buntsandsteinabris im südniedersächsischen Bergland bei Göttingen. In: Die Kunde N.F., 1988, S. 1–43

GROTE , K. (1999): Vom Leben unter Felsschutzdächern. Jäger und Sammler in Südniedersachsen am Ende der letzten Eiszeit. In: Boetzkes, M. Schweitzer, I & Vespermann, J. (Hrsg.): Eiszeit. Das große Abenteuer der Naturbeherrschung, S. 223–240. – Hildesheim und Stuttgart

GROTH, W. (1944) Die Wasserwirtschaft Niedersachsens. Gewässerkundliche und wasserwirtschaftliche Grundlagen für Planungen im niedersächsischen Wirtschaftsraum. – Oldenburg

GROTJAHN, K.-H. (1999): Meiler, Mühlen und Monarchen. Kleine Geschichte des Kieselgurabbaus in der Lüneburger Heide 1836 bis 1994. – Unterlüß

HAHN, R. (1995): Anordnung und Verteilung der Lesesteinriegel der nördlichen Frankenalb am Beispiel der Großgemeinde Heiligenstadt in Oberfranken. In: Berichte der Akademie für Naturschutz und Landschaftspflege, 9: 93–98

HÄSSLER, H.-J. (Hrsg.) (1991): Ur- und Frühgeschichte in Niedersachsen. – Stuttgart

HASEDER, I. & STINGLWAGNER, G. (1984): Knaurs Großes Jagdlexikon. – München

HAUFF, M. (1990): Zur Ehr und Gedaechtnis des gecreutzigten Heilands. Die Bildstöcke im Untereichsfeld. – Duderstadt

HAYEN, H. (o. J.): Moor und Torf. 16 S. – Heinz Holbein Verlag

HEINE, H.-W. (1995): Frühe Burgen und Pfalzen in Niedersachsen. Von den Anfängen bis zum frühen Mittelalter. Wegweiser zur Vor- und Frühgeschichte Niedersachsens 17, 2. überarbeitete Auflage. – Hildesheim

HEINE, H.-W. (2000): Die ur- und frühgeschichtlichen Burgwälle im Regierungsbezirk Hannover. Materialhefte zur Ur- und Frühgeschichte Niedersachsens A 28/B3. – Hannover

HEINLE, E. & LEONHARD, F. (1988): Türme aller Zeiten, aller Kulturen. – Stuttgart

HENNEBO, D. & HOFFMANN, A. (1963): Geschichte der Gartenkunst, Bd. 3: Der Landschaftsgarten. – Hamburg

HENNEBO, D. & HOFFMANN, A. (1965): Geschichte der Gartenkunst, Bd. 2: Der architektonische Garten. Renaissance und Barock. – Hamburg

HENNEBO, D., ROHDE, M. & SCHOMANN, R. (2000): Historische Gärten in Niedersachsen, Ausstellungskatalog, herausgegeben vom Heimatbund Niedersachsen e. V.. – Hannover

HERMANN, K. (o. J.): Flachsrotten. Historische Elemente der Kulturlandschaft. Herausgegeben von der Braunschweigischen Landschaft e. V. – Braunschweig

HETZEL, W. (1959: Wiesenbewässerung und Agrarlandschaft des Oldenburgischen Huntetales. In: Schriften der Wirtschaftswiss. Ges. zum Studium Niedersachsens, Bd. 39

HILLEBRECHT, M.-L. (1982): Die Relikte der Holzkohlenwirtschaft als Indikatoren für die Waldnutzung und Waldentwicklung. Gött. Geogr. Abh. Heft 79

HOFFMANN, D. (1970): Die Erdölgewinnung in Norddeutschland. Von den Abfängen vor über 400 Jahren bis heute. – Hamburg

HOHMEIER, H. (1969): Der Gestaltwandel der ostfriesischen Küste im Lauf der Jahrhunderte. In: Ostfriesland im Schutze des Deiches. – Pewsum

HOPPE, A. (2001): Die Bewässerungswiesen Nordwestdeutschlands. Geschichte, Wandel und heutige Situation. Bislang unveröffentlichte Dissertation am Institut für Geobotanik, Universität Hannover

HÜPPE, J. (1993): Entwicklung der Tiefland-Heidegesellschaften Mitteleuropas in geobotanisch-vegetationskundlicher Sicht. Berichte der Reinhold-Tüxen-Gesellschaft 5, S. 49–75

JÄGER, H. (Hrsg.) (1965): Methodisches Handbuch für Heimatforschung. – Hildesheim

JÄGER, H. (1987): Entwicklungsprobleme europäischer Kulturlandschaften. – Darmstadt

JANßEN, T. (1992). Die Leybucht. Natur- und Küstenschutz. – Norden

JEDICKE, L. & JEDICKE, E. (1992): Farbatlas Landschaften und Biotope Deutschlands. – Stuttgart

JELLICOE, G. & JELLICOE, S. (1986): The Oxford Compendion to Gardens. – Oxford, New York

JOHANNSEN, C. I. (1974): Das Niederdeutsche Hallenhaus und seine Nebengebäude im Landkreis Lüchow-Dannenberg. Dissertation. – Braunschweig

KAISER, H. & OTTENJANN, H. (1995): Museumsführer Museumsdorf Cloppenburg, Niedersächsisches Freilichtmuseum. – Cloppenburg

KAMPFER, A. & KONOLD, W. (1994): Streuwiesen. In: Landeszentrale für politische Bildung (Hrsg.): Der Bürger im Staat – Naturlandschaft – Kulturlandschaft 44 (1), S. 22–27

KLEEBERG, W. (1978): Niedersächsische Mühlengeschichte. – Hannover

KNAUER, N. (1954): Vogelkojen. Die Heimat 61(1), S. 15–18

KOCH, M. (1998): Spurensuche – Neue Wege der Erfassung historischer Kulturlandschaft. Einsatzmöglichkeiten der Luftbildinterpretation zur Erstellung eines Katasters Historischer Kulturlandschaftselemente am Beispiel des Landkreises Gifhorn. Kurzfassung einer Studienarbeit (KOCH, PAHLAND, PIROKA & VIETH 1997) an der Universität Hannover, herausgegeben vom Landkreis Gifhorn. – Gifhorn

KOEPF, H. (1999): Bildwörterbuch der Architektur. 3. Aufl. bearb. von Günther Binding. – Stuttgart.

KONOLD, W. (1987): Oberschwäbische Weiher und Seen. – Karlsruhe

KONOLD, W. (Hrsg.) (1996): Naturlandschaft – Kulturlandschaft. Die Veränderung der Landschaften nach der Nutzbarmachung durch den Menschen. – Landsberg

KRAMER, J. (1989): Kein Deich, kein Land, kein Leben. Geschichte des Küstenschutzes an der Nordsee. – Leer

KRAMER, J. & ROHDE, H. (1992): Historischer Küstenschutz – Deichbau, Inselschutz und Binnenentwässerung an Nord- und Ostsee. Herausgegeben vom Deutschen Verband für Wasserwirtschaft und Kulturbau e. V. – Stuttgart

KRENZEL, H. (1996): Erinnerungen an den Steinkohle-Bergbau im Deistergebirge. – Horb am Neckar

KRÖBER, H. (2000): Natur und Landschaft in Niedersachsen. Die Naturdenkmal-Typen. – Hannover

KRÜGER, T. (1986): Spuren der Flachsverarbeitung in der Landschaft des linken Niederrheins. Bonner Jahrbücher 186, S. 523–533

KÜSTER, H. (1995): Geschichte der Landschaft in Mitteleuropa. – München

KÜSTER, H. (1998): Geschichte des Waldes. – München

KUFFERATH-SIEBERIN, G. (1955): Die Zuckerindustrie der linksrheinischen Bördenlandschaft. Arbeiten zur rheinischen Landeskunde 9. – Bonn

LANDESZENTRALE FÜR POLITISCHE BILDUNG (Hrsg.) (1994): Der Bürger im Staat – Naturlandschaft – Kulturlandschaft 44 (1)

LANDKREIS AMMERLAND (o. J.): Wallhecken im Ammerland

LANDMANN, M. (1997): Kleipütten in Ostfriesland. Wertvolle Feuchtbiotope für Tiere und Pflanzen. Herausgegeben vom Staatlichen Amt für Wasser und Abfall Aurich

LANDSCHAFTSVERBAND WESER-HUNTE E. V. (Hrsg.) (1998): Mühlen in den Landkreisen Diepholz und Nienburg/ Weser. 2. Auflage. – Diepholz/ Nienburg (Weser)

LANDSCHAFTSVERBAND RHEINLAND (Hrsg.) (2001): Obstwiesen in Kultur und Landschaft. Dokumentation einer Tagung am 19. und 20. Oktober 2000. – Köln

LIENAU, C. (1997): Die Siedlungen des ländlichen Raums. 3. Auflage. – Braunschweig

LIEßMANN, W. (1997): Historischer Bergbau im Harz. Kurzführer, 2. Auflage. – Berlin

LINDNER, K. (1940): Geschichte des deutschen Weidwerks II. Die Jagd im frühen Mittelalter. – Berlin

LÜDERS, K. & LÜCK, G. (1976): Kleines Küstenlexikon. Technik und Natur an der deutschen Nordseeküste. 3. Auflage. – Hildesheim

LUCKE, R., SILBEREISEN, R. & HERZBERGER, E. (1992): Obstbäume in der Landschaft. – Stuttgart

LUFEN, P. F. (1993): Baudenkmale in Niedersachsen Band 5.2: Landkreis Göttingen, Altkreis Münden. – Hameln

MARTEN, H.-R., (1969): Die Entwicklung der Kulturlandschaft im alten Amt Aerzen des Landkreises Hameln-Pyrmont. Göttinger Geogr. Abh., Heft 53

MEIBEYER, W. (1971). Wölbäcker und Flurformen im östlichen Niedersachsen. Braunschweiger Geogr. Studien, Heft 3, S. 35–66

MEYER, L. H. (1993): Die Eisenbahn und die Landschaft im Widerstreit. In: Eisenbahn und Denkmalpflege, ICOMOS, Heft IX

MEYERS GROẞES TASCHENLEXIKON (1983) in 24 Bänden. – Mannheim, Wien, Zürich: Bibliographisches Institut

MIDDELHAUVE, L. (1954): Die Milchwirtschaft Schleswig-Holsteins. Die Heimat 61(3), 1954, S 57–61

MÖLLER, H.-H, (Hrsg.) (1984): Was ist ein Kulturdenkmal?. – Hameln

MÖLLER, H.-H. (Hrsg.) (1985): Siedlungen der zwanziger Jahre in Niedersachsen. In: Arbeitshefte zur Denkmalpflege in Niedersachsen, Band 4. – Hannover

MÜLLER, W. & BAUMANN, E. H. (1988): Kreuzsteine und Steinkreuze in Niedersachsen, Bremen und Hamburg. Forschungen der Denkmalpflege in Niedersachsen 5. – Hameln

MÜLLER-WILLE, W. (1944): Langstreifenflur und Drubbel. In: NITZ (Hrsg.) (1974)

MÜLLER-WILLE, W. (1955): Agrarbäuerliche Landschaften in Nordwestdeutschland. Verh. des Deutschen Geographentages in Essen, S. 179–186. – Wiesbaden

NAFLS – NIEDERSÄCHSISCHES AMT FÜR LANDESPLANUNG UND STATISTIK (Hrsg.) (1952): Karte der nutzbaren Lagerstätten und Gesteine Niedersachsens, Maßstab 1 : 100.000. – Bremen-Horn

NIEMEYER, G. (1977): Siedlungsgeographie. Das Geographische Seminar. – Braunschweig

NLD – NIEDERSÄCHSISCHES LANDESAMT FÜR DENKMALPFLEGE (2000): Denkmalpflege in Niedersachsen. Aufgaben, Organisation, Hinweise. 28 Seiten. – Hannover

NITZ, H.-J. (Hrsg.) (1974): Historisch-genetische Siedlungsforschung. – Darmstadt

MI – NIEDERSÄCHSISCHES INNENMINISTERIUM (1995): Grundlagen, Hinweise und Materialien für die zeichnerische Darstellung der Regionalen Raumordnungsprogramme. – Hannover

NOVAK-NORDHEIM, W. (1981): Der Bauerngarten. – München

OHLING, J. (Hrsg.) (1963): Die Acht und ihre sieben Siele. Kulturelle, wasser- und landwirtschaftliche Entwicklung einer ostfriesischen Küstenlandschaft. – Pewsum

OSTMANN, U. (1993): Übernahme der historischen Landnutzungsarten aus den Karten des 18. und 19. Jahrhunderts in das Niedersächsische Informationssystem. Geol. Jahrbuch F27: S. 145–183. – Hannover

PACYNA, G. (1955): Agrarland Niedersachsen. – Hameln

PAES, R. (1968): Zucker aus der Heimat. Eine Betrachtung der Entwicklung und des Erfolges deutscher, aber besonders braunschweigischer Zuckerrübenwirtschaft aus Anlaß des zehnjährigen Bestehens der Braunschweiger Zucker AG. – Braunschweig

PAPE, F. (1989): Der Weinbau im ehemaligen Fürstentum Lüneburg. Schriftenreihe des Staatsarchivs Celle und des Bomann-Museums. Celler Beiträge zur Landes- und Kulturgeschichte, Heft 17/1989. – Celle

POTT, R. (1988): Historische und aktuelle Formen der Bewirtschaftung von Hecken in Nordwestdeutschland. Forstwissenschaftliches Centralblatt 108, S. 111–121

POTT, R. (1989): Entwicklung von Hecken in der Kulturlandschaft Nordwestdeutschlands. Verhandlungen der Gesellschaft für Ökologie 17, S. 663–670

POTT, R. (1994): Biotoptypen. Schützenswerte Lebensräume Deutschlands und angrenzender Regionen. – Stuttgart

POTT, R. & HÜPPE, J. (1991): Die Hudelandschaften Nordwestdeutschlands. – Münster

Literatur

PREUß, F. (1996): Stellwerke deutscher Eisenbahnen. – Stuttgart

QUEDENS, G. (1984): Amrum. – Breklumer Verlag

RAST, F. (1996): Landgang – Kulturlandschaft Ost-Friesland, zur Gestalt und Geschichte. Herausgegeben vom Niedersächsischen Ministerium für Wissenschaft und Kultur. – Leer

RATJENS, C. (1979): Die Formung der Erdoberfläche unter dem Einfluss des Menschen. – Stuttgart

REUTHER, H. (1961): Die Bildstöcke des Untereichsfeldes. – Duderstadt

RIEDEL, D. (1974): Fisch und Fischerei. – Stuttgart

RIES, K. & DIERICH, W. (1993): Fliegerhorste und Einsatzhäfen der Luftwaffe. Planskizzen 1935–1945. – Stuttgart

RINGLER, A. (1987). Gefährdete Landschaft – Lebensräume auf der Roten Liste. Eine Dokumentation in Bildvergleichen. München-Wien-Zürich

RÖMHILD, G. (1987): Die ehemalige Bergwerksanlage Georgschacht bei Stadthagen. Ein industriearchäologischer Phänotyp, seine Wahrnehmung und ein Impuls zu seiner Rettung und Inwertsetzung. In: Münstersche geogr. Arbeiten Bd. 27, S. 315–326

ROSENECK, R. (1992): Der Rammelsberg. Ein Dokument der Bergbaugeschichte. In: Niedersächsisches Landesverwaltungsamt – Institut für Denkmalpflege (Hrsg.: Christian Segers-Glocke): Arbeitshefte zur Denkmalpflege in Niedersachsen, Heft 9. – Hameln

ROTH, H. J. (1986). Die Wirtschaftsgeschichte der Zisterzienser. – o. O.

RUPP, E. & FRIEDRICH, G. (1988): Die Geschichte der Ziegelherstellung. Herausgegeben vom Bundesverband der Deutschen Ziegelindustrie e. V.. – Bonn

SCHEPERS, J. (1976): Haus und Hof westfälischer Bauern. 3. Auflage – Münster

SCHERER-HALL, R. (1996): Kleines Lexikon der historischen Kulturlandschaft und ihrer Elemente mit tabellarischer Übersicht zur Inventarisation von historischen Kulturlandschaftselementen. – Köln

SCHEUERMANN, U. (1995): Flurnamenforschung. Bausteine zur Heimat- und Regionalgeschichte, Bd. 9, herausgegeben vom Niedersächsischen Heimatbund. – Melle

SCHMIDT, M. (1989): Die Wasserwirtschaft des Oberharzer Bergbaus. Schriftenreihe der Frontinus-Gesellschaft e. V., Heft 13. – Bonn

SCHRÖDER, G. (1950): Landwirtschaftlicher Wasserbau. – Hamburg-Berlin

SCHULTZE, A. (1962): Die Sielhafenorte und das Problem des regionalen Typus im Bauplan der Kulturlandschaft. Göttinger Geographische Abhandlungen 27. – Göttingen

SCHUPP, D. & DAHL, H.-J. (1992): Wallhecken in Niedersachsen. In: Informationsdienst Naturschutz Niedersachsen, Heft 5/92. – Hannover

SCHYIA, L. (2000): Gut Brand! Der Siegeszug des Ringofens. – Anderweit-Verlag

SDW – SCHUTZGEMEINSCHAFT DEUTSCHER WALD (Hrsg.) (o.J.): Alleen – Ein Kulturerbe. – Bonn

SEEDORF, H. H. & H.-H. MEYER (1992): Landeskunde Niedersachsen. Band 1: Historische Grundlagen und naturräumliche Ausstattung. – Neumünster

SEEDORF, H. H. & H.-H. MEYER (1996): Landeskunde Niedersachsen. Band 2: Niedersachsen als Wirtschafts- und Kulturraum. – Neumünster

SEGERS-GLOCKE, C. (Hrsg.) (2000): Auf den Spuren einer frühen Industrielandschaft. Naturraum – Mensch – Umwelt im Harz. Arbeitshefte zur Denkmalpflege in Niedersachsen 21. – Hameln.

SEGSCHNEIDER, E. H. (1978): Imkerei im nordwestlichen Niedersachsen. – Leer

SEGSCHNEIDER, E. H. (1983): Das alte Töpferhandwerk im Osnabrücker Land. – Bramsche

SELIGO, A. (1926): Die Fischerei in den Fließen, Seen und Strandgewässern Mitteleuropas. In: DEMOLL, R. & MAIER, H. N. (HRSG.): Handbuch der Binnenfischerei Mitteleuropas, Band 5. S. 1–422. – Stuttgart

SIEBELS, G. (1954): Zur Kulturgeographie der Wallhecke. In: Schriften der wirtschaftswissenschaftlichen Gesellschaft zum Studium Niedersachsens e. V. Neue Folge, Band 51. – Leer

STADT BARSINGHAUSEN (1994): Barsinghausen unter Klöppel, Schlegel und Eisen. – Barsinghausen

STEPHAN, H.-G. (1981): Coppengrave. Studien zur Töpferei des 13.–19. Jahrhunderts in Nordwestdeutschland. – Hildesheim

STREIF, H. (1990): Das ostfriesische Küstengebiet – Nordsee, Inseln, Watten und Marschen. – Sammlung geographischer Führer, 57. – Stuttgart

SUCCOW, M. & JESCHKE, L. (1990): Moore in der Landschaft. – Leipzig, Berlin

THIELEMANN, H. & TRUMMER, F.-W. (1988): Vogelkojen. Wir erkunden und basteln eine Entenfanganlage. ADS-Materialien für den Schullandheimunterricht, Heft 1. – Flensburg

VEH, G. M. & RAPSCH, H.-J. (Hrsg.) (1998): Von Brunnen und Zucken, Pipen und Wasserkünsten. Die Entwicklung der Wasserversorgung in Niedersachsen. – Neumünster

VOGTHERR, H.-J. (1979): Die Schmiede aus Bodenteich. Untersuchungen zur Geschichte des ländlichen Handwerks. Veröffentlichungen des Landwirtschaftsmuseums Lüneburger Heide, Heft 3. – Uelzen

VOGTHERR, H.-J. (1986): Die Geschichte des Brümmerhofes. Untersuchungen zur bäuerlichen Geschichte in der Lüneburger Heide. – Uelzen

VOLK, O. (1984): Salzproduktion und Salzhandel mittelalterlicher Zisterzienserklöster. – o. O.

WÄCHTER, H. H. (1959): Die Landwirtschaft Niedersachsens vom Beginn des 19. bis zur Mitte des 20. Jahrhunderts. Schr. d. Wirtschaftswiss. Ges. z. Stud. Nieders., NF, Bd. 72. – Bremen-Horn

WELLER, F: (1994): Obstwiesen. In: Landeszentrale für politische Bildung (Hrsg.): Der Bürger im Staat – Naturlandschaft – Kulturlandschaft 44 (1), S. 43–49

WERTH, E: (1954): Grabstock, Hacke, Pflug. Versuch einer Entstehungsgeschichte des deutschen Landbaus. – Ludwigsburg

WEßLING, H. (2000): Mit der Kraft von Wind und Wasser. Alte Mühlen in Niedersachsen und Bremen. – Hannover

WIDMAYER, C. (1986): Alte Bauerngärten neu entdeckt. Geschichte, Anlage, Pflanzen, Pflege. – München

WIEGAND, C. (2001): Im Naturpark unterwegs. Spuren historischer Landnutzung im Osnabrücker Land. Herausgegeben vom Naturpark Nördlicher Teutoburger Wald-Wiehengebirge. – Osnabrück

WILLERDING, U. (1989): Relikte alter Landnutzungsformen. In: Niedersächsisches Umweltministerium (Hrsg.): Natur und Geschichte. Naturwissenschaftliche und historische Beiträge zu einer ökologischen Bildung, S. 207–224. – Göttingen

WÖBSE, H. H. (1991): Historische Kulturlandschaften in Niedersachsen. In: Niedersachsen 91 (5), S. 265–269

WÖBSE, H. H. (1994): Schutz historischer Kulturlandschaften. Schriftenreihe des Fachbereichs für Landschaftsplanung und Umweltentwicklung der Universität Hannover, Heft 37. – Hannover

WÖBSE, H. H. (1998): Über die Vermittlung von Landschaftskultur. Die Sicherung landeskultureller Kontinuität als Aufgabe der Landschaftsplanung. In: Landschaftsentwicklung und Umweltforschung Nr. 109, TU Berlin, S. 99–112

WÖBSE, H. H. (1999a): »Kulturlandschaft« und »historische Kulturlandschaft«. In: Informationen zur Raumentwicklung, H. 5/6, S. 269–278

WÖBSE, H. H. (1999b): Über die Vermittlung von Landschaftskultur Die Sicherung landschaftskultureller Kontinuität als Aufgabe der Landschaftsplanung. In: Landschaftsentwicklung und Umweltforschung. Schriftenreihe im Fachbereich Umwelt und Gesellschaft Nr. 109, S. 99–110. – Berlin

WÖBSE, H. H. (2000): Kultur und Wald im Wandel der Zeiten. In: Jahrbuch 2001 des Landkreises Soltau-Fallingbostel, S. 123–125. – Soltau

ZEHM, B. (1997): Von Schützen und Scherben. Bramscher Schriften, Heft 1. – Bramsche

Adressen

Denkmalbehörden in Niedersachsen

Oberste Denkmalschutzbehörde
Ministerium für Wissenschaft und Kultur, Leibnizufer 9, 30169 Hannover, Tel. (0511) 120-0, www.mwk.niedersachsen.de

Denkmalfachbehörde des Landes
Niedersächsisches Landesamt für Denkmalpflege (NLD), Scharnhorststraße 1, 30175 Hannover, Tel. (0511) 925-0
Arbeitsstelle Montanarchäologie des Niedersächsischen Landesamtes für Denkmalpflege, Rammelsberger Str. 86, 38640 Goslar, Tel. (05321) 25246, Herr Dr. Lothar Klappauf

Obere Denkmalschutzbehörden
Bezirksregierung Braunschweig, Fallersleber-Tor-Wall 23, 38100 Braunschweig, Tel. (0531) 484-1302. Archäologie: Dr. Michael Geschwinde. Baudenkmalpflege: Herr Günter Jung, Frau Cordula Reulecke, Herr Prof. Dr. Reinhard Roseneck
Bezirksregierung Hannover, Am Waterlooplatz 1, 30169 Hannover, Tel. (0511) 106-0. Archäologie: Herr Dr. Erhard Cosack. Baudenkmalpflege: Herr Bodo Brunke, Herr Dr. Burkhard Jäger, Herr Ulrich Pagels
Bezirksregierung Lüneburg, Auf der Hude 2, 21339 Lüneburg, Tel. (04131) 15-0. Archäologie: Herr Drs. Jan Joost Assendorp, Baudenkmalpflege: Herr Dr. Gernot Fischer, Frau Dr. Marianne Frühauf, Herr Dr. Klaus Püttmann, Herr Friedrich Wilkening
Bezirksregierung Weser-Ems, Heiligengeiststr. 26, 26121 Oldenburg, Tel (0441) 799-0. Archäologie: Herr Dr. Jörg Eckert. Baudenkmalpflege: Herr Dr. Jens Carstensen, Frau Wiebke Dreeßen, Herr Bernd Rothlübbers-Tholen, Herr Hermann Schiefer

Untere Denkmalschutzbehörden
siehe unten

Naturschutzbehörden in Niedersachsen

Oberste Naturschutzbehörde
Niedersächsisches Umweltministerium, Archivstr. 2, 30169 Hannover, Tel. (0511) 120-0, www.mu.niedersachsen.de

Fachbehörde des Landes
Niedersächsisches Landesamt für Ökologie, Abt. Naturschutz (NLÖ), Am Flugplatz 14, 31135 Hildesheim, Tel. (05121) 509-0

Obere Naturschutzbehörden
Bezirksregierung Braunschweig, Bohlweg 38, 38100 Braunschweig, Tel. (0531) 484-0
Bezirksregierung Hannover, Am Waterlooplatz 11, 30169 Hannover, Tel. (0511) 106-0
Bezirksregierung Lüneburg, Auf der Hude 2, 21339 Lüneburg, Tel. (04131) 15-0
Bezirksregierung Weser-Ems, Theodor-Tantzen-Platz 8, 26122 Oldenburg, Tel. (0441) 799-0

Adressen

Untere Denkmalschutzbehörden und untere Naturschutzbehörden
UDB = Die Stadt oder der Landkreis verfügt über eine untere Denkmalschutzbehörde.
UNB = Die Stadt oder der Landkreis verfügt über eine untere Naturschutzbehörde.

Stadt Alfeld (UDB), Postfach 1743, 31047 Alfeld, Tel. (05181) 703-0
Landkreis Ammerland (UDB, UNB), Postfach 13 80, 26653 Westerstede, Tel. (04488) 56-0
Landkreis Aurich (UDB, UNB), Fräuleinshof 12, 26506 Norden, Tel. (04931) 18-0
Stadt Aurich (UDB), Postfach 17 69, 26587 Aurich, Tel. (04941) 12-0
Stadt Bad Pyrmont (UDB), Rathausstraße 1, 31812 Bad Pyrmont, Tel. (05281) 949-0
Stadt Brake (UDB), Postfach 1453, 26914 Brake, Tel. (04401) 102-0
Stadt Braunschweig (UDB, UNB), Langer Hof 8, 38100 Braunschweig, Tel. (0531) 470-0
Stadt Buchholz i. d. Nordheide (UDB), Postfach 15 40, 21234 Buchholz i. d. Nordheide, Tel. (04181) 213-0
Stadt Bückeburg (UDB), Herr Wolters, Postfach 14 40, 31673 Bückeburg, Tel. (05722) 206-170
Stadt Burgdorf (UDB), Bergstraße 6, 31303 Burgdorf, Tel. (05136) 898-0
Stadt Buxtehude (UDB), Postfach 15 55, 21605 Buxtehude, Tel. (04161) 501-0
Landkreis Celle (UDB, UNB), Postfach 105, 29201 Celle, Tel. (05141) 916-0
Stadt Celle (UDB, UNB), Postfach 1106, 29201 Celle, Tel. (05141) 12-0
Landkreis Cloppenburg (UDB, UNB), Postfach 14 80, 49644 Cloppenburg, Tel. (04471) 15-0
Landkreis Cuxhaven (UDB, UNB), Vincent-Lübeck-Str. 2, 27474 Cuxhaven, Tel. (04721) 66-0
Stadt Cuxhaven (UDB, UNB), Postfach 6 80, 27456 Cuxhaven, Tel. (04721) 700-0
Stadt Delmenhorst (UDB, UNB), Postfach 17 44, 27747 Delmenhorst, Tel. (04221) 99-0
Landkreis Diepholz (UDB, UNB), Postfach 13 40, 49343 Diepholz, Tel. (05441) 976-0
Stadt Diepholz (UDB), Postfach 16 20, 49346 Diepholz, Tel. (05441) 909-0
Stadt Duderstadt (UDB), Auf dem Stieg 20, 37115 Duderstadt, Tel. (05527) 841-0
Stadt Einbeck (UDB), Marktplatz 6–8, 37574 Einbeck, Tel. (05561) 916-0
Stadt Emden (UDB, UNB), Postfach 22 54, 26702 Emden, Tel. (04921) 87-0
Landkreis Emsland (UDB, UNB), Postfach 15 62, 49705 Meppen/Ems, Tel. (05931) 44-0
Landkreis Friesland (UDB, UNB), Postfach 2 44, 26436 Jever, Tel. (04461) 919-0
Stadt Garbsen (UDB), Postfach 11 (03 52, 30803 Garbsen, Tel. (05131) 707-0
Landkreis Gifhorn (UDB, UNB), Postfach 13 60, 38516 Gifhorn, Tel. (05371) 82-0
Stadt Gifhorn (UDB), Postfach 14 50, 38516 Gifhorn, Tel. (05371) 88-0
Landkreis Göttingen (UDB, UNB), Postfach 2632-34, 37070 Göttingen, Tel. (0551) 525-0
Stadt Göttingen (UDB, UNB), Hiroschimaplatz 1–4, 37083 Göttingen, Tel. (0551) 400-0
Landkreis Goslar (UDB, UNB), Postfach 2020, 38610 Goslar, Tel. (05321) 76-0
Stadt Goslar (UDB), Bauordnungs- und Hochbauamt, Abteilung Hochbau, Charley-Jacob-Straße 3, 38640 Goslar, Tel. (05321) 704-0
Landkreis Grafschaft Bentheim (UDB, UNB), Postfach 18 49, 48522 Nordhorn, Tel. (05921) 96-0
Landkreis Hameln-Pyrmont (UDB, UNB), Ostertorwall 22 A, 31785 Hameln, Tel. (05151) 903-0
Stadt Hameln (UDB, UNB), Rathausplatz 1, 31785 Hameln, Tel. (05151) 202-0
Landeshauptstadt Hannover (UDB, UNB), Friedrichswall 4, 30159 Hannover, Tel. (0511) 168-0
Landkreis Hannover (UDB, UNB), Postfach 1 47, 30001 Hannover, Tel. (0511) 989-0
Stadt Hann. Münden (UDB), Postfach 1 45 28, 34335 Hann. Münden, Tel. (05541) 75-0
Landkreis Harburg (UDB, UNB), Schloßplatz 6, 21423 Winsen/Luhe, Tel. (04171) 693-0

Adressen

Landkreis Helmstedt (UDB, UNB), Postfach 15 60, 38335 Helmstedt, Tel. (05351) 121-0
Stadt Helmstedt (UDB), Postfach 16 40, 38336 Helmstedt, Tel. (05351) 17-0
Landkreis Hildesheim (UDB, UNB), Bischof-Janssen-Straße 31, 31134 Hildesheim, Tel. (05121) 309-0
Stadt Hildesheim (UDB), Postfach 10 12 55, 31112 Hildesheim, Tel. (05121) 301-0
Landkreis Holzminden (UDB, UNB), Postfach 13 53, 37593 Holzminden, Tel. (05531) 707-0
Stadt Holzminden (UDB), Postfach 14 62, 37594 Holzminden, Tel. (05531) 959-0
Stadt Langenhagen (UDB), Marktplatz 1, 30853 Langenhagen, Tel. (0511) 7307-0
Stadt Lehrte (UDB), Rathausplatz 1, 31275 Lehrte, Tel. (05132) 505-0
Landkreis Leer (UDB, UNB), Postfach 46, 26787 Leer, Tel. (0491) 926-0
Stadt Leer (UDB), Postfach 20 60, 26770 Leer, Tel. (0491) 9782-0
Stadt Lingen (UDB, UNB), Postfach 20 60, 49803 Lingen/Ems, Tel. (0591) 9144-0
Landkreis Lüchow-Dannenberg (UDB, UNB), Königsberger Straße 10, 29439 Lüchow, Tel. (05841) 120-0
Landkreis Lüneburg (UDB, UNB), An der Michaeliskirche 4, 21335 Lüneburg, Tel. (04131) 26-0
Stadt Lüneburg (UDB), Neue Sülze 35, 21335 Lüneburg, Tel. (04131) 309-0
Stadt Melle (UDB), Schürenkamp 16, 49324 Melle, Tel. (05422) 965-0
Stadt Meppen (UDB), Postfach 17 51, 49707 Meppen, Tel. (05931) 153-0
Stadt Neustadt a. Rbge. (UDB), Theodor-Heuss-Straße 18, 31535 Neustadt, Tel. (05032) 84-0
Landkreis Nienburg (UDB, UNB), Kreishaus am Schloßplatz, 31582 Nienburg, Tel. (05021) 967-0
Stadt Nienburg (UDB), Marktplatz 1, 31582 Nienburg, Tel. (05021) 87-0
Stadt Norden (UDB), Am Markt 15, 26506 Norden, Tel. (04931) 923-0
Stadt Nordenham (UDB), Walter-Rathenau-Straße 25, 26954 Nordenham, Tel. (04731) 84-0
Stadt Nordhorn (UDB), Bahnhofstraße 24, 48529 Nordhorn, Tel. (05921) 878-0
Landkreis Northeim (UDB, UNB), Postfach 13 80, 37143 Northeim, Tel. (05551) 708-0
Stadt Northeim (UDB), Postfach 15 62, 37145 Northeim, Tel. (05551) 966-0
Landkreis Oldenburg (UDB, UNB), Postfach 14 64, 27781 Wildeshausen, Tel. (04431) 85-0
Stadt Oldenburg (UDB, UNB), Postfach 24 27, 26105 Oldenburg, Tel. (0441) 235-0
Landkreis Osnabrück (UDB, UNB), Am Schölerberg 1, 49015 Osnabrück, Tel. (0541) 501-0
Stadt Osnabrück (UDB, UNB), Bierstraße 33–36, 49034 Osnabrück, Tel. (0541) 323-0
Landkreis Osterholz (UDB, UNB), Osterholzer Straße 23, 27711 Osterholz-Scharmbeck, Tel. (04791) 930-0
Landkreis Osterode am Harz (UDB, UNB), Postfach 14 51, 37504 Osterode, Tel. (05522) 960-0
Stadt Papenburg (UDB), Postfach 17 55, 26857 Papenburg, Tel. (04961) 82-0
Landkreis Peine (UDB, UNB), Burgstraße 1, 31224 Peine, Tel. (05171) 401-0
Stadt Peine (UDB), Postfach 17 60, 31207 Peine, Tel. (05171) 49-0
Stadt Rinteln (UDB), Postfach 14 60, 31724 Rinteln, Tel. (05751) 403-0
Landkreis Rotenburg (Wümme) (UDB, UNB), Postfach 14 40, 27344 Rotenburg/Wümme, Tel. (04261) 75-0
Stadt Salzgitter (UDB, UNB), Postfach 10 (06 80, 38206 Salzgitter, Tel. (05341) 839-0
Landkreis Schaumburg (UDB, UNB), Jahnstraße 20, 31655 Stadthagen, Tel. (05721) 703-0
Stadt Seelze (UDB), Rathausplatz 1, 30926 Seelze, Tel. (05137) 828-0
Landkreis Soltau-Fallingbostel (UDB, UNB), Winsener Straße 17, 29614 Soltau, Tel. (05191) 970-0

231

Stadt Springe (**UDB**), Zur Salzhaube 9, 31832 Springe, Tel. (05041) 73-0
Landkreis Stade (**UDB, UNB**), Am Sande 2, 21682 Stade, Tel. (04141) 12-0
Stadt Stade (**UDB**), Postfach 20 40, 21677 Stade, Tel. (04141) 401-0
Stadt Stadthagen (**UDB**), Rathauspassage 1, 31655 Stadthagen, Tel. (05721) 782-0
Stadt Syke (**UDB**), Außenstelle des Landkreises Diepholz, 28846 Syke, Tel. (04242) 976-0
Landkreis Uelzen (**UDB, UNB**), Postfach 17 61, 29507 Uelzen, Tel. (0581) 82-0
Stadt Uelzen (**UDB**), Postfach 20 61, 29510 Uelzen, Tel. (0581) 800-0
Stadt Varel (**UDB**), Planungsamt, Grünflächen, Zum Jadebusen 20, 26316 Varel, Tel. (04451) 126-0
Landkreis Vechta (**UDB, UNB**), Postfach 13 53, 49375 Vechta, Tel. (04441) 898-0
Stadt Vechta (**UDB**), Ravensberger Straße 20, 49377 Vechta, Tel. (04441) 898-0
Landkreis Verden (**UDB, UNB**), Postfach 15 09, 27281 Verden/Aller, Tel. (04231) 15-0
Stadt Verden (**UDB**), Postfach 17 09, 27267 Verden/Aller, Tel. (04231) 12-0
Landkreis Wesermarsch (**UDB, UNB**), Poggenburger Str. 15, 26913 Brake, Tel. (04401) 927-0
Stadt Wilhelmshaven (**UDB, UNB**), Weserstraße 45, 26382 Wilhelmshaven, Tel. (04421) 16-0
Landkreis Wittmund (**UDB, UNB**), Postfach 13 55, 26400 Wittmund, Tel. (04462) 86-0
Landkreis Wolfenbüttel (**UDB, UNB**), Postfach 15 65, 38299 Wolfenbüttel, Tel. (05331) 84-0
Stadt Wolfenbüttel (**UDB**), Postfach 18 64, 38299 Wolfenbüttel, Tel. (05331) 86-0
Stadt Wolfsburg (**UDB, UNB**), Porschestraße 49, 38440 Wolfsburg, Tel. (05361) 282-0
Stadt Wunstorf (**UDB**), Stiftsstraße 8, 31515 Wunstorf, Tel. (05031) 101-0

Kommunalarchäolog/innen

Verschiedene Städte, Landkreise oder Landschaftsverbände unterhalten Kommunalarchäolog/innen (Adressen und Telefonnummern bei den Denkmalbehörden, s.o.). Dies sind hauptamtlich tätige Personen, die mit der Erfassung und Erforschung archäologischer Zeugnisse ihres Gebietes beauftragt sind und dabei die Arbeit der unteren Denkmalschutzbehörden fachlich unterstützen. Hierzu gibt es keinen gesetzlichen Auftrag, es handelt sich um eine freiwillige Initiative.

Ehrenamtlich Beauftragte

Die oberen Denkmalschutzbehörden (s. o.) bestellen gemäß § 22 NDSchG ehrenamtlich Beauftragte. Sie unterstützen die für Archäologie oder für Baudenkmalpflege zuständigen Stellen (Kommunalarchäologen, untere oder obere Denkmalschutzbehörden) und fungieren dabei oft als Mittler zwischen anderen Ehrenamtlichen, den Denkmalbesitzern und den Behörden. Ob und wer in Ihrem Gebiet ehrenamtlich beauftragt ist, ist bei den oberen Denkmalschutzbehörden zu erfahren.

Archive in Niedersachsen

Staatsarchive

Niedersächsisches Hauptstaatsarchiv (Reg.-Bez. Hannover außer Ldkr. Schaumburg), Am Archiv 1, 30169 Hannover, Tel. (0511) 120-6601, Fax (0511) 120-6699, Öffnungszeiten: Mo, Mi, Fr 8–16, Di, Do 8–18.30 Uhr

Niedersächsisches Staatsarchiv Aurich (Landkreise Aurich, Leer und Wittmund sowie Stadt Emden), Oldersumer Str. 50, 26603 Aurich, Tel. (04941) 176660, Fax (04941) 176673, Öffnungszeiten: Mo–Fr 8–16 Uhr

Niedersächsisches Staatsarchiv Bückeburg (Landkreis Schaumburg), Schloß, 31675 Bückeburg, Tel. (05722) 9677-30, Fax (05722) 1289, Öffnungszeiten: Mo–Fr 8–16 Uhr

Niedersächsisches Staatsarchiv Oldenburg (Landkreise Ammerland, Cloppenburg, Friesland, Oldenburg, Wesermarsch und Vechta sowie Städte Delmenhorst, Oldenburg und Wilhelmshaven), Damm 43, 26135 Oldenburg, Tel. (0441) 9244-100, Fax (0441) 9244-292, Öffnungszeiten: Mo, Mi, Fr 8–16; Di, Do 8–18.30 Uhr

Niedersächsisches Staatsarchiv Osnabrück (Landkreise Grafschaft Bentheim, Emsland und Osnabrück sowie Stadt Osnabrück), Schloßstr. 29, 49074 Osnabrück, Tel. (0541) 331620, Fax (0541) 21929, Öffnungszeiten: Mo, Mi, Fr 8–16; Di, Do 8–18.30 Uhr

Niedersächsisches Staatsarchiv Stade (Reg.-Bez. Lüneburg), Am Sande 4c, 21682 Stade, Tel. (04141) 406-194, Fax (04141) 406-190, Öffnungszeiten: Mo–Fr 8–17 Uhr

Niedersächsisches Staatsarchiv Wolfenbüttel (Reg.-Bez. Braunschweig), Forstweg 2, 38302 Wolfenbüttel, Tel. (05331) 9350, Fax (05331) 935211, Öffnungszeiten: Mo–Fr 8–16, Sa 8–13 Uhr

Kreisarchive

Landkreis Celle, Herr Rainer Voss, Postfach 1105, 29201 Celle, Trift 26, Geb. 6, Tel. (05141) 916-353, Mo–Do 8–16.30, Fr. 8–13 Uhr nur n. V.

Landkreis Cuxhaven, Kranichhaus-Museum, Herr Dr. Axel Behne, Marktstr. 2, 21762 Otterndorf, Tel. (04751) 9148-0, Di–Do 9–16, Mi 9–19 Uhr u. n. V.

Landkreis Diepholz, Stadt- und Kreisarchiv, Herr Falk Liebezeit, Postfach 1620, 49356 Diepholz, Rathausmarkt 1, Tel. (05441) 909-333, Do 14–16 Uhr und n. V.

Landkreis Emsland, Herr Heiner Schüpp, Herzog-Arenberg-Str. 9, 49716 Meppen, Tel. (05931) 44-461, Mo–Fr 8–12 Uhr und n. V.

Landkreis Gifhorn, Herr Eberhard Hempel, Postfach 1360, 38516 Gifhorn, Schloßplatz 1, Tel. (05371) 82-234, Mo–Mi 9.30–15.30, Do 9.30–17, Fr 9.30–12.30 Uhr

Landkreis Göttingen, Frau Andrea Wendenburg, Postfach 2632-34, 37070 Göttingen, Reinhäuser Landstr. 4, Tel. (0551) 52-5510 oder -5511, Mo–Fr 9–12 Uhr und n. V.

Landkreis Hameln-Pyrmont, Frau Karin Schaper, Postfach 101335, 31763 Hameln, Am Stockhof 1, Tel. (05151) 903-142, n. V.

Landkreis Hannover, Frau Roswita Kattmann, Schloßstr. 1, 31535 Neustadt a. Rbge., Tel. (05032) 899-201, Mo–Fr 9–12, Di 14–17 Uhr und n. V.

Landkreis Harburg, Herr Hans-Heinrich Wolfes, Postfach 1440, 21423 Winsen/Luhe, Rathausstr. 29, Tel. (04171) 693-475, Fr 9–12 Uhr

Landkreis Hildesheim, Frau Bettina Bartosch, Bischof-Janssen-Str. 31, 31132 Hildesheim, Tel. (05121) 309-122, Mo 8.30–15, Di–Fr 8.30–12 Uhr

Landkreis Holzminden, Herr Hermann Ahrens, Postfach 1353, 37593 Holzminden, Bürgermeister-Schrader-Str. 24, Tel. (05531) 707-325, Mo–Do 8–15, Fr 8–12 Uhr

Landkreis Lüchow-Dannenberg, Herr Wolfgang Jürries, Postfach 1252, 29432 Lüchow, Königsberger Str. 10, Tel. (05841) 120-373, Mo–Fr 8–12.30 Uhr u. n. V.

Landkreis Lüneburg, Herr Dietrich Willamowski, Postfach 20 80, 21332 Lüneburg, A. d. Michaelis-Kloster 4, Tel. (04131) 26-1, n. V.

Landkreis Nienburg/Weser, Kommunikationsdienst, Herr Frank Thomas Gatter, Verdener Str. 24, (Villa Holscher), 31582 Nienburg/Weser, Tel. (05021) 3051/3052, n. V.

Landkreis Osterholz, Frau Gabriele Jannowitz-Heumann, Postfach 1252, 27702 Osterholz-Scharmbeck, Bahnhofstr. 34, Tel. (04791) 981906, n. V.

Landkreis Osterode am Harz, Frau Dagmar Frühling-Eder, Postfach 1444, 37504 Osterode am Harz, Herzberger Str. 5, Tel. (05522) 960-190, n. V.

Landkreis Peine, Frau Claudia Jäger, Postfach 1360, 31221 Peine, Stederdorfer Str. 17, Tel. (05171) 401-500, Mo–Fr 11–17 Uhr und n. V.

Adressen

Landkreis Rotenburg (Wümme), Frau Gudrun Kudeck, Postfach 1440, 27344 Bremervörde, Bremer Str. 38, Tel. (04761) 931-320, Mo–Fr 8–12, Mo–Do 13–16 Uhr

Landkreis Soltau-Fallingbostel, Frau Sabine Duden, Postfach 1263, 29676 Fallingbostel, Vogteistr. 19, Tel. (05162) 41 253, Mo–Do 8–12, 14–16, Fr 8–12 Uhr

Landkreis Uelzen, Herr Lothar Rindfleisch, Postfach 17 61, 29525 Uelzen, Veerßer Str. 53, Tel. (0581) 82 166, Mo–Mi 8.30 –11.30, Do 9 –16; Fr. 8.30 –10.30 Uhr u. n. V.

Landkreis Verden, Herr Rolf Allerheiligen, Lindhooper Str. 67, 27283 Verden /Aller, Tel. (04231) 15-200 oder -208, Mo–Fr 9 –12 Uhr; nachm. n. V.

Stadtarchive

Der Vorsitzende der Arbeitsgemeinschaft der Niedersächsischen Kommunalarchivare (ANKA), Herr Dr. Böhme, Tel. (0551) 400-3122, E-Mail: stadtarchiv@goettingen.de – kann darüber Auskunft geben, welche Städte eigene Archive unterhalten.

Ämter für Agrarstruktur (AfA) in Niedersachsen

AfA Aurich (zuständig für die Landkreise Aurich, Leer und Wittmund und die kreisfreie Stadt Emden), Oldersumer Straße 48, 26603 Aurich, Tel. (04941) 176-0

AfA Braunschweig (zuständig für die Landkreise Gifhorn, Helmstedt, Peine und Wolfenbüttel und die kreisfreien Städte Braunschweig, Salzgitter und Wolfsburg), Ludwig-Winter-Straße 13, 38120 Braunschweig, Tel. (0531) 8665-3000

AfA Bremerhaven (zuständig für die Landkreise Cuxhaven, Osterholz und Stade und die Kommunen Bremervörde, Geestequelle, Selsingen, Sittensen, Tarmstedt, Zeven und Gnarrenburg des Landkreises Rotenburg), Borriesstraße 46, 27570 Bremerhaven, Tel (0471) 183-0

AfA Göttingen (zuständig für die Landkreise Göttingen, Goslar, Northeim und Osterode am Harz), Danziger Straße 40, 37083 Göttingen, Tel. (0551) 5074-200

AfA Hannover (zuständig für die Landkreise Hameln-Pyrmont, Hannover, Hildesheim, Holzminden, Schaumburg und die Landeshauptstadt Stadt Hannover sowie für landesweite Aufgaben), Landschaftstraße 7, 30159 Hannover, Tel. (0511) 30245-0

AfA Lüneburg (zuständig für die Landkreise Harburg, Lüchow-Dannenberg, Lüneburg und Uelzen), Bei der Ratsmühle 17, 21335 Lüneburg, Tel. (04131) 726-0

AfA Meppen (zuständig für die Landkreise Grafschaft Bentheim und Emsland), Hasebrinkstraße 8, 49716 Meppen, Tel. (05931) 407-0

AfA Oldenburg (zuständig für die Landkreise Ammerland, Cloppenburg, Friesland, Oldenburg, Vechta und Wesermarsch und die kreisfreien Städte Delmenhorst, Oldenburg und Wilhelmshaven), Markt 16, 26122 Oldenburg, Tel. (0441) 9215-0

AfA Osnabrück (zuständig für den Landkreis und die kreisfreie Stadt Osnabrück), Mercatorstraße 8, 49080 Osnabrück, Tel. (0541) 503-400

AfA Sulingen (zuständig für die Landkreise Diepholz und Nienburg), Galtener Straße 16, 27232 Sulingen, Tel. (04271) 801-0

AfA Verden (zuständig für die Landkreise Celle, Soltau-Fallingbostel und Verden und die Kommunen Rotenburg (Wümme), Visselhövede, Bothel, Fintel, Sottrum und Scheeßel im Landkreis Rotenburg (Wümme)), Eitzer Straße 34, 27283 Verden/Aller, Tel. (04231) 808-150

Weitere Adressen

Forschungsruppe Meilensteine, Herr Dr. Uwe Finck, Am Utkiek 3, 17034 Neubrandenburg, Tel. (0395) 4223391

LGN Landesvermessung & Geobasisinformation Niedersachsen, Podbielskistraße 331, 30659 Hannover, Tel. (0511) 64609-0, Tel. Kartenvertrieb: -555, Fax: -165

Niedersächsisches Ministerium für Ernährung, Landwirtschaft und Forsten, Calenberger Straße, 30169 Hannover, Tel. (0511) 120-0, www.ml.niedersachsen.de

Niedersächsisches Forstplanungsamt (NFP), Forstweg 1A, 38302 Wolfenbüttel, Tel. (05331) 3003-0

Niedersächsisches Landesamt für Bodenforschung (NLfB), Stilleweg 2, 30655 Hannover, Tel. (0511) 643-0

Abkürzungsverzeichnis

BNatSchG	Bundesnaturschutzgesetz
Jh.	Jahrhundert
Ldkr.	Landkreis
LGN	Landesvermessung Geobasisinformation Niedersachsen
NDK	Niedersächsische Denkmalkartei
Nds./nds.	Niedersachsen/niedersächsisch
NDSchG	Niedersächsisches Denkmalschutzgesetz
ndt.	norddeutsch
NHB	Niedersächsischer Heimatbund e. V.
NLD	Niedersächsisches Landesamt für Denkmalpflege
NLÖ	Niedersächsisches Landesamt für Ökologie
NNatG	Niedersächsisches Naturschutzgesetz
süddt.	süddeutsch

Bildnachweis

Fotos und Abbildungen:
Fotos und Abbildungen im Text: Siehe Abbildungsunterschriften

Fotos auf dem Einband: Christian Wiegand

Oben links: Mühlengraben bei Stadthagen (Ldkr. Schaumburg)
Oben rechts: Steinplattenzaun bei Posteholz (Ldkr. Hameln-Pyrmont)
Unten: Sommerweg bei Suderburg (Ldkr. Uelzen)

Karten:
Topographische Karten 1:25.000: Blätter 3032 (1944), 1915 (1993) und 3621 (1994), vervielfältigt mit Erlaubnis des Herausgebers: LGN – Landesvermessung + Geobasisinformation Niedersachsen (Az.: 52-2894/01)

Topographische Karte 1:100.000: Blatt C 3926 (1997), vervielfältigt mit Erlaubnis des Herausgebers: LGN – Landesvermessung + Geobasisinformation Niedersachsen (Az.: 52-2894/01)

Oldenburgische Vogteikarte, Blatt Wardenburg, vervielfältigt mit Erlaubnis des Herausgebers: Historische Kommission für Niedersachsen und Bremen, Hannover (Az.: 52-2894/01)

Landesvermessung des Fürstbistums Osnabrück von 1784–1790, vervielfältigt mit Erlaubnis des Herausgebers: Verein für Geschichte und Landeskunde von Osnabrück

Register

Hinweise zur Benutzung:
Vesperbaum → Einzelbaum 119
Der Begriff »Vesperbaum« ist unter »Einzelbaum« auf Seite 119 erklärt.

Abbaupinge → Pinge 136
Abraumhalde → Halde 130
Abri → 58
Achterdeich → Deich 150
Ackerstreifen → Langstreifenflur 84
Ackerterrasse → Terrassenacker 97
Adelsgarten → Park 108
Allee → 172
Allmende → Gemeinheit 78
Altacker → Plaggenesch 91, Wölbacker 103
Altenteil, Altenteiler → Landwirtschaftliche Nebengebäude 84
Altstraße → Straße 181
Amtshaus, -hof → Herrschaftliche Gebäude 204
Anger → Dorfplatz 60
Angerdorf → Platzdorf 67
Anlegestelle → Fähre 179
Arbeitersiedlung → 59
Arboretum → 106
Armenhaus → Versorgungseinrichtungen 206
Aufstrecksiedlung → Hufendorf 64
Aussichtsturm → Turm 201
Aussiedlerhof → Streusiedlung 70
Ausspann → Einrichtungen an Straßen 170

Backhaus → Landwirtschaftliche Nebengebäude 84
Badeanstalt → Teich 166
Bahndamm → Eisenbahntrasse 178
Bahnhof → 173
Bahnhofsschuppen → Eisenbahngebäude 176
Bahntrasse → Eisenbahntrasse 178
Bahnwärterhaus → Eisenbahngebäude 176
Bake → Seezeichen 164
Bauerngarten → 106
Bauernhaus → 72
Bauernhof → Streusiedlung 70
Baum → Einzelbaum 119
Baumgarten → Obstwiese 89
Baumhecke → Hecke 79
Baumkranz → Dorfplatz 60

Baumreihe → Hecke 79
Baumschule → Arboretum 106
Beinhaus → Friedhof 188
Beisetzungsstätte → Friedhof 188
Bergbaubauwerke → 128
Bergehalde → Halde 130
Bergfried → Turm 201
Bergschmiede → Bergbaubauwerke 128
Bergwerksteich → Teich 166
Bewässerungsgraben → Graben 154
Bienenhaltung → Imkereirelikte 82
Bienenhaus, -weide, -zaun → Imkereirelikte 82
Bildstock → 187
Binnendeichsland → Polder 158
Binnenhafen → Hafen 155
Bischofskirche → Kirche 192
Bismarckeiche → Einzelbaum 125
Bleiche → Rottekuhle 160
Bleichhütte → Landwirtschaftliche Nebengebäude 84
Blockflur → 76
Bohlenweg → Weg 184
Bohrturm → Bergbaubauwerke 128
Bombentrichter → Militärische Einrichtungen 200
Born → Brunnen 146
Botanischer Garten → Arboretum 106
Brack, Brake → Kolk 157
Brauhaus → Landwirtschaftliche Nebengebäude 84
Brennerei → Landwirtschaftliche Nebengebäude 84
Bruchsteinmauer → Mauer 88
Brücke → 174
Brunnen → 146
Bucht → Bergbaubauwerke 128
Buhne → 148
Bunker → Militärische Einrichtungen 200
Burg, Burgruine → 197
Bürgergarten, -park → Park 108, Bauerngarten 106

237

Register

Celtic Field → Blockflur 76
Chaussee → Allee 172, Straße 181

Dalbe → Seezeichen 164
Damm → 153, Eisenbahntrasse 178
Deich → 150
Deichhufendorf, Deichreihensiedlung → Hufendorf 64
Deichschart → Deich 150
Denkmal → 187
Ding → Thing 197
Dohlenstieg → Vogelherd 117
Dolmen → Großsteingrab 191
Dom → Kirche 192
Domäne → Herrschaftliche Gebäude 204
Doppelknick → Wallhecke 101
Dorfplatz → 60
Dorfschule → Versorgungseinrichtungen 206
Dorfteich → Teich 166
Dörrobstofen → Landwirtschaftliche Nebengebäude 84
Drainagegraben → Graben 154
Drostei → Herrschaftliche Gebäude 204
Drubbel → 62
Düker → Kanal 156
Durchfahrt → Herrschaftliche Gebäude 204
Durchgangsdielenhaus → Bauernhaus 72
Durchlass → Brücke 174

Egarten → Blockflur 76
Eichenbohlenzaun (Ekenboltentun) → Zaun 104
Eichenkratt → Krattwald 124
Eichenschälwald → Krattwald 124
Einödhof → Streusiedlung 70
Einrichtungen an Straßen → 170
Einzelbaum → 119
Einzelhof → Streusiedlung 70
Eisenbahntrasse, -anlage → 178
Eisenhammermühle → Wassermühle 167
Eiskeller → Erdkeller 76
Elektromühle → Windmühle 143
Entenfang → 110
Entwässerungsgraben → Graben 154
Erbbegräbnis → Friedhof 188
Erbstollen → Stollen 140
Erdhügel → Glashütte 129, Halde 130, Grabhügel 190
Erdkeller → 76
Erdwall → Wall 202

Ernhaus → Bauernhaus 72
Erzwäsche → Bergbaubauwerke 128
Erzweg → Weg 184
Esch, Eschacker → Plaggenesch 91, Drubbel 62, Langstreifenflur 84
Eschdorf, Eschranddorf → Drubbel 62
Eschflur → Blockflur 76
Euwer → Wallhecke 101
Exerzierplatz → Militärische Einrichtungen 200

Fähre → 179
Fährstelle, Fährhaus → Fähre 179
Färberteich → Teich 166
Fasanerie → Herrschaftliche Gebäude 204
Fastweg → Weg 184
Fehnkanal → Kanal 156
Fehnsiedlung/-dorf → Hufendorf 64
Feld → Langstreifenflur 84
Feldbahn → Eisenbahntrasse 178
Feldrain → Wölbacker 103, Terrassenacker 97
Feldscheune → Scheune 94
Felsdach → Abri 58
Felsenkeller → Erdkeller 76
Festplatz → Dorfplatz 60
Fething → Tränke 102, Wurt 171
Feuerlöschteich → Teich 166
Feuerwehrhaus → Versorgungseinrichtungen 206
Findlingsmauer → Mauer 88
Firstweg → Weg 184
Fischerhaus, -hütte → Fischteich 111
Fischpass → Fischweg 112
Fischräucherei → Fischteich 111
Fischreuse → Fischzaun 113
Fischteich → 111
Fischtreppe → Fischweg 112
Fischweg → 112
Fischweiher → Fischteich 111
Fischzaun → 113
Flachbeet → Bauerngarten 106
Flachskuhle/-grube → Rottekuhle 160
Flachsröste, Flachsrösthaus → Landwirtschaftliche Nebengebäude 84
Flachsscheune → Scheune 94
Flachsteich → Rottekuhle 160
Flakstellung → Militärische Einrichtungen 200
Flechtweidenkultur → Kopfbaum 122
Flechtzaun → Zaun 104
Fleet → Kanal 156
Flettdielenhaus → Bauernhaus 72

Fliehburg → Burg 197
Floß(binde)platz → Flößereirelikte 151
Flößgraben → Graben 158, Flößereirelikte 151
Flößteich → Teich 166, Flößereirelikte 151
Flößwiese → Bewässerungswiese 74
Fluchtburg → Burg 197
Flugplatz → 180
Flussdeich → Deich 150
Flussmühle → Wassermühle 167
Flutkanal → Kanal 156
Fördergerüst → Bergbaubauwerke 128
Förderturm → Bergbaubauwerke 128, Turm 201
Forsthaus → Waldwirtschaftliche Gebäude 126
Freiheitsbaum → Einzelbaum 119
Freiluftschuppen → Ziegelei 144
Friedensbaum → Einzelbaum 119
Friedhof → 188
Friedhofskapelle → Friedhof 188
Funkturm → Versorgungseinrichtungen 206
Fürstengarten → Park 108
Furt → 153

Gaipel → Bergbaubauwerke 128
Galeriegrab → Großsteingrab 191
Galgenberg → Thing 200
Ganggrab → Großsteingrab 191
Garten → Park 108
Gasse → Weg 184
Gasthaus, -stätte → Einrichtungen an Straßen 175
Gedenkbaum → Einzelbaum 119
Gedenkstein → Denkmal 187
Gehege → Tiergarten 116
Gemeinheit → 78
Gerichtsbaum, -linde → Einzelbaum 119, Thing 205
Gerichtsplatz → Thing 205
Getreidemühle → Windmühle 143, Wassermühle 167
Getreidesilo → Speicher 80
Gewann, Gewannflur → Langstreifenflur 84
Gierfähre → Fähre 179
Gipsmühle → Windmühle 143, Wassermühle 167
Glashütte, -ofen → 129
Göpel, Göpelhaus → Landwirtschaftliche Nebengebäude 84
Gottesacker → Friedhof 188
Grabeland → Kleingarten 108

Graben → 154
Grabenhaus → Bergbaubauwerke 128
Grabhügel → 190
Grabstein → Friedhof 188
Gracht → Kanal 156
Gradierwerk → Saline 137
Gräften → Streusiedlung 70, → Graben 154
Gräftenhof → Streusiedlung 70
Grenzbaum → Einzelbaum 119
Grenzgraben → Graben 154
Grenzstein → 203
Grenzturm → Turm 201
Grenzwall → Wall 202
Grenzzoll → Einrichtungen an Straßen 175
Groden → Polder 158
Großsteingrab → 191
Grube → Kuhle 132, Stollen 140
Grubehalde → Halde 135
Grundwasserbrunnen → Brunnen 146
Grüppen → Polder 158
Gulfhaus → Bauernhaus 72
Gut, -anlage → Herrschaftliche Gebäude 204
Güterschuppen → Eisenbahngebäude 176
Gutsgarten, -park → Park 108

Häckselmühle → Windmühle 143, Wassermühle 167
Hafen, Hafenbecken → 155
Hagen/Hag → Hecke 79
Hagenhufendorf → Hufendorf 64
Halde → 130
Hallenhaus → Bauernhaus 72
Hammermühle → Wassermühle 167
Handelsstraße → Straße 181
Handtorfstich → Torfstich 140
Hanfröste → Landwirtschaftliche Nebengebäude 84
Hangbau → Bewässerungswiese 74
Hanghalde → Halde 130
Hangterrasse → Terrassenacker 97
Harzer Haus → Bauernhaus 72
Haufendorf → 63
Haufendorf, lockeres → Drubbel 62
Hauptschacht → Schacht 138
Hausbaum → Einzelbaum 119
Hausgarten → Park 108
Hebebrunnen → Brunnen 146
Hecke → 79
Heerstraße, -weg → Straße 181
Heete → Kolk 157

Register

Heide → 81, Trift 100
Heidekolonie → Drubbel 62
Hellweg → Straße 181, Weg 184
Helmer → Weg 184
Heringszaun → Fischzaun 113
Herrenhaus, -sitz → Herrschaftliche Gebäude 204
Herrschaftliche Gebäude → 204
Heuerlingshaus → Bauernhaus 72
Himmelsteich → Fischteich 111
Hirtenhaus → Waldwirtschaftliche Gebäude 126
Hochacker → Wölbacker 103
Hochrain → Terrassenacker 97
Hochwald → Niederwald 124
Hofbaum → Einzelbaum 119
Höhenburg → Burg 197
Höhenweg → Weg 184
Höhle → Abri 58
Hohlweg, Hohlwegbündel → Weg 184
Holländerei → Meierei 89
Hollerkolonie → Hufendorf 64
Holzkohlenwirtschaft → Meilerplatz 134
Holzsammelplatz → Flößereirelikte 151
Holzzaun → Zaun 104
Hopfenscheune → Scheune 94
Hopfenspeicher → Speicher 95
Hubhaus → Bergbaubauwerke 128
Hudebaum → Einzelbaum 119
Hudewald → 121
Hufe → Hufenflur 82
Hufendorf → 64
Hufenflur → 82
Hügelgrab → Grabhügel 190
Hülbe → Teich 166
Hünenbetten, -gräber → Großsteingrab 191

Imkereirelikte → 82
Immenhagen → Imkereirelikte 82
Immentun, -weide, -zaun → Imkereirelikte 82

Jagdhaus → 114
Jagdschloss → Jagdhaus 114
Jagdschneise → Jagdstern 114
Jagdstein → Grenzstein 203
Jagdstern → 114
Judenfriedhof → Friedhof 188

Kalkbrennofen → Ofen 134
Kalkmagerrasen → Magerrasen 87
Kalvarienberg → Kreuzweg 195

Kamp → Blockflur 76
Kampflur → Blockflur 76
Kamphof → Streusiedlung 70
Kanal → 156
Kapelle → Kirche 192
Kate → Bauernhaus 72
Kathedrale → Kirche 192
Kegelhalde → Halde 130
Keller, Kellergasse → Erdkeller 76
Kienharzgewinnung → 122
Kieselgurgrube/-kuhle → Kuhle 132
Kirche → 192
Kirchhof → Friedhof 188
Kirchhofsiedlung → Kirche 192
Kirchsteig, -stieg → Kirchweg 193
Kirchturm → Turm 205, Kirche 192
Kirchweg → 193
Klappstau → Wehr 169
Klei-Entnahmestelle → Pütten 159
Kleinbahn → Eisenbahntrasse 178
Kleindenkmale → z. B. Kreuzstein 194, Grenzstein 203
Kleingarten/-anlage → 108
Kloster → 193
Klostergarten → Park 108, Bauerngarten 106
Klosterkirche → Kirche 192
Knick → Wallhecke 101
Knochenmühle → Windmühle 143, Wassermühle 167
Köhlerei, Köhlerplatte, -stelle → Meilerplatz 134
Kolk → 157
Kolonistensiedlung → Hufendorf 64
Kolonnenweg → Weg 184
Koog → Polder 158
Kopfbaum → 122
Kopfsteinpflasterstraße → Straße 181
Kopfweide, Kopfweidenkultur → Kopfbaum 122
Koppel → Blockflur 76
Korbweidenkultur → Kopfbaum 122
Kotten → Bauernhaus 72
Kratt, Krattbaum, -eiche → Krattwald 124
Krattwald → 124
Kräutergarten, Krautgarten → Bauerngarten 106
Kreidemühle → Windmühle 143
Kreuzstein → 194
Kreuzweg → 195
Kriegerdenkmal → Denkmal 187
Krug → Einrichtungen an Straßen 175
Küchengarten → Bauerngarten 106

240

Kuhle → 132
Kulturwechselstufe → Terrassenacker 97
Kummerhaufen → Halde 130
Kupferhammer → Wassermühle 167
Kurpark → Park 108

Lachsleiter → Fischweg 112
Lagerhaus → Bergbaubauwerke 128
Lahnung → Polder 158
Landgewinnung → Polder 158
Landwehr → 199
Landwehrturm → Turm 201, Landwehr 199
Landwirtschaftliche Nebengebäude → 84
Langbetten, -gräber → Großsteingrab 191
Langstreifen → 84
Langstreifenflur → 84
Langwurt → Platzdorf 67
Laufbrunnen → Brunnen 146
Lehmgrube, -kuhle → Kuhle 126
Lehmspeicher → Speicher 95
Leichenhalle → Friedhof 188
Leitpfosten → Einrichtungen an Straßen 175
Lesesteinhaufen, -reihe, -riegel → Lesesteinwall 86
Lesesteinwall → 86
Leuchtturm → Seezeichen 164, Turm 201
Lichtloch → Schacht 138
Lochstein → Grenzstein 203
Lohmühle → Windmühle 143, Wassermühle 167
Lohne → Brücke 174
Lohwald → Krattwald 124
Lokschuppen → Eisenbahngebäude 176
Luftschutzbunker → Militärische Einrichtungen 200

Magazin → Bergbaubauwerke 128
Magerrasen → 87, Trift 100
Mahnmal → Denkmal 187
Mariensäule → Bildstock 187
Mark, Markenteilung → Gemeinheit 78
Markenwall → Wall 202
Markkötter → Streusiedlung 70
Marschhufe → Hufenflur 82
Marschhufendorf → Hufendorf 64
Mauer → 88, Burg 197
Mausoleum → 195
Megalithgräber → Großsteingrab 191
Meierei → 89
Meierhof → Streusiedlung 70

Meilenstein → Einrichtungen an Straßen 175
Meiler, Meilerplatz → 134
Meine → Gemeinheit 78
Menhir → Steinmal 196
Mergelgrube, -kuhle → Kuhle 126
Mergelmühle → Windmühle 132, Wassermühle 167
Militärische Einrichtungen → 200
Militärisches Übungsgelände → Militärische Einrichtungen 200
Mittagsbaum → Einzelbaum 119
Mitteldeutsches Haus → Bauernhaus 72
Mittelwald → Niederwald 124
Molkerei → Meierei 89
Mönch → Fischteich 111
Moorhufe → Hufenflur 82
Moorhufendorf → Hufendorf 64
Motte → Burg 197
Mühldamm → Wassermühle 167
Mühle → Windmühle 143, Wassermühle 167
Mühlenstau → Wassermühle 167
Mühlgang → Wassermühle 167
Mühlgraben → Wassermühle 167, Graben 154
Mühlrad, ober-/unterschlägig → Wassermühle 167
Mühlteich → Wassermühle 167, Teich 166
Münster → Kirche 192

Nadelwehr → Wehr 169
Natursteinpflasterstraße → Straße 181
Niederdeutsches Hallenhaus → Bauernhaus 72
Niederungsburg → Burg 197
Niederwald → 124

Obstbaum, Obstbaumallee, Obstgarten → Obstwiese 89
Obstkeller → Erdkeller 76
Obstweide → Obstwiese 89
Obstwiese → 89
Ochsenweg → Straße 181, Weg 184
Ofen → 134
Oiwer → Wallhecke 101
Ölmühle → Windmühle 143, Wassermühle 167
Orangerie → Park 108
Oratorium → Kirche 192

Pad → Weg 184
Papiermühle → Windmühle 143, Wassermühle 167
Park → 108

241

Pastorat, Pastorenhaus → Kirche 192
Pastoratsgarten → Bauerngarten 106
Pegel → Fischteich 111, Wehr 171
Pestfriedhof → Friedhof 188
Pestsäule → Denkmal 187
Pfad → Weg 184
Pfarrhaus, -kirche → Kirche 192
Pfeife → Entenfang 110
Pferdegöpel → Landwirtschaftliche Nebengebäude 84
Pferdehalterei → Einrichtungen an Straßen 175
Pferdeschwemme → Schwemme 95
Pferdetränke → Tränke 98
Pflanzgarten → Arboretum 106
Pflanzkamp → Wallhecke 101, Wall 202
Pilgerweg → Kreuzweg 195
Pinge → 136
Pinte → Arboretum 106
Pipe, Pipenborn, -pfosten → Brunnen 146
Plaggenesch → 91
Plaggenmatt → Plaggenesch 91
Plateauhalde → Halde 130
Plattenzaun → Zaun 104
Platz → Dorfplatz 60
Platzdorf → 67
Pochgraben → Bergbaubauwerke 128, Graben 154
Pochwerk → Bergbaubauwerke 128
Polder → 158
Posthalterei, -hof, -station → Einrichtungen an Straßen 175
Postroute, -straße → Straße 181
Pott-, Püttjergrube → Kuhle 126
Pricke → Seezeichen 164
Promenade → Straße 181
Pulvermühle → Windmühle 143, Wassermühle 167
Pumpe, Pumpbrunnen → Brunnen 146
Pumpwerk → Schöpfwerk 163, Versorgungseinrichtungen 206
Pütt → Brunnen 146
Pütte, Püttloch → 159, Torfstich 140

Quellfassung → Brunnen 146
Quellteich → Fischteich 111
Querdielenhaus → Bauernhaus 72
Querwerk → Buhne 148

Raseneisensteinkuhle, -grube → Kuhle 132
Raststätte → Einrichtungen an Straßen 175

Redder → Wallhecke 101
Redoute → Schanze 200
Reihendorf → Hufendorf 64, Straßendorf 69
Reiherbusch → Einzelbaum 119
Reitbahn → Herrschaftliche Gebäude 204
Relaisstation → Einrichtungen an Straßen 179
Remise → Landwirtschaftliche Nebengebäude 84
Residenzanlage → Herrschaftliche Gebäude 204
Richtweg → Kirchweg 193
Richtplatz → Thing 205
Rieselwiese, Rieselei → Bewässerungswiese 74
Rinderstall → Waldwirtschaftliche Gebäude 126
Ringofen → Ofen 134, Ziegelei 144
Ringwall → Burg 197
Rittergut → Herrschaftliche Gebäude 204
Rodungsinsel → 68
Röhrenpfosten → Brunnen 146
Rösche → Bergbaubauwerke 128
Rottekuhle → 160
Rücken, Rückenbau → Bewässerungswiese 74
Ruhebank → Einrichtungen an Straßen 175
Rundling → Platzdorf 67
Rundwall → Burg 197
Rundwurt → Platzdorf 67

Saarteich → Pütte 159
Sackgassendorf → Haufendorf 62
Sägewerk → Wassermühle 167
Saline → 137
Salzweg → Weg 184
Sandfang → 93
Sandgrube, -kuhle → Kuhle 132
Sandmagerrasen → Magerrasen 87
Sandschelle → Sandfang 93
Saufang → 115
Schacht → 138
Schachtbrunnen → Brunnen 146
Schachthaus → Bergbaubauwerke 128
Schachtpingen → Pinge 136
Schafstall → Landwirtschaftliche Nebengebäude 84
Schafwäsche → Schwemme 95
Schanze → 200
Schardeich → Deich 150
Schattbaum → Einzelbaum 119
Scheibenkreuz → Kreuzstein 194
Scheidehaus → Bergbaubauwerke 128
Scheune → 94
Scheunenviertel → Scheune 94

Schlackenhalde, -haufen, -platz → Halde 130
Schlafdeich → Deich 150
Schlauchturm → Versorgungseinrichtungen 206
Schleuse → 162
Schloss → Herrschaftliche Gebäude 204
Schlossgarten, -park → Park 108
Schloten → Polder 158
Schmelzofen → Halde 130
Schmiede → Werkstätten 142
Schmiedehammer → Wassermühle 167
Schneidemühle → Windmühle 143, Wassermühle 167
Schneise → Jagdstern 114, Seilbahn 181, Eisenbahntrasse 178
Schneitelbaum → Kopfbaum 122
Schöpfbrunnen → Brunnen 146
Schöpfwerk → 163
Schrankenwärterhaus → Eisenbahngebäude 176
Schrannengericht → Thing 205
Schrebergarten, -anlage → Kleingarten 108
Schrotmühle → Windmühle 143, Wassermühle 167
Schucke, Schuckebrunnen → Brunnen 146
Schule, Schulhaus → Versorgungseinrichtungen 206
Schuppen → Bergbaubauwerke 128, Eisenbahngebäude 176
Schützengraben → Militärische Einrichtungen 200
Schützenwehr → Wehr 169
Schwebefähre → Fähre 179
Schwedenschanze → Schanze 200
Schweinestall → Waldwirtschaftliche Gebäude 126
Schwellweiher → Teich 166, Flößereirelikte 151
Schwemme → 95
Schwengelpumpe → Brunnen 146
Schwermetallflur → Halde 130
See → Teich 166
Seedeich → Deich 150
Seehafen → Hafen 155
Seezeichen, -berg → 164
Seilbahn → 181
Siechenhaus → Versorgungseinrichtungen 206
Siel, Sieltief → 165
Sielhafen → Siel 165, Hafen 155
Silo → Speicher 91
Sod → Brunnen 146
Solitärbaum → Einzelbaum 119
Sommerweg → Weg 184

Spalierobst → Obstwiese 89
Späthing → Pütte 159
Specken → Weg 184
Speicher → 95
Spühlkuhle → Schwemme 95
Spurenstrang → Weg 184
Stadtpark → Park 108
Staketenzaun → Zaun 104
Stall → Landwirtschaftliche Nebengebäude 84
Stange → Seezeichen 165
Stauanlage → Wehr 169
Staudamm → Damm 149
Stauschleuse → Wehr 169
Stausee, -teich → Teich 166
Stauwehr → Wehr 169
Stauwiese → Bewässerungswiese 74
Steg → Brücke 174
Stegel, Steggelsch → Wallhecke 101
Steinbruch → 138
Steinhauerplatz → Werkstätten 142
Steinknick → Wallhecke 101, Lesesteinwall 86
Steinkreuz → Kreuzstein 194
Steinplattenzaun → Zaun 104
Steinriegel, -wall → Lesesteinwall 86
Steinwerk → Speicher 95
Stellwerk → Eisenbahngebäude 176
Sternbusch → Jagdstern 114
Stollen, Stollenmundloch → 140
Stöpe → Deich 150
Straße → 181
Straßendorf → 69
Straßenwärterhaus → Einrichtungen an Straßen 175
Streichwehr → Wehr 169
Streifenacker → Wölbacker 103
Streifenflur → Langstreifenflur 76
Streusiedlung → 70
Streuobstwiese → Obstwiese 89
Streuwiese → 96
Strommast → Versorgungseinrichtungen 206
Stufenrain → Terrassenacker 97
Stühbusch → Krattwald 124
Stundenkreuz → Einrichtungen an Straßen 175
Stützmauer → Mauer 88
Synagoge → Kirche 192

Tageding → Thing 205
Talsperre → Teich 166
Tankstelle → Einrichtungen an Straßen 175
Tanzbaum → Einzelbaum 119

243

Register

Tanzplatz → Dorfplatz 60
Taubenhaus → Landwirtschaftliche Nebengebäude 84
Taufkirche → Kirche 192
Teergrube, -kuhle → Kuhle 132
Teich → 166
Telegrafenstation → Versorgungseinrichtungen 206
Telegrafenturm → Turm 201, Versorgungseinrichtungen 206
Terpe → Wurt 171
Terrassenacker → 97
Thing, Thingplatz, -stätte → 205
Thie, Thy, Tie → Dorfplatz 60
Thie-, Tiebaum, -linde → Einzelbaum 119
Tief → Graben 154
Tiergarten → 116
Tigge → Dorfplatz 60
Tongrube, -kuhle → Kuhle 132
Töpferei → Werkstätten 142
Torfstich → 140
Torhaus → Herrschaftliche Gebäude 204
Torscheune → Scheune 94
Totenacker → Friedhof 188
Tränke → 98
Transformatorenhäuschen → Versorgungseinrichtungen 206
Treidelpfad → Weg 184
Treppelweg → Weg 184
Treppenspeicher → Speicher 95
Trift → 100
Trockenmauer → Mauer 78
Trockenrasen → Magerrasen 87
Tunnel (-portal) → 183
Turm → 201, Bergbaubauwerke 128, Landwehr 199, Versorgungseinrichtungen 206
Ty → Dorfplatz 60

Überhälter → Hecke 79
Übungsgelände → Militärische Einrichtungen 200
Umflut → Fischteich 111
Umspannhaus, -werk → Versorgungseinrichtungen 206

Verkoppelung → Blockflur 76
Verkoppelungsstein → Grenzstein 203
Versammlungsplatz → Dorfplatz 60, Thing 205
Versorgungseinrichtungen → 206
Vesperbaum → Einzelbaum 119

Viehhütte → Landwirtschaftliche Nebengebäude 84
Viehtränke → Tränke 188
Villengarten → Park 108
Vogelherd → 117
Vogelkoje → Entenfang 110
Vogtei → Herrschaftliche Gebäude 204
Vorfluter → Graben 154
Vorwerk → Herrschaftliche Gebäude 204

Wacholderheide → Heide 81
Wachturm → Turm 201
Wagengeleise → Weg 184
Waldarbeiterhaus → Waldwirtschaftliche Gebäude 126
Waldbahn → Eisenbahntrasse 178
Waldhufe → Hufenflur 82
Waldhufendorf → Hufendorf 64
Waldhufenflur → Hufenflur 82
Waldweide → Hudewald 111
Waldwirtschaftliche Gebäude → 126
Walkmühle → Windmühle 143, Wassermühle 167
Wall, Wallanlage → 202, Sandfang 93, Park 108
Wallfahrtskirche → Kirche 192
Wallhecke → 101
Walzenwehr → Wehr 169
Wanne → Langstreifenflur 84
Warft → Wurt 171
Warftendorf → Platzdorf 67
Warte, Wartturm → Landwehr 199
Waschplatz → Schwemme 95
Wasserbehälter → Versorgungseinrichtungen 206
Wasserburg → Burg 197
Wassermühle → 167
Wasserpfosten → Brunnen 146
Wasserschöpfmühle → Schöpfwerk 163
Wasserturm → Turm 201, Versorgungseinrichtungen 206
Wasserwerk → Versorgungseinrichtungen 206
Wässerwiese → Bewässerungswiese 74
Wedel → Weg 184
Weg → 184
Wegezollhaus → Einrichtungen an Straßen 175
Wegweiser/-stein → Einrichtungen an Straßen 175
Wehle → Kolk 157
Wehr → 169
Wehrturm → Turm 201, Landwehr 199

Weidbaum → Einzelbaum 119
Weiher → Teich 166
Weiler → Drubbel 62
Weinberg → 102
Werkssiedlung → Arbeitersiedlung 59
Werkstätten → 142
Wetterschacht → Schacht 138
Wierde → Platzdorf 67, Wurt 171
Wiksiedlung → Platzdorf 67
Wildacker → 108
Wildpark → Tiergarten 116
Wildwiese → Wildacker 108
Windmühle → 143
Winterlake → Teich 166
Wölbacker → 103
Wolfsgrube → 118
Wrack → 186
Wührde → Wurt 171
Wurt → 171
Wurtendorf → Platzdorf 67
Wüstung → 71

Zaun → 104
Zaunscheune → Scheune 94
Zechenhaus → Bergbaubauwerke 128
Zehntscheune → Scheune 94
Ziegelei → 144
Ziegelmauer → Mauer 88
Ziegelsteinpflasterstraße → Weg 181
Ziegelteich → Tonkuhle 132
Ziehbrunnen → Brunnen 146
Zisterne, Zisternenbrunnen → Brunnen 146
Zollhaus, -stätte → Einrichtungen an Straßen 175
Zucke → Brunnen 146
Zuckerfabrik → 145
Zwergstrauchheide → Heide 81
Zwingburg → Burg 197